从零开始学

期货

投资交易

-财富-
增值版

刘 柯——编著

中国铁道出版社有限公司
CHINA RAILWAY PUBLISHING HOUSE CO., LTD.

内 容 简 介

本书作为一本期货投资入门级的工具书，分别从期货理论、交易方式、价格分析、实战技巧、技能提升几个方面为读者介绍了期货投资的相关知识。主要内容可以分为五个部分：第一部分介绍期货的理论知识与投资方式；第二部分介绍网上银行、投资软件等期货交易过程中所必须具备的技术准备；第三部分从基本面与技术面对期货价格进行了分析；第四部分从实战角度介绍了常见期货合约交易的实例分析；第五部分为期货投资能力提升技巧。

本书语言简练、内容丰富，主要适合对期货投资没有太多经验的新手，以便其从零开始学习期货投资知识，掌握交易技巧。另外，本书也适合有一定期货投资经验的投资者阅读使用。

图书在版编目（CIP）数据

从零开始学期货投资交易:财富增值版/刘柯编著.—北京：中国铁道出版社有限公司，2020.6

ISBN 978-7-113-26730-8

Ⅰ.①从… Ⅱ.①刘… Ⅲ.①期货交易-基本知识 Ⅳ.①F830.9

中国版本图书馆CIP数据核字（2020）第045857号

书 名：**从零开始学期货投资交易（财富增值版）**
CONGLING KAISHI XUE QIHUO TOUZI JIAOYI (CAIFU ZENGZHIIBAN)

作 者：刘 柯

责任编辑：张亚慧	读者热线：	（010）63560056
责任印制：赵星辰	封面设计：	宿 萌

出版发行：中国铁道出版社有限公司（100054，北京市西城区右安门西街8号）

印 刷：北京柏力行彩印有限公司

版 次：2020年6月第1版 2020年6月第1次印刷

开 本：700 mm×1 000 mm 1/16 印张：17.75 字数：261千

书 号：ISBN 978-7-113-26730-8

定 价：59.00元

前言

随着社会的不断发展，人们的投资理财观念已经不再局限于存款获利那么简单，越来越多的投资产品走进我们的生活，在这其中，期货作为一种熟悉却又神秘的投资产品正越来越受到人们的关注。

期货不仅是一种实物，更是一份合约；它既是商品，也是投资工具。经过了长期的发展，如今的期货已经形成了一套非常成熟完善的交易机制，不仅有专门的交易场所，更有科学的交易制度保证交易的顺利完成。

也许您以前对期货有一些片面的认识，认为其操作可能比股票更为复杂，或是需要大量的资金才可以下单，这让许多投资者望而却步。然而你不知道的是，我国拥有四大期货交易所以及遍布全国的交易会员，这让人人几乎都能投资期货，只要操作得当即可获利。

曾经有一篇非常经典的期货文章指出，我国期货市场中真正参与并全面认识期货的人并不多，有的甚至刚刚一知半解就开始操作，有的是在投资机构的营销下开始入市。实际上这是非常危险的，不仅不利于期货市场的健康发展，而且也可能给投资者带来巨大损失。

为此，我们特意编写了本书，无论你是否曾经在期货市场上有过投资经验，都能在书中找到适合的期货投资方法。作为一本入门级书籍，本书主要是帮助投资新手了解期货知识，学会下单和投资。本书共11个章节，主要为如下五个部分。

- 第一部分为第1~3章，主要是从基础的角度介绍期货的相关概念、交易平台、交易制度以及交易方式，让投资者可以一目了然地认识期货，走进期货市场。
- 第二部分为第4章，主要是介绍期货交易过程中所必须具备的技术准备，包括网上银行、期货交易所网站、投资门户网站以及期货投资软件等，这些知识保证了期货交易的顺利完成。

- 第三部分为第 5～9 章，主要是介绍期货基本面与技术面的分析，基本面详细介绍了影响期货价格的各种因素，技术面则从 K 线图的分析技巧上介绍了如何预判期货价格走势。

- 第四部分为第 10 章，主要是从实战操作的角度介绍了一些常见的期货合约的特征与价格分析。

- 第五部分为第 11 章，主要是介绍了一些在期货交易中风险规避、快速获利的技巧，帮助投资者提升投资期货的技能。

本书在创作过程中，充分考虑了书名传递的理念，从零基础的角度进行了创作与分析，具有如下特点。

- 采用单项标题的写作方式，几乎包含了期货交易的所有知识。

- 语言文字简洁，避免了生硬的专业术语，让新手投资者可以轻松阅读掌握。

- 本书在创作中采用了非常多的图示，并且结合了丰富的实例分析与理财贴士，不仅让理论更加直观，也让知识更加丰富。

- 本书中有大量配图，都是直接从网站、交易软件上截取的期货信息，帮助投资新手可以快速准确地操作。

最后，希望本书能够给您的期货投资提供帮助，也希望您在阅读本书后提出更多的宝贵意见，另外，请注意，任何投资都有风险，期望您在期货投资交易中获益。

编　者

2020 年 3 月

目录

第3章 期货的套期保值、投机与套利...47

第5章 期货投资基本面分析 113

第 7 章 看涨与看跌的 K 线组合.........169

第 9 章 利用技术指标与趋势线
分析期价 209

第 **1** 章

期货理论快速入门

　　长期以来，人们参与交易或是投资，都是在现货市场进行，通过一手交钱一手交货的方式来实现商品转移。然而有一种是在当下交易未来实现商品交割的投资方式，这就是本书要介绍的内容——期货。

1.1 期货投资基础理论

期货，严格来说不算是一种商品交易，它是包含金融工具或未来交割实物商品销售的金融合约。在这个过程中，商品的价格会随现货市场发生改变，从而给人们带来获取利润的机会。

期货市场经过长期的发展，如今已经成为全球第二大投资市场。本节将从理论上来认识期货。

NO.001 什么是期货

期货，英文名是 Futures，与现货完全不同，现货是实实在在可以交易的货（商品），期货主要不是货，而是以某种大众产品如棉花、大豆、石油等，以及金融资产如股票、债券等为标的标准化可交易合约。

因此，这个标的物可以是某种商品（例如黄金、原油、农产品），也可以是金融工具。期货交易具有以下几个特征。

①期货的关键在于"期"，即期货的交货时间为合约时间，可以是一个星期之后，一个月之后，三个月之后，甚至是一年之后。

②买卖期货的合同或协议叫作期货合约，期货交易的内容都有合约提前规范约定，避免合约到期出现分歧。

③统一指定价格，并随实际价格的变化，合约约定的价格也可能出现变化。

④买卖期货的场所叫作期货市场，通常为第三方具有信用和权威的机构。

⑤投资者可以对期货进行投资或投机。

NO.002 期货与现货的区别

所谓现货，是指日常所见的可供出货、存储和制造业使用的实物商品，而期货是一种买卖合约，它与现货之间存在着本质上的区别，如图 1-1 所示。

交易方式不同　从交易方式上来说，现货是一对一完成合约的签订，具体内容由双方协商确定。而期货交易则是在交易所公开竞价与成交。

交易场所不同　现货交易没有固定的场所，可在任何时间、任何地点完成交易，而期货交易则是在期货交易所中按照制度与规则集中交易，无法进行场外交易。

保障制度不同　现货交易的保障主要通过国家的相关法律来实现，如《中华人民共和国合同法》（以下简称《合同法》）等，而期货交易的保障除了相关法律与规则之外，主要是通过保证金进行投资保障。

商品范围不同　从商品范围上来讲，现货交易几乎是所有进入流通环节的商品，而期货目前主要是一些简单的初级原材料、农产品以及金融产品。

结算方式不同　现货交易的结算采用货到款清的方式，而期货交易则是实行保证金制度，每日进行清算，并且实行每日无负债制度。

商品转移不同　从商品转移上来说，现货交易主要是实现商品所有权的转移，而期货交易可以不完成商品转移，而是直接通过价格来获利。

图 1-1　现货与期货的区别

理财贴士　*期货与现货的相互转换*

在交易过程中，可实现期货转现货。这是指持有同一交割月份合约的多空双方之间达成现货买卖协议后，变期货部位为现货部位的交易。这种交易一般比较复杂，资金需求较大，新入市的投资者最好慎重考虑，谨慎投资。

通常意义上人们把现货交易称为即期交易，把远期交易也划归为现货交易的一种。表 1-1 列举了即期交易、远期交易、期货交易的主要区别。

表 1-1

对比项	即期交易	远期交易	期货交易
交易目的	获得实物	获得实物、转让合同获利	转移价格风险、风险投资
交易对象	商品实物	非标准合同 / 商品	标准化合同
交易方式	双方协商	拍卖或协商	公开竞价
履约	无违约可能	可能违约	无违约可能
转让	不能转让	背书方式转让	对冲方式转让
初期付款	交易金额的 100%	押金，占交易总金额的 20% ~ 30%	保证金
交割	一手交钱一手交货	现在确定价格，将来完成交割	约定完成实物交割
交易场所	无限制	无限制	期货交易所

NO.003　期货的发展历史

期货交易最早出现在欧洲，古希腊和古罗马时期出现的中央交易场所就带有期货的性质，不过虽然这些交易标的带有期货的性质，但却并不属于严格意义上的期货。

世界上第一家期货交易场所是 1848 年成立于美国芝加哥的期货交易场所，最早的期货交易合约是 1851 年的远期合约，直到 1865 年才确立了标准合约的模式。

20 世纪 90 年代，我国正式开启了国内期货投资的大门。

下面就来看看期货交易的发展历史，如图 1-2 所示。

1517 年，英国创建了世界上第一家集中的商品交易市场——伦敦皇家交易所。

1848 年美国芝加哥的期货交易场所成立，并且于 1865 年确立了标准合约的模式。

1990 年 10 月 12 日，郑州粮食批发市场经国务院批准成立，这标志着我国期货市场发展迈出了第一步。

1992 年 9 月广东万通期货经纪公司成立，标志着我国期货正式恢复。

1993 年 2 月 28 日，大连商品交易所成立。

1998 年 8 月，上海金属交易所、上海粮油商品交易所和上海商品交易所合并成立上海期货交易所。

2006 年 9 月 8 日中国金融交易所成立，2010 年 4 月 16 日推出了国内股指期货——沪深 300 股指期货合约。

图 1-2 期货的发展历史

NO.004 期货的交易规则与特点

通过前面的内容，已经对期货的主要性质与历史发展有了详细了解，但是如果想真正开始投资期货，则必须了解期货的交易规则，具体如下。

◆ **方向**：期货交易实行双向交易模式。也就是说，期货可以买多也可以买空，价格的涨跌都可以获利。在价格上涨时可以低买高卖，价格下跌时可以高卖低买。

◆ **T+0**：在期货交易中实行的是 T+0 的交易模式，理论上期货投资可以在一天之内进行多次开仓与平仓，反复交易。这种方式使得期货投资更加灵活，提高了资金的使用效率，有利于风险控制。

- ◆ **杠杆**：所谓杠杆交易也就是保证金交易，这是期货交易最大的特点之一。交易时不用支付全部的投资资金，只需按照一定比例支付资金即可进行全额投资，这种制度使得期货投资更具有获利价值。

- ◆ **手续费**：期货交易是需要向期货投资机构与交易所支付交易费用的，但其交易费用往往比其他投资产品低。一般来说，收取成交金额的1‰～2‰。另外，期货交易是没有印花税的。

- ◆ **零和市场**：期货市场是一个零和市场。所谓零和，是指市场总量不发生变化，只是持有者的持有比例发生变化。在某一段时间内，商品量与货币总量是不会发生变化的，只是出现多空转移，这和股票市场类似。

- ◆ **全球性**：从某种程度上来说，期货交易是在一个全球性的投资市场进行的，流通性非常高。如今，期货已成为仅次于外汇的全球第二大交易品种，这也证明了几乎没有人可以左右其价格的变化。

- ◆ **结算**：期货采用每日结算制度。也就是说，期货投资在一个交易日内是绝不会出现负债的。同时，这样的方式使得期货的交易信息得到本质上的公开与透明。

- ◆ **实物交割**：期货的主要投资目的是利用价格转移合约获利。对于需要进行实物交割的商品交易者来说，往往是需要非常大量的资金的，如强麦期货合约的最小交割单位为20吨/手。

NO.005　认识期货交易的专用术语

刚进入期货市场的投资者，可能对交易中的一些专用术语不太了解，而这些术语是在价格分析与下单交易中必然会用到的。只有了解了各项术语的意义，才能在今后的投资过程中游刃有余。

表1-2列举了一些期货投资必备的术语及其意义，投资者需重点关注或在遇到问题时进行查询。

表1-2

术语	意义
开盘价	在一个交易日中第一次交易的成交价格
收盘价	在一个交易日中最后一笔交易的成交价格
成交价	即时进行买卖的执行价格
最高价	一个交易日内出现的最高成交价格
最低价	一个交易日内出现的最低成交价格
多头	在一个时间段内，看好价格上涨的投资者
空头	在一个时间段内，看好价格下跌的投资者
买多	也被称为做多、做多头，是对后市看涨的获利操作
卖空	也被称为做空、做空头，是对后市看跌的获利操作
开仓	开始买卖期货，即持有头寸
平仓	卖出所持有的头寸，即与开仓相反的多空操作
锁仓	选择挂单止盈和止损，暂时离开市场
强制平仓	因保证金不足或违反规定，被交易所进行的强制性平仓
平开	今日的开盘价与上一个交易日的收盘价相同
高开	今日的开盘价高于上一个交易日的收盘价
低开	今日的开盘价低于上一个交易日的收盘价
集合竞价	每一交易日开市前 5 分钟内进行合约买、卖指令申报
撮合成交	期货交易所系统对交易双方的交易指令进行配对过程
实物交割	期货合约到期时，通过期货合约标的物的所有权转移，将未平仓合约进行了结
保证金	投资者按规定交纳的资金，用于结算和保证履约
基差	基差 = 现货价格－期货价格
履约	根据期货合约完成平仓、实物交割
涨跌停板	期货每个交易日价格涨幅不超过或跌破上一交易日的幅度

续表

术语	意义
委托	投资者向投资机构发出成交指令，投资机构向交易所发出交易请求
手	期货的计量单位
指令	投资者下达给经纪人和经纪公司的按何种价格何种方式交易一定数量合约的订单
合约	约定期货交易的合同，有统一的标准

1.2 期货的交易理论

在认识了什么是期货之后，接下来要了解期货基础的交易方式。期货交易主要是在期货交易所进行，而期货交易所中又有很多交易会员，并且设立了很多保证期货能够平稳运转的交易制度。本节一起来看看这些内容。

NO.006 期货交易的相关组织

期货经过长期发展，已经形成了非常成熟的交易机制，从交易所到投资机构再到个人投资者，层次关系非常明确。

◆ 期货交易所

期货是一种全球性的投资品种，在世界各地，都有非常多的期货交易所，如芝加哥期货交易所、纽约期货交易所、伦敦期货交易所等。在我国，期货交易已经有 30 年左右的发展历史了，先后成立了四大期货交易所。

◆ 期货经纪公司

期货经纪公司是指依法设立的、接受客户委托、按照客户的指令，以自己的名义为客户进行期货交易并收取交易手续费的中介组织。在我国，大多数人投资期货都是通过期货经纪公司进行的。

期货交易所实行的是会员制度，而期货经纪公司都是交易所的会员，并且按照中国证监会的规定，期货经纪公司不能从事自营业务，只能为客户进行代理买卖期货合约、办理结算和交割手续；对客户账户进行管理，控制客户交易风险；为客户提供期货市场信息，进行期货交易咨询，充当客户的交易顾问等。

◆ 中国期货行业协会

中国期货行业协会是我国期货的宣传与监管部门，由以期货经纪机构为主的团体会员、期货交易所特别会员和在期货行业从业的个人会员组成。其主要职能是监督、检查会员的执业行为，受理对会员的举报、投诉并进行调查处分等。

同时，中国期货行业协会还会积极协调交易所、会员与个人投资者之间的关系，为行业发展创造良好的环境。

NO.007 上海期货交易所

上海期货交易所是由上海金属交易所、上海粮油商品交易所和上海商品交易所在 1998 年 8 月联合成立的。凭借着上海独特的区位环境，上海期货交易所已经成为国内领先的期货交易所。

目前，上海期货交易所的交易时间如下。

上午：第一节 9:00 ～ 10:15；第二节 10:30 ～ 11:30。

下午：13:30 ～ 15:00。

夜间：21:00 ～ 2:30。

在上海期货交易所，目前有铜、铝、锌、铅、黄金、白银、螺纹钢、线材、热轧卷板、燃料油、沥青和天然橡胶 12 种期货合约。

登录上海期货交易所的官方网站（http://www.shfe.com.cn/）可查询到非常丰富的交易信息与合约，如图 1-3 所示。

图 1-3　上海期货交易所官网

NO.008　郑州期货交易所

郑州期货交易所也被称为郑州商品交易所，成立于 1990 年 10 月 12 日，于 1993 年 5 月 28 日正式推出期货交易。1998 年 8 月，郑商所被国务院确定为全国三家期货交易所之一。郑州凭借强大的地域优势，在农副产品的合约中占有极大优势，目前已经成为世界上领先的期货交易所。

在交易时间上，郑州期货交易所和上海期货交易所不同，一个交易日分为两段时间，即上午 9:00 ~ 11:30，下午 13:30 ~ 15:00。

在郑州期货交易所上市的期货合约有强麦、普麦、棉花、白糖、PTA、菜籽油、早籼稻、甲醇、油菜籽、菜籽粕、动力煤、粳稻、晚籼稻和铁合金等。郑州期货交易所的官网主页面（http://www.czce.com.cn/），如图 1-4 所示。

图 1-4　郑州商品交易所官网

NO.009 大连期货交易所

大连期货交易所也被称为大连商品交易所，成立于 1993 年 2 月 28 日，是经国务院批准并由中国证监会监督管理的 4 家期货交易所之一。大连期货交易所的农产品特别是豆类产品期货合约是非常具有优势的。

大连期货交易所的交易时间和其他的交易所也不相同，每个交易日为上午 9:00 ～ 11:30，下午 13:30 ～ 15:00。

目前，在大连期货交易所上市的期货合约比较多，有玉米、黄大豆 1 号、黄大豆 2 号、豆粕、豆油、棕榈油、聚丙烯、聚氯乙烯、塑料、焦炭、焦煤、铁矿石、胶合板、纤维板和鸡蛋等。

进入大连期货交易所官方网站（http://www.dce.com.cn），可看到如图 1-5 所示的页面。

图 1-5 大连期货交易所官网

NO.010 中国金融期货交易所

中国金融期货交易所是由上海期货交易所、郑州商品交易所、大连商品交易所、上海证券交易所和深圳证券交易所共同发起成立的期货交易所，于 2006 年 9 月 8 日在上海成立。中国金融期货交易所深入研究开发国债、外汇期货及期权等金融衍生产品。

目前在中国金融期货交易所挂牌的合约有沪深 300 指数期货合约和 5 年期国债期货合约。

中国金融期货交易所的交易时间为每个交易日上午 9:15 ～ 11:30，下午 13:00 ～ 15:15。

中国金融期货交易所的官方网站(http://www.cffex.com.cn/)如图 1-6 所示。

图 1-6 中国金融期货交易所官网

理财贴士 *金融期货交易所不涉及实物交割*

因为金融期货的标的物是股票、债券、外汇等投资产品，所以是完全不会涉及实物交割的。因此金融期货交易所与其他商品交易所相比是没有仓库的，也不会产生仓储费用。

NO.011 期货交易所有哪些职能

期货交易所是实现期货交易的唯一场所，为了保证期货交易公平、顺利地完成，我国《期货交易管理条例》规定期货交易所必须具有如图 1-7 所示的几大职能。

设计期货合约	提供场所和设备	监管会员	发布期货信息
制定业务规则	组织监管交易	监控风险	履行合约、交割

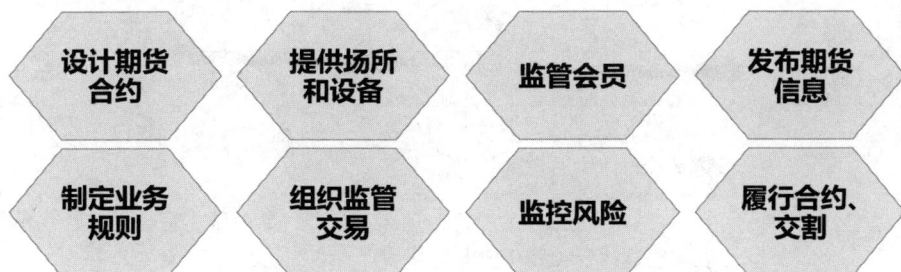

图 1-7 期货交易所的相关职能

NO.012 期货中的开仓、持仓与平仓

在期货交易中会涉及很多与其他投资产品不同的情况，当这些情况出现时，需要有不同的应对方法。

开仓、持仓与平仓，一般来说是完成一次期货交易的 3 个主要流程，只有把握好每个阶段的概念，才能做出正确的决策。

（1）开仓

开仓就是建仓，因为期货交易实行的是双向交易，因此通常有两种操作方式，一种是看涨行情做多头（买多），另一种是看跌行情做空头（卖空）。

把握好开仓的技巧是成功投资的前提，表 1-3 总结了一些期货交易中的开仓技巧。

表 1-3

技巧	内容
主观意见	在开立期货仓单的时候，可根据自己的主观意见选择产品与数量，但一定要符合自己的风险承受能力
开仓价值	在开仓时，不要过分强调低位的利益价值，因为期货的双向交易，无论价格涨跌，在未来都有获利的机会
等待机会	在决定下单之前，不要立刻做出相关操作，最好是仔细分析往期价格，等待最佳的开仓机会

续表

技巧	内容
确认方向	在开仓之前，要先分析当前价格处于什么位置，明确自己此次开仓的交易方向，为后市的持仓做准备
分散开仓	如果投资者选择分散投资，那么在开仓之前就要将资金量与合约份数进行整合，以免错失交易时机
加仓减仓	加仓指在持仓过程中，继续投资同一期货合约，而减仓则指平掉一部分头寸。加仓与减仓都可以算作开仓

（2）持仓

在实物交割或者现金交割到期之前，投资者可以根据市场行情和个人意愿，自愿地决定买入或卖出期货合约。而投资者持有的没有进行交割操作的期货合约，则被称为持仓。简单来说是指手中持有头寸。

个人持仓量往往无法改变期货的价格，但在价格上涨或价格下跌的过程中，总的持仓量与期货价格的关系如图1-8所示。

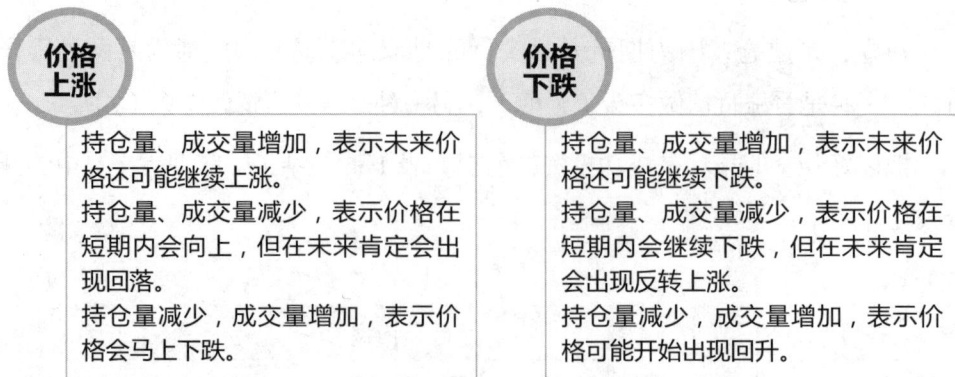

价格上涨

持仓量、成交量增加，表示未来价格还可能继续上涨。
持仓量、成交量减少，表示价格在短期内会向上，但在未来肯定会出现回落。
持仓量减少，成交量增加，表示价格会马上下跌。

价格下跌

持仓量、成交量增加，表示未来价格还可能继续下跌。
持仓量、成交量减少，表示价格在短期内会继续下跌，但在未来肯定会出现反转上涨。
持仓量减少，成交量增加，表示价格可能开始出现回升。

图1-8 持仓量与价格的关系

（3）平仓

所谓平仓，并不是我们原来理解的将买入的合约卖出，而是指期货投资者买入或者卖出与其所持期货合约的品种、数量及交割月份相同但交易方向相反的期货合约，了结期货交易的行为。

在平仓过程中，有一项非常重要的注意事项，具体如下。

假如某投资者选择买多一笔 30 手的 AU1502 期货合约，价格为 260 元。如果在几个月后，该期货合约价格涨到了 300 元，他想进行平仓，平仓之后，该投资者手中就只剩下减去之前金额的持仓量了。

进行平仓的方法有很多，不同的方法适合不同的行情或期货合约，简单总结为如图 1-9 所示的 4 点。

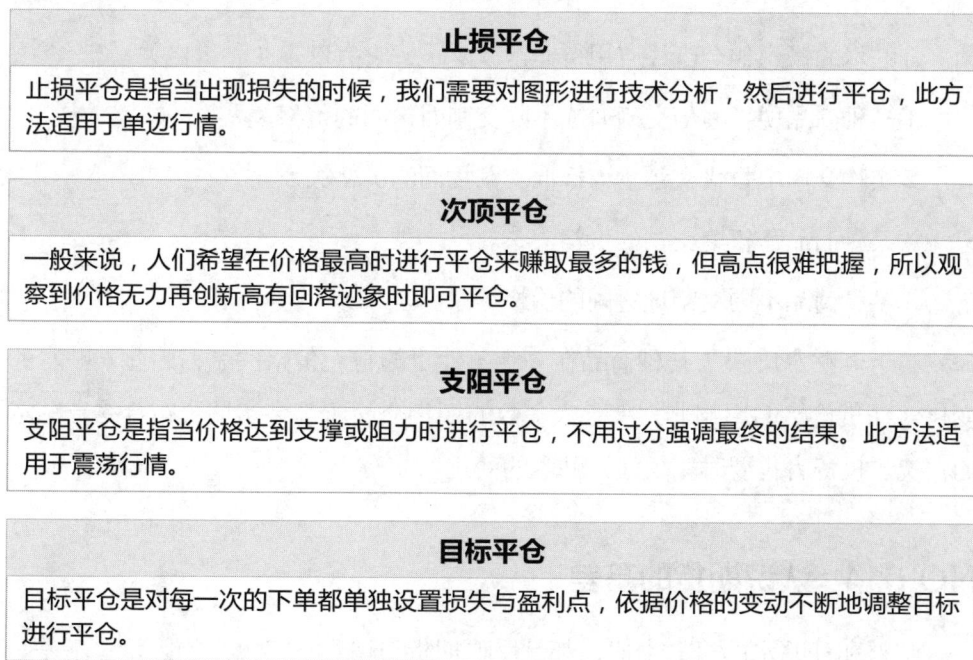

止损平仓
止损平仓是指当出现损失的时候，我们需要对图形进行技术分析，然后进行平仓，此方法适用于单边行情。

次顶平仓
一般来说，人们希望在价格最高时进行平仓来赚取最多的钱，但高点很难把握，所以观察到价格无力再创新高有回落迹象时即可平仓。

支阻平仓
支阻平仓是指当价格达到支撑或阻力时进行平仓，不用过分强调最终的结果。此方法适用于震荡行情。

目标平仓
目标平仓是对每一次的下单都单独设置损失与盈利点，依据价格的变动不断地调整目标进行平仓。

图 1-9 平仓的方法

NO.013 认识期货的升贴水

升贴水，最早是出现在外汇交易中的，而随着期货的不断发展，期货交易中也出现了升贴水的现象。

升贴水是期货交易中的一个重要概念，一般有如图 1-10 所示的两种情况。

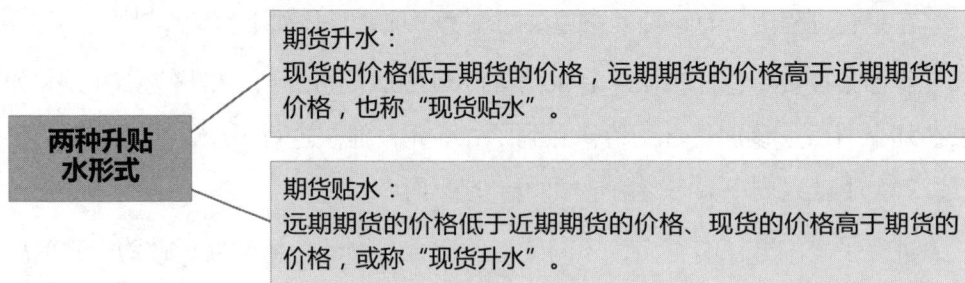

两种升贴水形式

> 期货升水：
> 现货的价格低于期货的价格，远期期货的价格高于近期期货的价格，也称"现货贴水"。

> 期货贴水：
> 远期期货的价格低于近期期货的价格、现货的价格高于期货的价格，或称"现货升水"。

图 1-10 两种升贴水形式

升贴水的概念如今已经应用得非常广泛了，它有以下 4 种价格关系。

①某种商品现货月与交割月或不同交割月份间的价格关系。

②实物交割中替代交割物与标准交割物间的价格关系。

③某种商品跨年度交割的价格关系。

④某种商品不同交割地之间的价格关系。

由于升贴水反映了某种商品在一定条件下的特定价格关系，因此升贴水的变化对期货价格的影响非常大。大多数的期货交易所都会定期公布合约升贴水的情况。投资者也要时刻关注升贴水的变化。

NO.014　认识期货的基差

基差和升贴水的概念类似，都是反映期货与现货价格关系的因素。基差是指某一特定商品在某一特定时间和地点的现货价格与该商品在期货市场的期货价格之差，即：

基差 = 现货价格－期货价格

影响基差的因素有很多，主要有如图 1-11 所示的 3 点。

品级

由于期货合约中约定买卖的是基准品级的商品，而现货实际交易的品质与期货交易所规定的交割品级往往不一致，因此，基差中就包含了这种品质差价。

地点交易方向

期货合约规定的货物交割地点是交易所指定的标准交货地点，而实际现货交易的交货地点往往与期货的交货地点一致，因此，两个交货地点之间的运费差价就会产生一定的基差。

时间

由于现货交易交货的时间与期货交割的月份往往不一致，这就造成了期货价格与现货价格之间存在着时间差价。时间影响基差主要表现在仓储费用上，具体费用包括库存费、保险费和利息。

图 1-11　影响基差的因素

期货基差在市场中一般表现为 3 种情况，具体如下。

◆ **基差为负的正常情况**：在正常的商品供求情况下，基差一般应为负数，即现货价格应小于该商品的期货价格（国内期货一般是这种情况）。

◆ **基差为正数的倒置情况**：当市场商品供应出现短缺，即供不应求的现象时，现货价格高于期货价格。

◆ **基差为零的市场情况**：当期货合约接近交割期时，基差会越来越接近零。

NO.015　逼仓与爆仓

期货是一种双向交易形式，因此会发生多空双方对垒的情况，如果投资大户蓄意炒作市场，就会形成逼仓与爆仓。

逼仓是指交易一方利用资金优势或仓单优势，主导市场行情向单边运动，导致另一方不断亏损，最终不得不斩仓的交易行为。而逼仓是国家明文禁止的违法操作。

逼仓主要有如图 1-12 所示的两种情况。

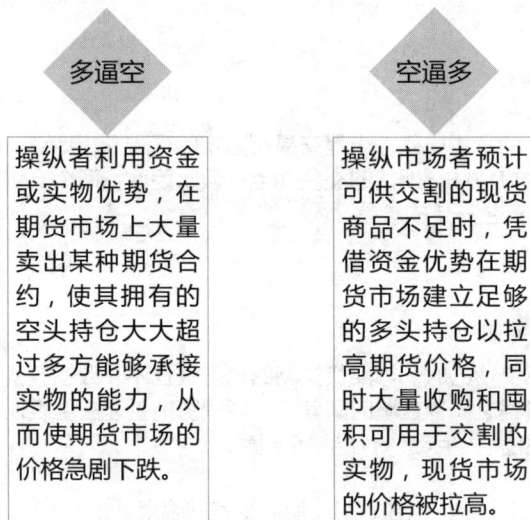

多逼空

操纵者利用资金或实物优势，在期货市场上大量卖出某种期货合约，使其拥有的空头持仓大大超过多方能够承接实物的能力，从而使期货市场的价格急剧下跌。

空逼多

操纵市场者预计可供交割的现货商品不足时，凭借资金优势在期货市场建立足够的多头持仓以拉高期货价格，同时大量收购和囤积可用于交割的实物，现货市场的价格被拉高。

图 1-12　期货逼仓行为

爆仓一般是由于逼仓造成的，是指在某些特殊条件下，投资者保证金账户为负值的情形。

在市场行情发生较大变化时，如果投资者保证金账户中资金的绝大部分都被交易保证金占用，而且交易方向又与市场走势相反时，由于保证金交易的杠杆效应，很容易出现爆仓。

理财贴士　*个人账户爆仓*

因为期货的每日结算无负债制度，因此个人账户很难出现爆仓，只有出现大规模的跳空，才有可能出现爆仓。金额较大的投资者最好在平时做好防止爆仓的准备。

在我国的期货历史上，曾经出现过几次大规模的逼仓导致爆仓而一方获利的情况，下面来看一个典型的例子。

1995 年，国内发生的"327 国债事件"是著名的期货多逼空案例之一。

空方是上海万国证券公司总裁管 ×× 和辽国发的高 ×；多方则是当时财政部直属的"中经开"为首的上海和江浙一带的私人大户。

当时，空方判断国内经济飞速发展，政府势必会减息，保值贴补率不可能再次提高，因此在 145 元附近大举做空。而多方为了反击，则建立了非常多的头寸。

不过后来传闻保值贴补率将要提高，高 × 闻讯将手中的空单全部平仓并反手做多，这样，"327 国债"的价格封到了 152.50 元的涨停板上，万国证券全线亏损并直接爆仓。

万国证券的管 ×× 为了反击，孤注一掷，在当日收盘前再次挂出大量空单，将"327 国债"的价格打回 147.50 元。这一举动，使得所有的多方大户与散户全部爆仓。不过，万国证券的这项操作是违反期货管理规定的。证监会紧急宣布当天最后 15 分钟的交易违规，万国证券也因此遭受灭顶之灾。

NO.016 期货投资中的巨大风险——单边市

单边市是一种较为极端的形式，在期货市场中，由于受到各种因素的影响和作用，可能会发生行情单边运行的情形。在涨跌停板的制度下，可能发生连续多日的涨停或跌停。而期货交易采取每日无负债结算，一旦连续涨停和跌停发生，方向相反的一方几乎就失去了停损的机会，将会出现大幅的亏损。

中国金融期货交易所对单边市做出了明确的解释，单边市是指某一合约收市前 5 分钟内出现只有停板价格的买入（卖出）申报、没有停板价格的卖出（买入）申报，或者一有卖出（买入）申报就成交，但未打开停板价格的情形。

为了避免单边市带来的损失，期货交易所会根据不同的情况做出提高交易保证金标准、限制开仓、限制出金、限期平仓、强行平仓、暂停交易、调整涨跌停板幅度、强制减仓等交易决定。

1.3 期货的种类

通过前面的学习我们知道，从总体来看，可将期货分为商品期货与金融期货，而商品期货又可根据标的物的种类分为多种。下面对期货合约进行详细分类。

NO.017　金属期货

金属是当今世界期货市场中比较成熟的期货品种之一，金属期货可分为贵金属与有色金属，贵金属包括黄金与白银期货合约，有色金属则包括铜、铝、铅、锌、锡、镍等期货合约。要认识金属期货，需要从期货合约出发，下面列举了一份金属期货的合约，如表 1-4 所示。

表 1-4

沪铜期货标准合约文本	
交易品种	阴极铜
交易代码	CU
交易单位	5 吨 / 手
报价单位	元（人民币）/ 吨
最小变动单位	10 元 / 吨
每日最大波动限制	不超过上一交易日结算价 ±3%
交割月份	1 ~ 12 月
交易时间	上午 9:00 ~ 11:30，下午 13:30 ~ 15:00 和交易所规定的其他时间
最后交易日	合约交割月份的 15 日（遇法定假日顺延）
最后交割日	最后交易日后连续 5 个工作日
交割品级	标准品：阴极铜，符合国标 GB/T 467—2010 中 1 号标准铜（Cu-CATH-2）规定，其中主成分铜加银含量不小于 99.95%。 替代品：阴极铜，符合国标 GB/T 467—2010 中 A 级铜（Cu-CATH-1）规定；或符合 BS EN 1978:1998 中 A 级铜（Cu-CATH-1）规定

续表

保证金	合约价值的 5%
交割方式	实物交割
交易所	上海期货交易所

NO.018 农产品期货

所谓农产品期货，是指期货合约的交割实物是农业产品。农产品期货是期货发展最早的合约，也是目前占有量最大的期货合约。从标的物来看，可分为以下的种类。

粮食期货：小麦期货、玉米期货、大豆期货、豆粕期货、红豆期货、大米期货、花生仁期货等；经济作物类期货：原糖、咖啡、可可、橙汁、棕榈油和菜籽；畜产品期货：肉类制品和皮毛制品两大类；林产品期货：主要有木材和天然橡胶。

接下来仍然从一款标准合约来认识农产品期货，如表 1-5 所示。

表 1-5

白糖期货标准合约文本	
交易品种	白砂糖
交易代码	SR
交易单位	10 吨／手
报价单位	元（人民币）／吨
最小变动单位	1 元／吨
每日最大波动限制	不超过上一个交易日结算价 ±4%
交割月份	1、3、5、7、9、11 月
交易时间	每周一至周五上午 9:00 ～ 11:30（法定节假日除外），下午 13:30 ～ 1:00
最后交易日	合约交割月份的第 10 个交易日

续表

最后交割日	合约交割月份的第 12 个交易日
交割品级	标准品：一级白糖（符合 GB 317—2006）；替代品及升贴水见《郑州商品交易所期货交割细则》
保证金	合约价值的 6%
交割方式	实物交割
交易所	郑州商品交易所

NO.019 能源期货

能源期货是商品期货中相当重要的一环，因为能源期货所需的资金量非常大，所以它的表现往往不亚于现货市场。能源期货的市场参与者有许多是避险需求者，包括燃油经销商、炼油者等，因此期货的价格极具参考性，甚至成为许多现货交易者的参考。

能源期货在我国的起步比较晚，主要有石油、天然气等。下面来看一份能源期货的合约，如表 1-6 所示。

表 1-6

燃料油期货标准合约文本	
交易品种	燃料油
交易代码	FU
交易单位	50 吨 / 手
报价单位	元（人民币）/ 吨
最小变动单位	1 元 / 吨
每日最大波动限制	1 元 / 吨
交割月份	上一交易日结算价 ±5%
交易时间	1 ~ 12 月（春节月份除外）

续表

最后交易日	合约交割月份前一月份的最后一个交易日
最后交割日	最后交易日后连续 5 个工作日
交割品级	180CST 燃料油或质量优于该标准的其他燃料油
保证金	合约价值的 8%
交割方式	实物交割
交易所	上海期货交易所

NO.020 金融期货

金融期货是指交易双方在金融市场上以约定的时间和价格买卖某种金融工具的具有约束力的标准化合约。

金融期货包括 3 种类型，分别是货币期货、指数期货与利率期货。在我国，金融期货投资主要是在中国金融期货交易所进行。目前，有沪深 300 指数期货及 5 年期国债期货两种。接下来从 5 年期国债期货合约来认识金融期货，如表 1–7 所示。

表 1–7

5 年期国债期货合约文本	
交易品种	面值为 100 万元人民币、票面利率为 3% 的名义中期国债
交易代码	TF
交易单位	合约到期月首日剩余期限为 4 ~ 7 年的记账式附息国债
报价单位	百元净价报价
最小变动单位	0.002 元
每日最大波动限制	上一交易日结算价的 ±2%

续表

合约月份	最近的 3 个季月（3 月、6 月、9 月、12 月中的最近 3 个月循环）
交易时间	交易日的上午 09:15 ~ 11:30，下午 13:00 ~ 15:15
最后交易日	合约到期月份的第 2 个星期五
最后交割日	最后交易日后的第 3 个交易日
保证金	合约价值的 2%
交割方式	实物交割
交易所	中国金融期货交易所

NO.021　化工期货

在期货合约中，还有一种化工产品期货，这类期货在国内同样起步较晚，产品主要包括聚乙烯、聚氯乙烯和聚丙烯等。下面看一份化工期货合约，如表 1-8 所示。

表 1-8

聚氯乙烯期货标准合约文本	
交易品种	聚氯乙烯
交易代码	V
交易单位	5 吨 / 手
报价单位	元（人民币）/ 吨
最小变动单位	5 元 / 吨
每日最大波动限制	上一交易日结算价的 4%
交割月份	1 ~ 12 月
交易时间	每周一至周五上午 9:00 ~ 11:30，下午 13:30 ~ 15:00
最后交易日	合约月份第 10 个交易日

续表

最后交割日	最后交易日后第 2 个交易日
交割品级	质量标准符合《悬浮法通用型聚氯乙烯树脂（GB/T 5761—2006）》规定的 SG5 型一等品和优等品
保证金	合约价值的 5%
交割方式	实物交割
交易所	大连商品交易所

1.4 期权交易

投资者签订期货合约，是确定在未来进行商品的交易，而如果通过支付一部分资金来购买一种权利，就形成了期权交易。

NO.022　什么是期权

在前面介绍期货时，是通过一个案例来了解的。接下来同样通过一个案例来看看期权是什么。

实例分析

王先生的"期权"买房

王先生最近有买房的意愿，他看中一套标价为 50 万元的二手房。在购买时，王先生陷入了困境，他担心如果现在购买，房价在未来可能会下跌，但是如果现在不购买，又担心未来房价可能出现上涨。

为了避免房价在未来发生变动，王先生与房主约定：他支付 5 万元给房主，以 6 个月为期限，6 个月之后，他有权利选择是否以 50 万元的价格购买该套房产。在这个过程中，这种约定的交易，就被称为期权，5 万元就是期权费用。

6 个月后，该套房产的价格上涨为 60 万元，所以王先生立刻用 50 万元的价格将其买入，而此时，该投资者手里拥有的是 60 万元的房产，减去支付的 5 万元期权费用，他赚了 5 万元。而如果该套房出现下跌只值 40 万元，那么王先生可以选择放弃期权，因此他就损失了 5 万元的期权费用。算下来比当时以 50 万元购买的损失要小。

在上面这个案例中，王先生用 5 万元获得选择是否购房的权利，这就是期权交易。

理财贴士 *看涨、看跌期权*

在上面的案例中，房价在 6 个月之后出现了上涨，这是一种看涨期权；而房价在 6 个月之后出现下跌，则是一种看跌期权，买卖双方可根据实际情况做出相应的选择。

总的来说，期权是指买方向卖方支付一定数额的权利金后，将获得一种权利，即拥有在一定时间内以一定的价格出售或购买一定数量的标的物的权利。期权的买方行使权利时，卖方必须按期权合约规定的内容履行义务。相反，买方可以放弃行使权利，此时买方只是损失期权费，同时，卖方则赚取期权费。

NO.023 期权的种类

期权的分类方式有很多，如果按照期权合约上的标的划分，主要有商品期权与金融期权。而期权又以金融期权为主，有股票期权、股指期权、利率期权、商品期权及外汇期权等。

而如果按执行时间对外汇期权进行分类，可分为美式期权与欧式期权两种，具体如下所示。

◆ **美式期权**：美式期权指期权的买方在支付一定的金额给卖方之后，期权合约就赋予了买方充分的权力，买方可以在约定的日期到期日之前的任何时间内执行所拥有的权利，即买方可以随时买入或卖出标的物。

◆ **欧式期权**：欧式期权是指买方在支付一定的金额给卖方之后，必须等到合约约定的期限才可以行使其权利，进行标的物的买卖。在我国，期权合约执行的都是欧式期权。

除了上面的分类方式外，还可以从约定价格与市场价格的关系来进行分类，内容包括溢价期权、损价期权、平价期权，如图1-13所示。

溢价期权

买入的执行价格低于市场价格，而卖出的执行价格又高于市场价格的期权合约，简单来说就是约定的价格比市场价格要高。

损价期权

损价期权是指买入的执行价格高于市场价格，而卖出的执行价格低于市场价格，就是双方约定的价格比市场价格要低。

平价期权

平价期权是指执行价格与市场价格相同，但在实际的期权合约买卖中，平价期权是很难出现的，平价期权往往是没有存在意义的。

图1-13 通过约定价格与市场价格的关系分类期权

NO.024　期权的投资事项

期权在国内投资市场出现的还比较少，如果要进行期权投资，最好注意以下一些事项。

①在国内期权的投资渠道比较少，只有银行期权投资与一些从事外盘的期权投资机构。

②期权投资采用的也是标准化合约，是由期权交易所研究制定的，期权合约可能随时间推移而发生改变。

③一般没有固定的期权交易所，期权交易都是在期货交易所进行，其中商品期货交易往往不发展期权业务。

④期权合约也有自己的价格走势，但和期货不同的是，无论何时，期权价格都较为接近现货价格。

⑤期权交易中有一种二元期权，二元期权只判断现货价格相对于约定价格的高低，而收益率是固定的。

NO.025 期权标准合约

从上面的内容中了解了期权也是执行由交易所统一制定的标准化合约，接下来列举一份期权合约以便更加全面地认识期权，如表 1-9 所示。

表 1-9

沪深 300 股指期权仿真交易合约文本		
交易品种	沪深 300 指数	
交易代码	IO	
合约乘数	100 元人民币 / 点	
合约类型	看涨期权、看跌期权	
报价单位	点	
最小变动单位	0.1 点	
每日最小波动限制	上一交易日收盘价的 ±10%	
合约月份	当月、下两个月即下两个季度月	
行权价格间距	当月与下两个月	季度月
	50 点	100 点
行权方式	欧式	
最后交易日	合约到期月份的第 3 个星期五	
到期日	同最后交易日	
交割方式	现金交割	
交易场所	中国金融期货交易所	

第 **2** 章

期货的交易制度、标准化合约与实物交割

通过对第1章内容的了解，我们对期货的基础理论有了初步的认识。在本章中将详细介绍期货交易所的相关交易制度与交易流程，并从合约与实物交割方面重点解析期货交易的关键步骤。

2.1 期货的交易制度

在期货投资的过程中，一定会存在非常多的价格风险与交易风险，因此期货交易所制定了非常多的交易制度，这些制度不仅保证了交易的完成与公平，更起到了规避风险的作用。接下来详细了解期货交易的交易制度。

NO.001 交易所会员制度

在第 1 章中讲到"期货交易所实行的是会员制度，而期货经纪公司都是交易所的会员"。这里我们来看看什么是交易所会员制度。

在我国，期货交易是采取会员制，银行、金融机构、期货经纪公司是期货交易所的会员主体。而所谓会员制具有两重意义。

- ◆ 它是期货交易所的一种组织形式。
- ◆ 它是期货市场的交易制度。

期货交易所实行会员制度，有以下几点好处。

①有利于建立多层次风险管理体系，尽可能降低或规避交易风险。

②通过构造"金字塔"式结算制度，可以将市场风险分散，不会出现大规模的风险。

③强化经营管理，有利于维护市场的稳定，增强投资者的信心。

④有利于期货公司的定位，引导期货公司做大、做强，促进行业优化。

⑤有利于维护国家金融安全和深化金融资本领域改革，促进期货行业的健康发展。

在现代期货中，交易所的会员制度一般来说有 3 种形式，如下所示。

第一种：交易结算会员，可以为自己的客户进行结算。

第二种：全面结算会员，可以为自己的客户和非结算会员进行结算。

第三种：特别结算会员，本身不参与期货的经纪业务和自营业务，但可以为非结算会员进行结算。

针对以上 3 种制度的具体组织形式，我们以中国金融期货交易所为例，来看看交易所、会员、投资者之间都有什么具体关系，如图 2-1 所示。

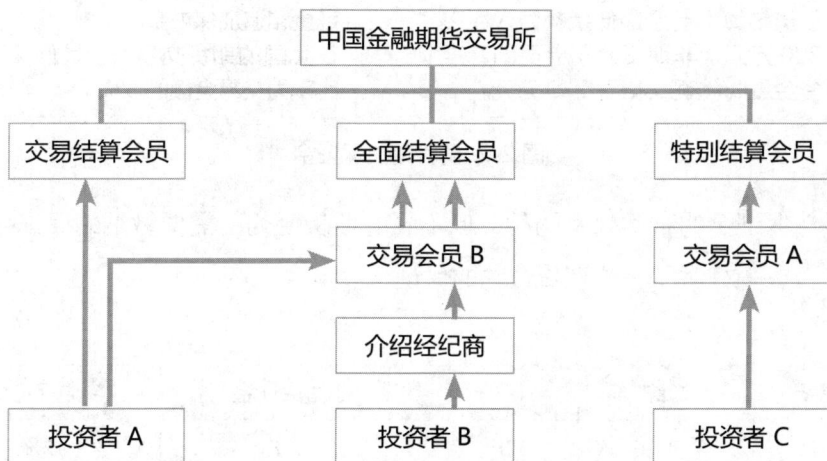

图 2-1 会员制度的组织形成

NO.002 期货保证金制度

期货保证金制度是期货交易中最重要的制度之一，它既具有其他保证金交易的特性，又具有期货投资的特性。

任何一个交易者必须按照其所买卖期货合约价值的一定比例（通常为5% ～ 15%）缴纳少量资金，作为其履行期货合约的财力担保，然后才能参与期货合约的买卖，并视价格变动情况确定是否追加资金。

在我国的期货投资市场中，保证金分为两种，即结算准备金和交易保证金，如图 2-2 所示。

结算准备金

由期货会员单位按固定标准向交易所缴纳，是为交易结算原先准备的资金，是未被合约占用的保证金。会员结算准备金最低余额为人民币200万元，非期货公司会员结算准备金最低余额为人民币50万元。

交易保证金

交易保证金是会员单位或投资者在期货交易过程中持有期货合约而实际支付的保证金。主要分为初始保证金和追加保证金。
在我国的期货交易所，最低保证金比率为交易金额的5%。

图 2-2　两种期货保证金

　　虽然保证金的种类只有两种，但不同的期货合约所需要缴纳的保证金是不同的，表 2-1 列举了一些期货合约的保证金。

表 2-1

交易所	合约	代码	公司保证金	合约保证金
中金所	沪深 300 指数	IF	15%	12%
上海期货交易所	铝	AL	10%	5%
	铜	CU	13%	7%
	锌	ZN	11%	5%
	橡胶	RU	13%	10%
	燃料油	FU	151%	8%
	黄金	AU	13%	7%
	螺纹钢	RB	10%	5%
	线材	WR	18%	7%
	铅	PB	11%	5%
	白银	AG	15%	8%
	沥青	BU	10%	5%
	热轧卷板	HC	10%	5%

续表

交易所	合约	代码	公司保证金	合约保证金
大连期货交易所	棕榈油	P	10%	7%
	聚乙烯	L	10%	5%
	豆粕	M	11%	5%
	豆油	Y	10%	5%
	鸡蛋	JD	12%	8%
	豆一	A	9%	5%
	豆二	B	12%	5%
	聚氯乙烯	V	10%	5%
郑州期货交易所	白糖	SR	11%	6%
	强麦	WH	11%	5%
	普麦	PM	15%	5%
	棉花	CF	10%	6%
	菜籽油	RO	10%	5%
	早籼稻	ER	13%	5%
	甲醇	ME	11%	6%

NO.003 期货公开竞价制度

期货的价格不像是现货商品，现货可以进行讨价还价，而期货则需要在签订合约之前就确定价格。在没有电脑之前，人们是通过公开喊价的方式，也就是投资者在交易池内面对面地公开喊价，表达各自买进或卖出合约的要求。

有了电脑之后，人们使用电脑代替了原来的喊价，虽然形式是一样的，但公开竞价是自动化交易方式，它具有准确、连续、速度快、容量大的特点。

公开竞价的原理是将所有投资者的买卖指令都汇集到交易所的主机中，电脑自动让价格相同的买卖单成交，开盘价是在 9:25 分时同时满足以下 3 个条件的基准价格，首先是成交量最大；其次是高于基准价格的买入申报和低于基准价格的卖出申报全部成交；最后是与基准价格相同的买方或卖方申报至少有一方全部成交。

理财贴士 *期货竞价的时间*

各期货交易所的竞价时间是不同的。上海、大连、郑州期货交易所的竞价是在每一交易日开市前 5 分钟内进行，其中，8:55 ～ 8:59 为期货合约买卖指令申报，8:59 ～ 9:00 为集合竞价撮合时间。

中国金融期货交易所是交易日的 9:10 ～ 9:14 为期货合约买、卖指令申报时间，9:14 ～ 9:15 为集合竞价撮合时间。

采用公开竞价的方式可以使期货交易具有图 2-3 所示的优势。

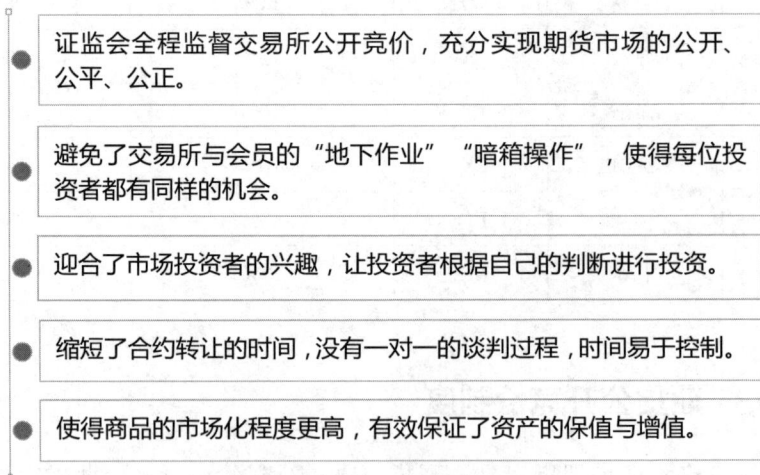

- 证监会全程监督交易所公开竞价，充分实现期货市场的公开、公平、公正。

- 避免了交易所与会员的"地下作业""暗箱操作"，使得每位投资者都有同样的机会。

- 迎合了市场投资者的兴趣，让投资者根据自己的判断进行投资。

- 缩短了合约转让的时间，没有一对一的谈判过程，时间易于控制。

- 使得商品的市场化程度更高，有效保证了资产的保值与增值。

图 2-3 期货公开竞价的优势

NO.004 期货涨停板制度

在第 1 章讲到了期货实行的是涨停板制度，实际上期货的涨停板和股票不同，下面我们来认识一下。

所谓涨停板制度，全称是涨跌停板制度，是指期货合约在一个交易日中的交易价格不得高于或低于规定的幅度，而超过这个幅度的报价将被视为无效，不能成交。

每一份期货合约的具体涨跌停幅度都会在期货合约中写明。但期货的涨跌停板并不是固定的，而是会随着市场的变化而发生改变，这也是期货和股票最大的不同。而具体的涨跌变化，可参考上海期货交易的规定。

先设定某期货合约在某一交易日为 D1 交易日，以后几个交易日分别称为 D2、D3、D4、D5、D6 交易日，D0 交易日为 D1 交易日的前一交易日。

在此情况下，涨停板制度有如图 2-4 所示的四种情况。

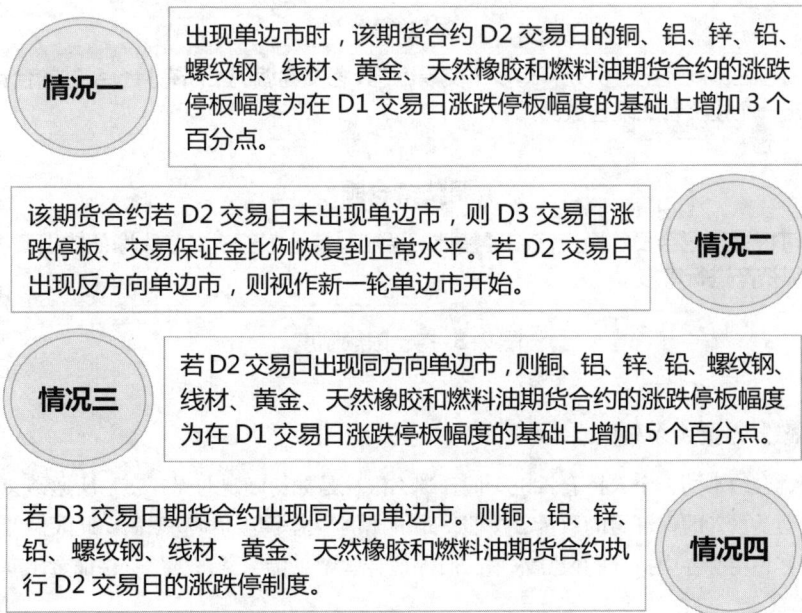

情况一 出现单边市时，该期货合约 D2 交易日的铜、铝、锌、铅、螺纹钢、线材、黄金、天然橡胶和燃料油期货合约的涨跌停板幅度为在 D1 交易日涨跌停板幅度的基础上增加 3 个百分点。

该期货合约若 D2 交易日未出现单边市，则 D3 交易日涨跌停板、交易保证金比例恢复到正常水平。若 D2 交易日出现反方向单边市，则视作新一轮单边市开始。 **情况二**

情况三 若 D2 交易日出现同方向单边市，则铜、铝、锌、铅、螺纹钢、线材、黄金、天然橡胶和燃料油期货合约的涨跌停板幅度为在 D1 交易日涨跌停板幅度的基础上增加 5 个百分点。

若 D3 交易日期货合约出现同方向单边市。则铜、铝、锌、铅、螺纹钢、线材、黄金、天然橡胶和燃料油期货合约执行 D2 交易日的涨跌停制度。 **情况四**

图 2-4 期货涨停板制度的变化

NO.005 期货限仓制度

限仓制度是期货交易所为了防止市场风险过度集中于少数交易者手中，而对会员和客户的持仓数量进行限制的制度。限仓制度规定会员或客户可以持有的，按单边计算的某一合约持仓的最大数额，不允许超量持仓。

期货的限仓制度，主要是从如图 2-5 所示的几点内容上进行执行的。

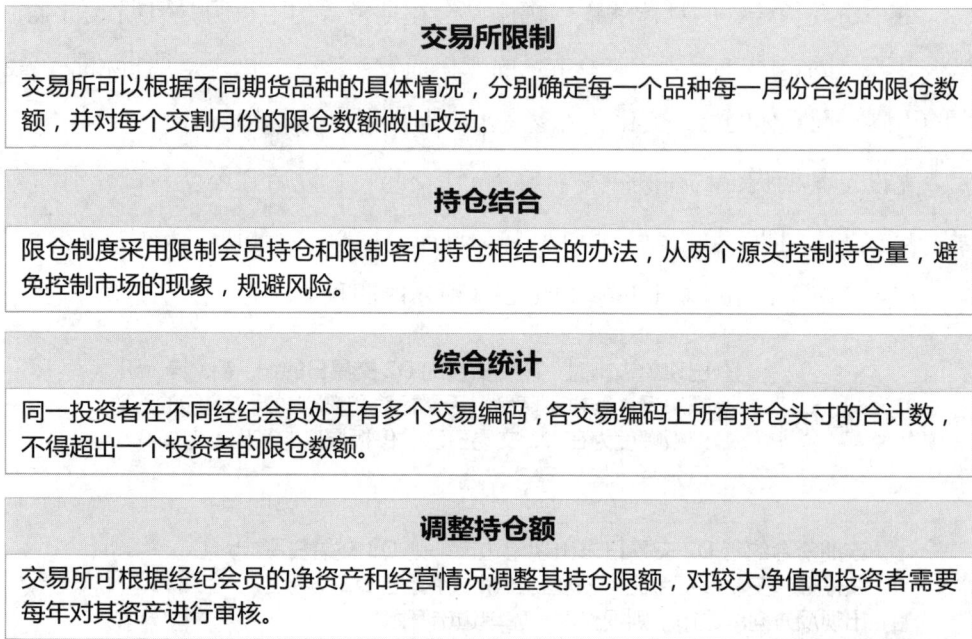

交易所限制

交易所可以根据不同期货品种的具体情况，分别确定每一个品种每一月份合约的限仓数额，并对每个交割月份的限仓数额做出改动。

持仓结合

限仓制度采用限制会员持仓和限制客户持仓相结合的办法，从两个源头控制持仓量，避免控制市场的现象，规避风险。

综合统计

同一投资者在不同经纪会员处开有多个交易编码，各交易编码上所有持仓头寸的合计数，不得超出一个投资者的限仓数额。

调整持仓额

交易所可根据经纪会员的净资产和经营情况调整其持仓限额，对较大净值的投资者需要每年对其资产进行审核。

图 2-5 持仓限额制度

理财贴士 *限额是如何确定的*

每份期货合约不同，个人持仓量也不同，那么限额是如何确定的呢？交易所通常会根据客户和会员投入的保证金的数量，按照一定的比例给出一定的持仓限额，此限额即是该会员和客户在交易中持仓的最高水平。而保证金 = 结算价 × 持仓量 × 保证金比率。

NO.006　每日结算无负债制度

在期货交易中，还有一个最大的特点，就是每日结算无负债制度。

每日结算无负债制度具体可分为以下两个制度：一是每日结算制度，二是无负债制度，但因为这两者是相互联系的，因此可以放在一起。

每日结算无负债制度，又称逐日盯市，是指每日交易结束后，交易所按当日结算价结算所有合约的盈亏、交易保证金及手续费、税金等费用，对应收、应付的款项实行净额一次划转，相应增加或减少会员的结算准备金。

每日结算无负债制度的具体操作方式如图 2-6 所示。

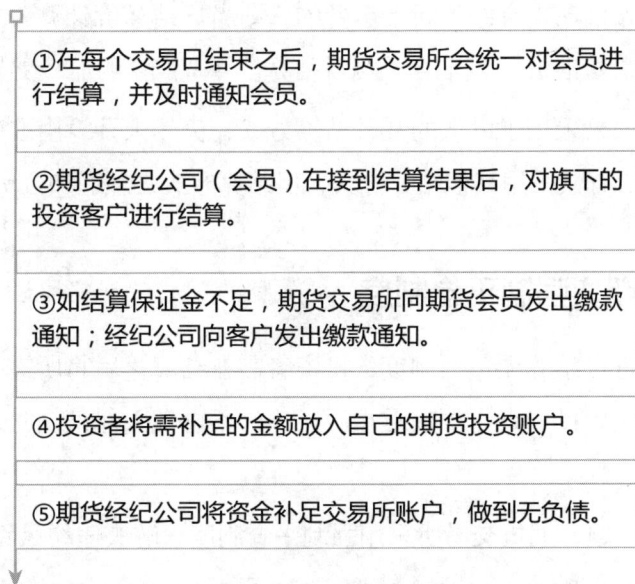

①在每个交易日结束之后，期货交易所会统一对会员进行结算，并及时通知会员。

②期货经纪公司（会员）在接到结算结果后，对旗下的投资客户进行结算。

③如结算保证金不足，期货交易所向期货会员发出缴款通知；经纪公司向客户发出缴款通知。

④投资者将需补足的金额放入自己的期货投资账户。

⑤期货经纪公司将资金补足交易所账户，做到无负债。

图 2-6 每日结算无负债制度操作流程

期货交易所在结算时，一般是按照当日所有成交价格的加权平均数来计算的，但不同的交易所与不同的合约可能会遇到不同的情况，如当日没有交易报价，此时的结算就会出现下面几种情况。

情况一，如果一份期货合约在交易日内有买、卖双方委托报价，则以最高买报价、最低卖报价与该合约上一交易日的结算价三者居中的一个价格作为合约的当日结算价。

情况二，如果一份期货合约在出现连续的涨／跌停板单边无连续报价时，则以该停板价格作为合约的当日结算价，且最后 5 分钟的价格不计算在内。

情况三，若期货合约当日无委托报价，或者有买或卖单方委托报价但未出现涨／跌停板单边无连续报价，以当日距离无成交合约最近的前一成交合约作为基准合约计算当日合约结算价。

情况四，若当日无成交价格的，收盘时刻市场无买方报价，取市场最低卖价为结算价；收盘时刻市场无卖方报价，取市场最高买价为结算价。

情况五，如果期货合约为新上市合约，则当日结算价计算公式为合约结算价＝该合约挂盘基准价＋基准合约当日结算价－基准合约前一交易日结算价。

情况六，如果采用了以上的几种结算方式，仍然未计算出准确的结算价格时，期货交易所有权采用其他结算方式，但结算方式必须通知会员。

NO.007　期货强制平仓制度

期货采用每日结算无负债制度，投资者需在结算之后将所需的保证金存入账户内，但是如果投资者在面临亏损后，违约不再存入保证金时，交易所有什么制度呢？

对于这个问题，期货交易所采用强制平仓制度来解决违约风险。

强制平仓是指期货交易所将会员账户进行强制平仓，一般发生如下所示的情况时，会被强制平仓。

①会员结算准备金余额小于零，并未能在规定时限内将其补足。

②持仓量超出持仓限额标准，并且未能在规定时限内进行平仓。

③投资者或会员进行违规操作，违反交易所的规定会被强制平仓。

④根据交易所的紧急措施应予强制平仓。

任何交易会员与投资者都不想看到强制平仓的情况出现，但在出现强制平仓的时候，我们需要了解不同的处理方式，如图2-7所示。

情况一 如果是因为投资者未补足保障金或因违反交易所的规定而强制平仓，出现的亏损将由投资者承受。

情况二 如因国家政策变化及连续涨停板、跌停板而强制平仓的，其盈利应划给会员或客户。

情况三 期货账户违约时，如果在强制平仓之后，结算准备金仍小于零，对其代理账户中的投资者进行移仓。

情况四 如果只有经纪账户违约，应动用自营账户的结算准备金余额对平仓金额进行补足。然后再补足经纪账户。

情况五 当自营账户和经纪账户都违约时，强制平仓顺序是先自营账户，后经纪账户。补足保证金也要按这个顺序进行。

情况六 如果是因为通信原因或一方未及时通知的情况，投资者可向期货交易所或是期货经纪公司申请延迟平仓。

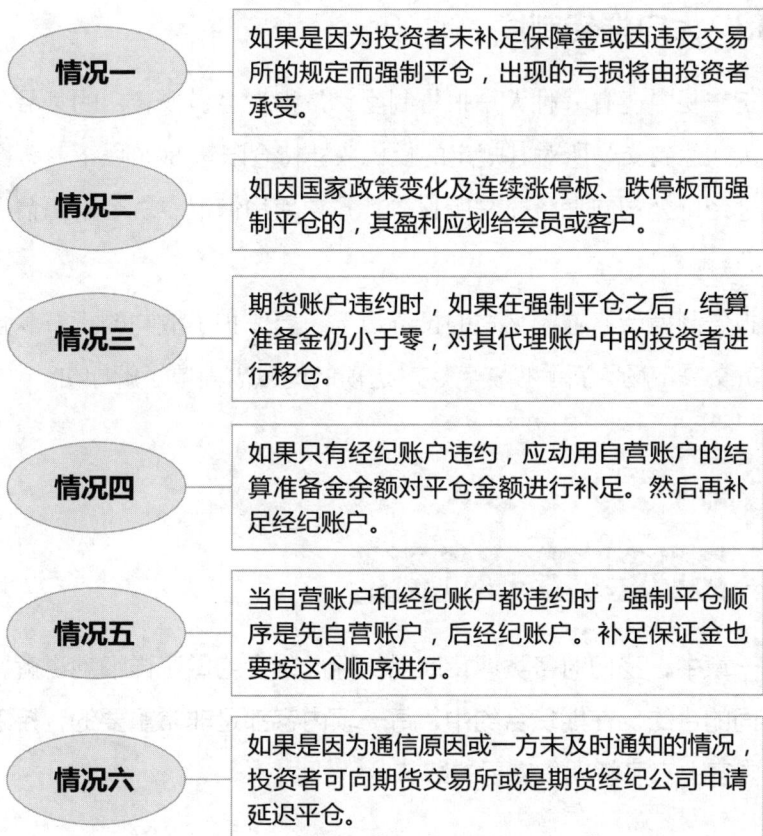

图 2-7 强制平仓后的应对办法

以上是期货持仓在被强行平仓时的应对办法，我们都不希望自己的账户被强制平仓，因此我们需要了解被强制平仓的流程，如图 2-8 所示。

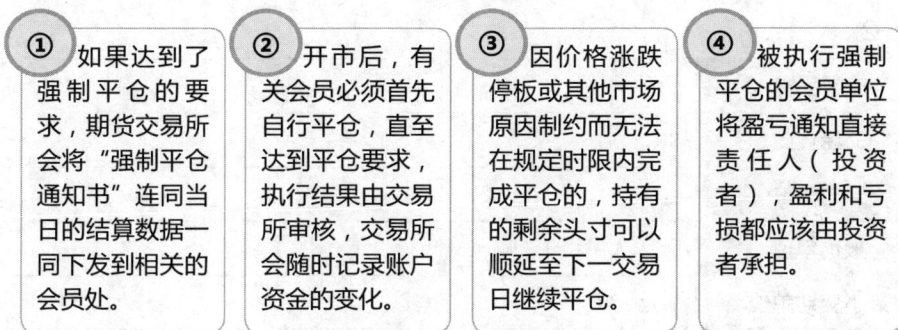

① 如果达到了强制平仓的要求，期货交易所会将"强制平仓通知书"连同当日的结算数据一同下发到相关的会员处。

② 开市后，有关会员必须首先自行平仓，直至达到平仓要求，执行结果由交易所审核，交易所会随时记录账户资金的变化。

③ 因价格涨跌停板或其他市场原因制约而无法在规定时限内完成平仓的，持有的剩余头寸可以顺延至下一交易日继续平仓。

④ 被执行强制平仓的会员单位将盈亏通知直接责任人（投资者），盈利和亏损都应该由投资者承担。

图 2-8 强制平仓的流程

NO.008 大户报告制度

在期货交易中还有一种大户报告制度，是指当会员或客户的某品种持仓合约的投机头寸达到交易所对其规定的投机头寸持仓限量 80% 以上时，会员或客户必须通过经纪公司向期货交易所报告其开户使用情况、资金来源情况、头寸持有情况等。

大户报告制度严格控制大户的投资情况，更保护了散户的投资利益。对于刚进入期货交易市场的新手投资者，对这项制度只需简单了解即可。

2.2 期货标准化合约解析

在上一章中，我们对各类期货产品的标准化合约做了详细地讲解，并列举了多份不同的合约。在期货合约中，每一项内容都是非常重要的，接下来从合约具体的内容上来了解期货交易的细节。

NO.009 标的物与计量单位

标的物与计量单位一般是载明在期货合约开头的内容，包括标的物名称、代码、价格变动单位等，如表 2-2 所示。

表 2-2

交易品种	白砂糖
交易代码	SR
交易单位	10 吨 / 手
报价单位	元（人民币）/ 吨
最小变动单位	1 元 / 吨

在上表中，各部分的意义如下。

◆ 交易品种：就是期货标的物。

◆ 交易代码：是由期货交易所决定，来源多为化学符号或英语、汉字拼音简写，每种期货品种对应一个代码。

◆ 交易单位：在期货交易所的每手期货合约代表的标的物数量，也可称为合约规模。

◆ 报价单位：指在竞价过程中对期货合约报价所使用的计量单位与价格。

◆ 最小变动单位：是每次报价变动时的最小幅度。

NO.010 合约中涉及的时间

在期货合约中，还涉及了很多和时间有关的数据，如最后交易日、最后交割日等，如表 2-3 所示。

表 2-3

交割月份	1、3、5、7、9、11 月
交易时间	每周一至周五上午 9:00 ～ 11:30，下午 13:30 ～ 15:00
最后交易日	合约交割月份的第 10 个交易日
最后交割日	合约交割月份的第 12 个交易日

和时间有关的内容，各部分的意义如下。

◆ 交割月份：只能在合约规定的日期进行实物交割，其他时间不行。

◆ 交易时间：指期货的交易时间，一般是交易所的营业时间。

◆ 最后交易日：是指期货合约在交割月份中进行交易的最后一个交易日，最后交易日前未进行平仓的可能会被强制平仓。

◆ 最后交割日：就期货合约而言，最后交割日是指必须进行商品交割的日期。

◆ 交割时间：在最后交易日到最后交割日之间，部分期货合约还规定了特别的交易时间。

NO.011 合约中涉及的其他内容

除报价单位与时间外，在期货合约中还包括交割品级、保证金、涨停板制度等，如表2-4所示。

表2-4

交割品级	标准品：一级白糖（符合 GB 317—2006）；替代品及升贴水见《郑州商品交易所期货交割细则》
保证金	合约价值的 6%
交割方式	实物交割
交易所	郑州商品交易所

在期货合约中涉及的其他一些内容，各部分的意义如下。

◆ 交割品级：期货交易所及国家规定的期货实物交割的标的物质量等级。

◆ 保证金：以合约价值为标准，具体数值会明确载明在合约上。

◆ 交割方式：合约到期时交割的方式，商品期货为实物交割，金融期货为实物交割或现金交割。

◆ 交易所：期货合约上市的交易所。

2.3 期货中的重要内容——实物交割

在期货交易中会涉及一项非常重要的流程，那就是实物交割。虽然一般散户是无法完成实物交割的，但它对我们的投资却至关重要。

实物交割是指期货合约到期时，交易双方通过该期货合约所载的商品所有权的转移，了结到期未平仓合约的过程。那么它有哪些需要注意的地方呢？

NO.012 实物交割的种类

期货的交割简单可分为商品交割与现金交割。其中，商品实物交割还可以分为买卖双方交割及卖方交割，具体如图 2-9 所示。

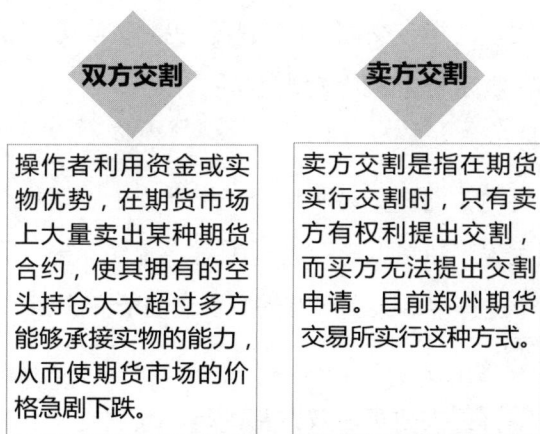

双方交割

操作者利用资金或实物优势，在期货市场上大量卖出某种期货合约，使其拥有的空头持仓大大超过多方能够承接实物的能力，从而使期货市场的价格急剧下跌。

卖方交割

卖方交割是指在期货实行交割时，只有卖方有权利提出交割，而买方无法提出交割申请。目前郑州期货交易所实行这种方式。

图 2-9 双方交割与卖方交割

除了以上两种交割方式之外，期货交割还有表 2-5 所示的 3 种方式。

表 2-5

方式	内容
期转现	持有同一交割月份合约的交易双方通过协商达成现货买卖协议，进行相同价格与数量的实物交换
滚动交割	在合约进入交割月以后，持有标准仓单的卖方主动提出交割，并由交易所组织匹配双方在规定时间完成的交割
一次性交割	在合约最后交易日后，所有未平仓合约的持有者须以交割履约，进行一次性的实物交割

NO.013　实物交割的时间

在期货的交割过程中，会遇到非常复杂的交割时间问题，如果把握不好交割的时间，就可能会出现损失。

我国期货交易所的交割一般从 5 个交易日上分布进行，具体如下所示。

◆　第一个交割日

买方申报交割意向，并向交易所提交所需交割商品的意向书，包括期货合约的品种、代码、数量及指定交割仓库名等。另外，卖方在第一个交割日内将已付清仓储费用的有效标准仓单提交到交易所。

◆　第二个交割日

在第二个交割日中，期货交易所将分配标准仓单。期货交易所根据自己的资源，按照"时间优先、数量取整、就近配对、统筹安排"的原则，向买方分配标准仓单。在这个过程中，买卖双方需配合交易所完成相关分配程序。

◆　第三个交割日

到了第三个交割日，需要买卖双方都进行款项的交付。买方必须在第三个交割日的 14:00 之前到交易所交付货款并取得标准仓单。交易所在第三个交割日的 16:00 前将货款付给卖方。

◆　第四、五个交割日

到了第四、五个交割日，就正式进入交割程序，期货交易所将在此时收取买方会员全额货款，并于当日将全额货款的 80% 划转给卖方会员，同时将卖方会员仓单交付买方会员，余款在买方会员确认收到卖方会员转交的增值税专用发票时结清。

标准仓单在交易所进行实物交割的第四、五个交割日的程序如下。

1. 卖方投资者背书后交卖方经纪会员。

2. 卖方会员背书后交到交易所。

3. 交易所盖章后交买方经纪会员。

4. 买方经纪会员背书后交买方投资者。

5. 买方非经纪会员、买方投资者背书后至仓库办理有关手续。

6. 仓库或其代理人盖章后,买方非经纪会员、买方投资者方可提货或转让。

理财贴士 *什么是期货标准仓单*

期货的交易有标准化合约,而期货在交割过程中也有标准仓单。

期货标准仓单是指由期货交易所统一制定的,交易所指定交割仓库在完成交货商品验收、确认合格后发给货主的实物提货凭证。根据有关规定,商品只有符合期货交割要求并经过检验注册入库才可以成为仓单,然后完成交割。

在期货的实物交割过程中,如果出现以下几种情况,就会被视为交割违规。

①在规定的最后交割期限内,卖方未交付有效标准仓单。

②在规定的最后交割期限内,买方未给付货款的或给付不足的。

③卖方交付的商品不符合期货合约上的交割品级的。

如果出现了交割违约,交易所一般会先代为履约。对于出现的损失,违约会员应承担责任并追究直接责任人。

NO.014　期货交割的出库流程

通过交易所办完交割的相关手续之后,需要持仓单进行商品交换。在商品交换过程中,需要对仓单进行注销,然后完成提货。

接下来我们以郑州期货交易所的出库流程为例来看看具体的期货实物出库流程,如图2-10所示。

投资者	会员	仓库	交易所
委托期货经纪公司办理仓单注销	通过交易系统提交仓单注销申请		办理仓单升贴水结算，办理《提货通知单》
从《提货通知单》开出之日起的 10 个工作日之内，办理现货提取	给投资者打印纸质《提货通知单》，或编制电子提货单密码		
		仓库核验投资者的提货手续、提货单或提货电子密码	
重新补充合法手续 ← 不合法		核验结果	
		合法	
投资者对出库商品数量和质量进行核验			
投资者缴纳出库费用		仓库发货	
		交割结束	

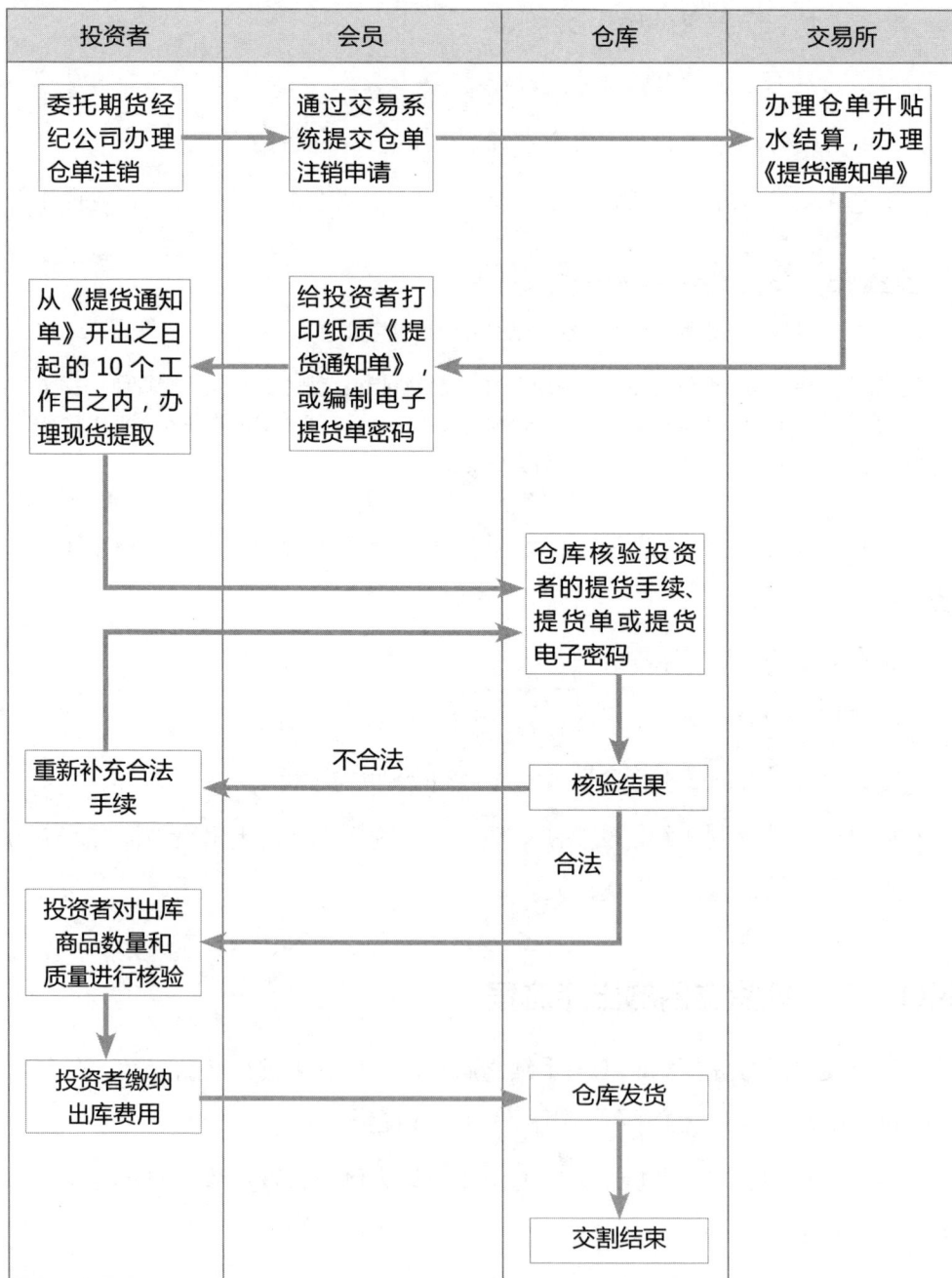

图 2-10 期货实物出库流程

第 3 章

期货的套期保值、套利与投机

在对期货的投资理论有了一定的了解之后，就需要更加深入地认识一些盈利模式，这些盈利模式是期货投资中最重要的三大投资策略——套期保值、套利与投机。

3.1 期货套期保值

在期货投资市场上，许多人为了规避风险，往往将期货与现货两个市场联动起来形成一种新的投资模式，这种模式就是套期保值。

NO.001 认识什么是期货套期保值

所谓期货套期保值，是把期货市场当作转移价格风险的场所，利用期货合约作为将来在现货市场上买卖商品的临时替代物，对其现在买进准备以后售出商品或对将来需要买进商品的价格进行保险的交易活动。

简单来说，是指通过买进或卖出与现货市场交易数量相当，但交易方向相反的商品期货合约，并在未来某一时间通过卖出或买进相同的期货合约，对冲平仓，结清期货交易带来的盈利或亏损。

> **理财贴士** *散户很难完成套期保值*
>
> 期货的套期保值所需的资金量是非常大的，不仅需要在期货市场建仓，还需要在现货市场购买实物。因此一般的散户是很难完成期货的套期保值的。
>
> 如果是投资金额比较大的投资者，可适当选择金融期货进行套期保值。

套期保值之所以能成为一种普遍的交易模式，是因为它具有如下所示的几大优势与作用。

①对不利的价格波动提供保护作用，使厂商能在很大程度上规避价格变动的影响。

②套期保值可给厂商在产品的销售、购买和定价的共同策略中提供灵活性。

③在产品必须存储的情况下，套期保值能使流动资金避免受到存货的占压。

④套期保值可大大减少存储费用，因为不同月份的期货价格会反映出这些费用。

⑤套期保值可有效地保证计划所得的利益，能提高厂商的借款能力和信誉。

NO.002　套期保值如何发挥作用

购买两份期货合约，那么套期保值是如何发挥它的"保值"作用的呢？

单从价格上来讲，这是因为期货交易实行的是双向交易，购买相反的合约，必定一份合约赚钱，一份合约亏钱。而又因为期货和现货价格之间存在一定的差异，因此就形成了获利的区间。

如在郑州商品交易所的郑棉 2009 期货合约中，价格从 2019 年 8 年底 11 715 元止跌上涨，经过了两个月左右的时间，价格上涨至最高 14 115 元。在这期间，如果有商家在 9 月初想要购买郑棉，但对未来的价格不确定时，就可以选择在期货市场做空，从而实现套期保值，规避未来现货价格可能下跌的风险，如图 3-1 所示。

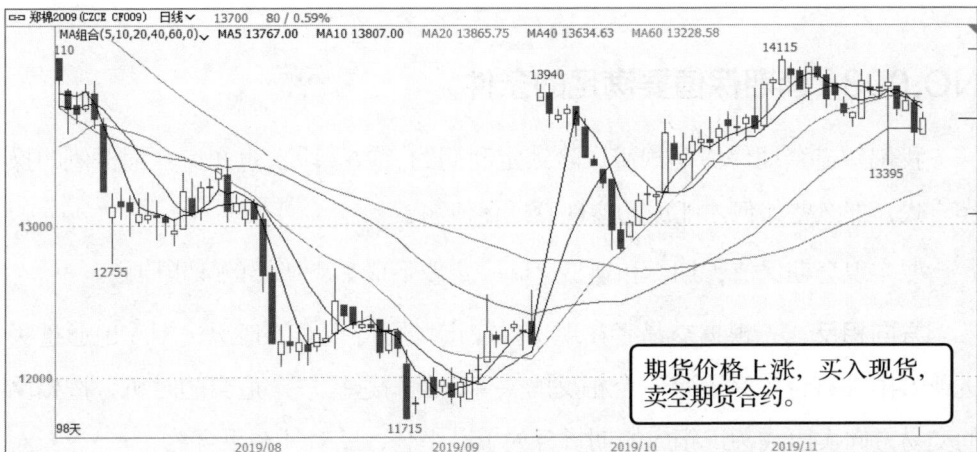

图 3-1　套期保值的意义

当然，套期保值发挥其作用，也并不单单是因为上面的原因，还有图 3-2 所示的其他意义。

一	二	三
期货合约在交易过程中，期货价格与现货价格虽然变化不会完全一致，但基本趋势是相同的。所以当现货价格在上涨时，期货价格也会上涨，下跌也同样如此。套期保值者正是利用了与现货市场相反的交易来使得双方的价格在涨跌上都达到同一水平。	对企业来说，对原材料进行买期保值，对其产品进行卖期保值，就可解除企业的后顾之忧，锁牢其加工的利润，从而专门进行加工生产。	期货合约的价格和现货的价格不仅在变化趋势上是相同的，同时，在期货合约到期之后，两者将会成为同一种商品。期货价格包含有储藏该商品直至交割日为止的一切费用，而离交割日期越近，期货合约的费用就会越低。 所以，在进行套期保值的时候，现货与期货在"对冲"期间，正好可以平衡产生的费用。

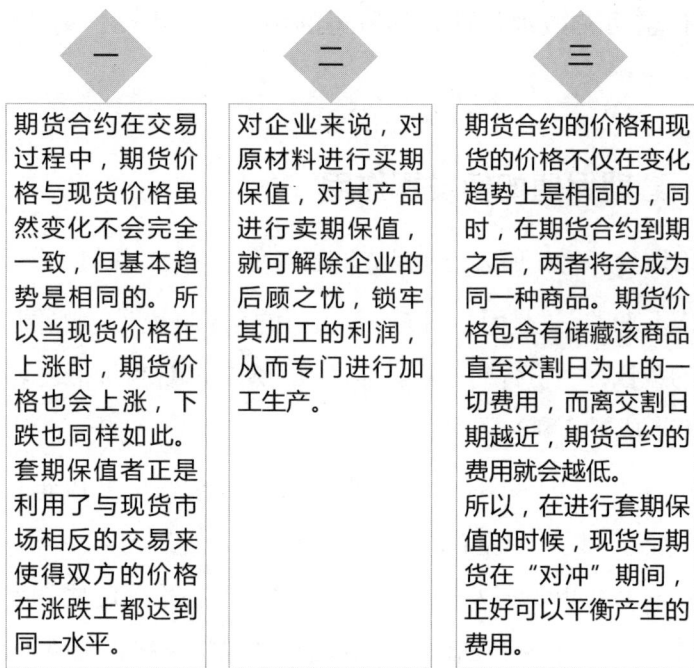

图 3-2　套期保值的其他意义

NO.003　套期保值要满足的条件

我们知道套期保值是规避风险锁定利润的有效手段，也知道套期保值的操作方式，那么要如何才能成功实现套期保值呢？

要实现套期保值，期货和现货之间一定要形成如下所示的 4 点原则。

方向相反。先根据交易者在现货供应市场所持头寸的情况，相应地通过买进或卖出期货合约来设定一个相反的头寸，然后选择一个适当的时机，按相反的交易方向卖出或买进相应的期货合约予以平仓，以对冲在手合约。

数量相等。在做套期保值交易时，在期货市场上所交易的商品数量必须与交易者将要在现货市场上交易的数量相等，才能使盈亏额相等或接近。

种类相同。只有商品种类相同，期货价格和现货价格之间才有可能形成密切的联动关系,使在两个市场上同时采取反向买卖的行动取得套期保值的效果。

月份相近。所选期货合约的交割月份最好与交易者将来在现货市场上交易商品的时间相同或相近。只有使两者所选定的时间相同或相近,期货和现货价格才会趋于一致,使两者之间的联系更加紧密。

NO.004 套期保值的操作流程

虽然套期保值并不算是一项具体的交易,而是投资者自行组合的投资方式,但在交易前制定好相关的操作流程,对套期保值取得成功是非常有帮助的。具体如图 3-3 所示。

图 3-3 套期保值的流程

NO.005 基差在套期保值中的作用

在第 1 章中,我们简单了解了基差的意义与作用,实际上基差在套期保值中更能发挥其作用。

在套期保值中,基差一般有期货价格高于现货价格与现货价格高于期货价格两种形态,如图 3-4 所示。

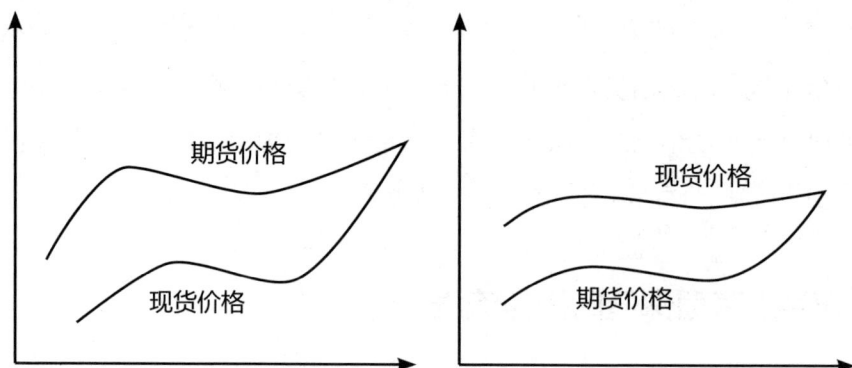

图 3-4　基差的两种形态

　　基差是期货与现货价格关系的一个数值，而套期保值正好需要实时监控期货价格与现货价格的关系。因此，我们可以总结出不同关系下的盈亏情况。

　　在买入套期保值中，基差变动对获利的影响如图 3-5 所示。

- 期货价格上涨，现货价格不变，基差变弱，套期保值能够获利。

- 期货价格不变，现货价格下跌，基差变弱，套期保值能够获利。

- 期货价格上涨，现货价格下跌，基差极弱，在两个市场都获利。

- 期货价格和现货价格都上涨，期货价格上涨幅度比现货价格大，套期保值可获利。

- 期货价格和现货价格都下跌，现货价格下跌的幅度比期货价格大，套期保值可获利。

- 现货价格从期货价格之上跌破下降，基差变弱，可获得额外利润。

图 3-5　基差对买入套期保值的影响

　　在卖出套期保值中，基差变动对获利的影响如图 3-6 所示。

期货价格下跌，现货价格不变，基差变强，套期保值可获利。

期货价格不变，现货价格上涨，基差变强，套期保值可获利。

期货价格下跌，现货价格上涨，基差极强，套期保值可在两个市场获利。

期货价格和现货价格都上涨，现货价格上涨幅度比期货大，套期保值可获利。

期货价格和现货价格都下跌，期货价格下跌幅度比现货大，套期保值可获利。

现货价格从期货价格以下突然上涨，基差变强，最终可以获利。

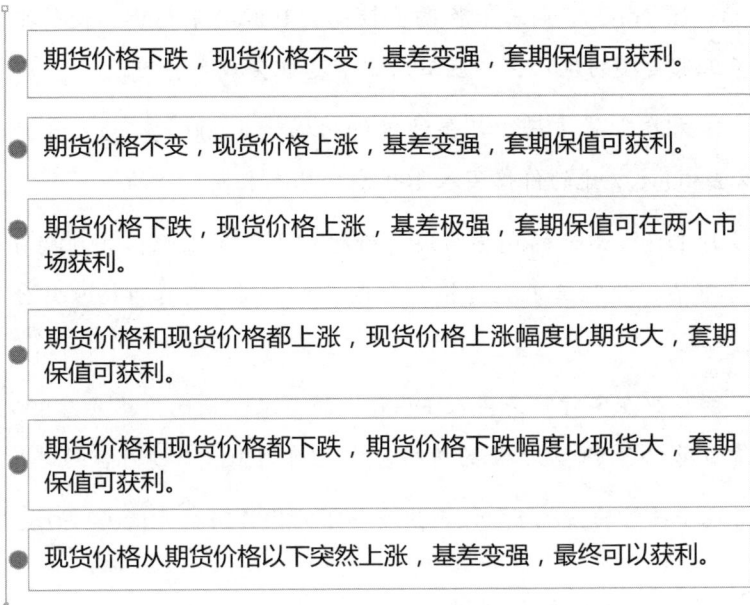

图 3-6 基差对卖出套期保值的影响

NO.006 买入套期保值

前面的内容一直提到，期货的套期保值分为买入套期保值与卖出套期保值，那么这两者究竟有什么区别，下面从具体的案例来进行详细了解。

买入套期保值又称为多头套期保值，是指在期货市场做多看涨期货，用期货市场多头保证现货市场的空头，以规避价格上涨的风险。具体案例如下。

实例分析

玉米期货的买入套期保值

某大型食品加工厂需要购进大量的玉米，所以需要通过期货市场来获得最低的收购价格。而在这个过程中，使用买入套期保值是非常有必要的。

在某年 5 月 1 日，他们发现玉米的现货价格为 2 300 元 / 吨，市场的价格较之以前有反弹的迹象，而且预计在 6 月底，企业的库存会降至低点，需要补充库存 1 000 吨。由于前期玉米收购价较高，利润越来越少，使得很多食品加工厂减少了玉米食品的生产，相应玉米需求量也会减少。

此时，玉米在期货市场 7 月合约报价同样为 2 300 元 / 吨，于是该企业在 7 月 1 日以 2 300 元 / 吨的价格买入 100 手 9 月玉米期货合约。

到了 9 月 1 日，玉米的期货与现货价格都出现了上涨，并且期货市场的涨幅大于现货市场，此时玉米现货报价 2 800 元 / 吨，期货市场 9 月合约报价涨至 3 000 元 / 吨。

此时，该企业在现货市场买入 1 000 吨的玉米，采购价格为 2 800 元 / 吨，同时在期货市场以 3 000 元 / 吨的价格卖出之前的 100 手 9 月合约进行平仓。

在不考虑手续费的情况下，该企业有如下的操作与盈亏情况，如表 3-1 所示。

表 3-1

	现货市场	期货市场
5 月 1 日	2 300 元 / 吨	买入 100 手 7 月玉米期货合约 2 300 元 / 吨
9 月 1 日	买入 1 000 吨玉米，价格 2 800 元 / 吨	平仓 100 手 9 月期货合约，价格 3 000 元 / 吨
盈亏	（2 300-2 800）×1000= -500 000 元	（3 000-2 300）×100×10= 700 000 元

最终，该企业盈亏为 700 000-500 000=200 000 元。（当然，这种盈亏不能作为绝对利润，因为最终需要支付现货交易费用）。

对于买入套期保值，有以下几点需要注意，可帮助顺利完成交易。

数量对等。企业在期货市场进行买入套期保值时，切记要分清楚买入和卖出的数量和合约时间，以免造成期货市场的损失。

注意基差。在买入套期保值时，期货的赢利大于现货亏损，保值者得到了完全的保护。所以在进行买入套期保值时，一定要注意了解基差的变化。

现货为准。在进行买入套期保值时，如案例中，现货价格会出现下跌，但现货价格和期货价格可能出现背离，所以要时刻以现货价格为标准。

坚持套保。企业在进行买入套期保值时，是以锁定价格波动风险为主的，因此，不要随意将套期保值头寸转为投机头寸。

实物交割。套期保值虽然涉及的量很大，但并不意味着它一定要进行实物交割，企业可根据具体的情况适时调整买入套期保值的策略。

理财贴士 *买入套期保值的缺点*

期货买入套期保值虽然是非常好的避险获利方式，但它同样有缺点。

一旦开始买入套期保值，也就失去了由于价格变动而可能得到的获利机会。也就是说，在回避不利价格风险的同时，买入套期保值也就放弃了价格上涨所带来的好处。

NO.007　卖出套期保值

有买入套期保值就有卖出套期保值。卖出套期保值和买入套期保值完全相反，它又可以称为空头套期保值，是在期货市场中出售期货，用期货市场空头保证现货市场的多头，以规避价格下跌的风险。

卖出套期保值的操作是先在期货市场上卖出期货合约，然后在现货市场上卖出现货，并且在期货市场上买进与原先卖出相同的期货合约，在期货市场上对冲并结束实际套期保值交易。具体案例如下。

实例分析

早籼稻期货的卖出套期保值

某年，在多方利好消息的刺激下，早籼稻期货与现货市场的价格连续上涨，最高价接近 3 000 元 / 吨。但在其后，农产品市场开始进入淡季，现货市场需求减少，于是，早籼稻价格开始回落。

我国东北的某粮仓在年内已经收购了 5 000 吨早籼稻，成本为 2 400 元 / 吨，根据计算，该粮仓 5 月份的早籼稻交割成本为 2 600 元 / 吨，次年 9 月早籼稻交割为 2 700 元 / 吨。

同时，年内 12 月持有 871 840 手早籼稻期货和现货早籼稻 43 592 万吨，而次年 9 月持有 652 510 手早籼稻期货，现货早籼稻 32 625 万吨。

为避免大量早籼稻积压，该粮仓进行了卖出套期保值。

在年内 12 月，卖出了次年 9 月的期货合约 300 手，价位在 2 700 元 / 吨，次年 1 月，现货价格下跌 30 元 / 吨，期货价格也下跌 100 元 / 吨，期货收益将弥补现货损失。

在保证现货交易的情况下，卖出套保盈利达到 100 元 / 吨时可选择出场，如果后期价格上涨，则选择交割。

在不考虑手续费的情况下，此次卖出套期保值有如下的收益情况，如表 3-2 所示。

表 3-2

	现货市场	期货市场
12 月	2 700 元 / 吨	卖出 300 手次年 9 月的期货合约，价格 2 700 元 / 吨
次年 1 月	卖出 3 000 吨早籼稻，价格 2 670 元 / 吨	买入平仓 300 手次年 9 月期货合约，价格 2 600 元 / 吨
盈亏	（2 670 − 2 700）× 3 000= − 90 000 元	（2 700 − 2 600）×300×10 =300 000 元

最终，该粮仓理论获利 300 000 − 90 000=210 000 元。

理财贴士 *完成卖出套期保值*

上述案例的卖出套期保值并没有完成，因为这并不是最终的赢利，卖出套期保值最终还是需要进行出货，如果现货价格出现了交易机会，那么按当时价位，现货、期货市场盈亏为 0，此次套期保值操作才视为成功。

NO.008　期货套期保值的策略

无论是做买入套期保值还是卖出套期保值，我们只要掌握了套期保值的策略，就能在期货交易中获得利润。

（1）买卖套期保值如何选择

市场变化多端，我们该如何选择是进行买入套期保值还是卖出套期保值呢？

选择买卖套期保值，就要预估后市的方向。当市场价格走势发生变化时，投资者所面对的风险是不同的，套期保值的策略也有所不同，在参与套期保值之前，需要明确自己的市场定位。常见的有如图 3-7 所示的几种情况。

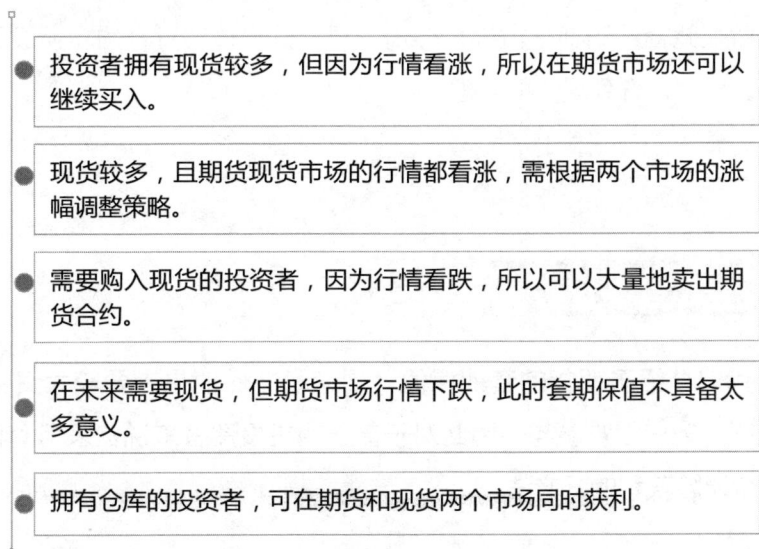

- 投资者拥有现货较多，但因为行情看涨，所以在期货市场还可以继续买入。

- 现货较多，且期货现货市场的行情都看涨，需根据两个市场的涨幅调整策略。

- 需要购入现货的投资者，因为行情看跌，所以可以大量地卖出期货合约。

- 在未来需要现货，但期货市场行情下跌，此时套期保值不具备太多意义。

- 拥有仓库的投资者，可在期货和现货两个市场同时获利。

图 3-7　套期保值方向的确定

（2）套期保值交易策略

在确定方向之后，就需要进行实际的套期保值操作，如下所示总结了一些简单的套期保值策略。

把握原则。在进行套期保值的时候，一定要遵守套期保值的原则，不要让合约种类、交割时间偏离得太远。

把握时机。进行套期保值，进场的时候需要在价格最优的时候，而当基差达到最大，就是立即出场的获利时机。

企业套保。企业套期保值有原材料企业套期保值、加工企业套期保值与流通型企业套期保值，不同企业的套期保值策略不同。

正视风险。套期保值也可能存在风险，如在套期保值过程中，由于突发事件造成现货价格下跌，而期货价格不变。

减少成本。期货交易要支付手续费，现货交易需要仓储运输费用，如果获利没有大于这些费用，则失去套期保值的作用。

逐笔冲销。如果不知道什么时候需要现货，可选择与近期月份相近的期货合约，然后在此合约到期之前进行冲销，同时再将该期货合约转换成下一个到期月的期货合约，直到现货的处理月份。

3.2 期货套利交易

前面我们介绍了期货的套期保值，知道套期保值是需要较大资金量投入的，且一般的散户很难参与，因此对于普通期货投资者来说，采用套利交易，或许是一个避险获利的好方法。

NO.009 认识什么是套利

在外汇市场、贵金属市场甚至是基金市场，都可以进行套利交易，然而在期货投资中使用套利交易却最能体现其价值。

所谓套利，也叫价差交易，指在买入或卖出某种期货合约的同时，卖出或买入同一种或相关的另一种合约，并且企图利用相反的价差变化来进行套利的一种投资手段。

套利是在期货合约之间进行交易，而非期货与现货市场，因此它是更纯粹的期货交易，所需要的资金量也相对较少。

在期货套利交易中有非常多的形式，这些形式应用于不同的期货产品和不同的走势下，具体如图 3-8 所示。

跨期套利	跨市套利	跨品种套利
熊市套利	牛市套利	蝶式套利
垂直套利	水平套利	期现套利

图 3-8 套利交易的种类

理财贴士 *套利与套期保值的区别*

期货的套利交易和套期保值是期货交易的两种策略，它们有什么区别呢？

首先，套利的目的是从期货买卖中获得利润，而套期保值的目的是转移市场风险。

其次，套期保值是在现货市场与期货市场做完全相反的交易，而套利交易的空头或多头都是在期货市场进行。

最后，套期保值只适合期货和现货之间，而套利可进行同一品种不同产品的转换。

NO.010　套利交易的优势

套利交易在期货投资中的作用非常大，那么它是靠什么来获利，人们进行期货套利又有哪些优势呢？具体如下所示。

◆ **价格波动更低**：由于套利交易是在不同的期货合约中找到获利点，因此有着更低的价格波动，套利交易者所面临的风险也就更低。

◆ **锁定风险区间**：由于不同期货合约之间的价格偏差会在套利中得到纠

正，因此就将风险锁定在一定的区间内，投资者可计算该区间并决定是否参与套利。

◆ **对涨跌停的保护**：套利交易可以有效地对涨跌停进行保护，当期货合约的价格出现涨跌停的时候，由于套利交易有两个方向，所以不会造成大幅的亏损。

◆ **可选择方向更多**：套利交易的方式多种多样，包括跨期套利、跨市套利、跨品种套利，还有在不同市场情况下的套利，投资者可选择的方向是很多的。

◆ **分析更为简单**：虽然直接预测期货合约价格上涨或是下跌的位置是非常困难的，但预测同一合约的价差却相对容易，有利于投资者分析。

◆ **适合更多人投资**：相对于套期保值而言，套利交易的投资资金较小，不会涉及现货实物，因此刚进入期货市场的投资者也可以参与。

NO.011 套利交易的缺点

套利交易有优点自然也有缺点，期货套利交易有如表 3-3 所示的缺点。

表 3-3

缺点	内容
利润不高	因为期货套利将风险锁定在一定的区间，因此期货套利最大的缺点就是利润不高。当选择利用期货套利交易来规避风险的时候，也就注定了它的收益也会受到限制
价差偏离	在期货套利中，合约如果出现价格偏离，就会持续偏离，合约的强弱关系会导致"强者恒强，弱者恒弱"，如果投资者无法熬过出现强弱转换的时刻，就可能会出现损失
客观风险	期货的套利交易，即使出现牛市，也是会有风险的。只要是套利操作，风险就会客观存在，无法避免
机会较少	期货套利出现绝好获利机会的概率很小，一般来说，市场的效率越低，套利机会越多，市场效率越高，套利的机会越少。套利获利的机会较多，但出现高收益的机会却较少

续表

缺点	内容
操作风险	期货的套利最少需要持有两份期货合约，在时间、品种、份数上都有一定的要求，同时需要投资者时刻关注两份期货合约的走势，这使得操作风险加倍

理财贴士 *套利风险评估*

我们知道套利的风险是无法避免的，但可以通过套利风险评估将风险大小表现出来。

在期货投资软件上，可以对比两份期货合约的价差与套利机会风险，并通过投资者自行分析的交割风险与走势情况来决定是否参与套利。

NO.012 套利交易必须要满足的条件

和套期保值一样，要形成期货的套利，在合约性质、数量、时间上必须满足如图 3-9 所示的条件。

合约同性　套利交易最好选择相同的合约做多空操作，或选择性质相同的合约，且交割期限不能相差太久。

相反方向　期货套利的买卖方向对应原则，是在建立多仓的同时也建立空仓，只建立单一方向，套利即不成立。

同进同出　在进行期货套利时，无论是进场还是出场，多空双方一定要在相同的时间进行。如果相隔的时间太长，就可能失去获利的机会，套利也就不成立了。

数量相等　在建仓的时候，一定要保证多空方建立同等数量的仓位，否则多出来的部分就会面临较大的风险。

图 3-9 套利交易要满足的条件

NO.013 利用图形分析套利的可行性

在进行期货套利的时候，可以利用一些期货图形来进行分析。这些图形可以帮助我们更加精准地找到获利点。

（1）期货现货套利示意图

在进行套利交易前，首先应将套利关系用图表加以分析。套利图表与一般的价格图表的不同之处在于，它记载着不同月份的合约之间彼此之间的相互关系。

套利关系分析如图 3-10 所示。

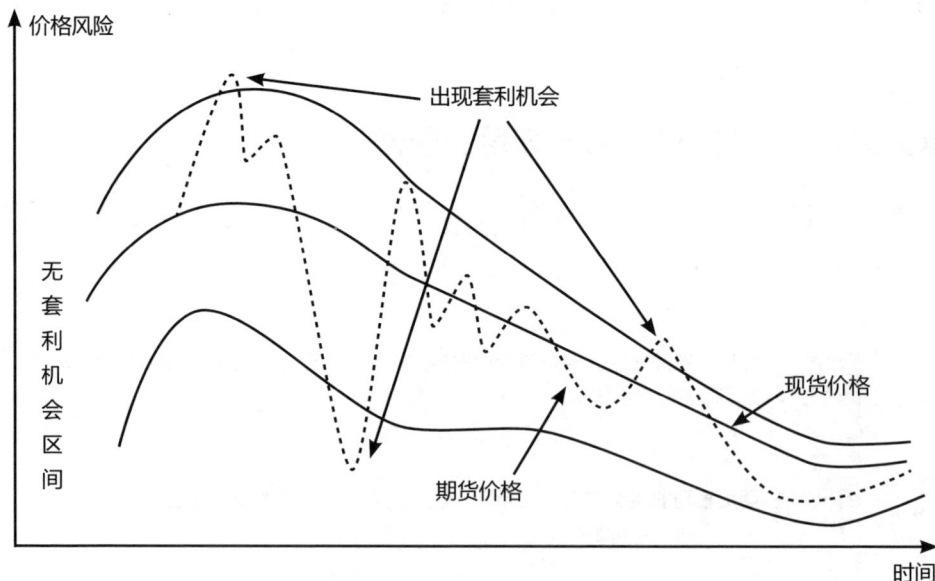

图 3-10 套利关系分析

在上图中，当期货价格突破或跌破无套利机会区间时，就是进行期货套利的最佳时间，其余时间应等待入场。

（2）套利模型

建立套利示意图模型，是一种非常有效的期货套利投资技巧。通过套利模型可以清楚地看出期货价格、现货价格与套利之间的关系，帮助分析下单。

套利模型具体的形态如图 3-11 所示。

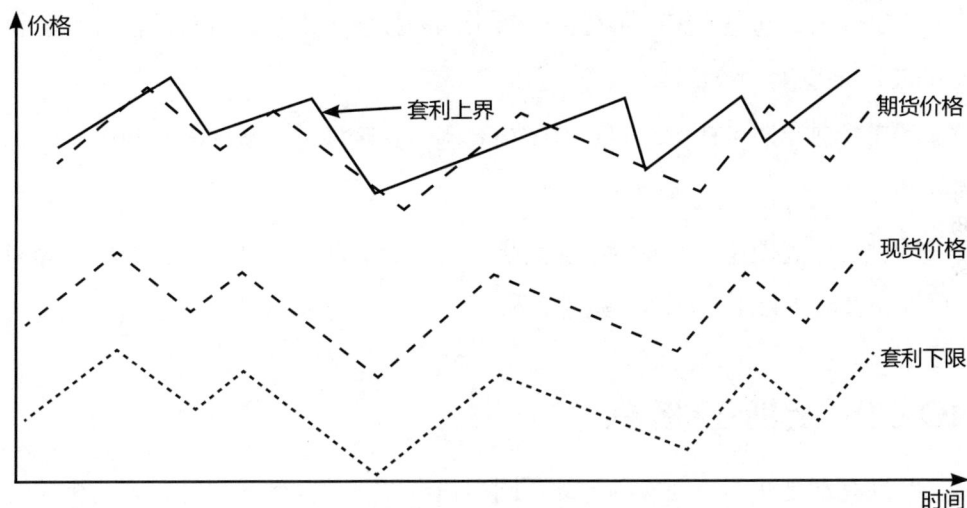

图 3-11 套利模型图

在上图中，期货价格与套利的上限价格是相互交错的，中间为现货价格，最下方为套利的下限价格。投资者可以在具体的期货现货价格走势中找到套利区间。

利用以上两种图形来分析期货的套利，主要目的是找到套利的入场时间与出场时间，并判断当下市场是否适合套利。需要注意的是，期货与现货的价格对比图需要投资者手动绘制。

NO.014 套利交易的步骤

套利的操作很简单，就是建立两份性质完全相反的期货合约，但要完成一次成功的套利交易，需要完成如下所示的步骤。

①在期货市场中找出两个有共性和联动性的期货合约，满足性质相同、交割时间一致的条件。相关性越高，风险也就越小，但获利空间也就越小。

②通过对价差关系的分析，找到这两个期货合约或相反交易的套利空间，

确定建仓及对冲的时机。

③研究出该逃离方案的可行性，对于国内投资者来说，持仓量在持有套利头寸的 10 倍以上比较合理。

④通过建立期货现货套利示意图与套利示意图模型，从图中找到最佳的套利入场时间。

⑤进行套利操作，即同时买卖期货合约，建立两份头寸，并且等到有套利空间时，及时进行平仓处理，完成套利。

NO.015　跨期套利案例

跨期套利是在同一期货品种的不同月份合约上建立数量相等、方向相反的交易头寸，最后以对冲或交割方式结束交易，获得收益。最简单的跨期套利是买入近期的期货品种，卖出远期的期货品种。具体案例如下。

实例分析

豆粕的跨期套利案例

首先，我们观察豆粕期货合约各交割月份的价格走势，会发现如下情况。

2019 年 5 月 7 日：

豆粕 2005 收盘价 2 516 元 / 吨；豆粕 2009 收盘价 2 600 元 / 吨。

两者之间存在 84 元的价差，适合进行跨期套利。于是进行如下操作。

2019 年 5 月 7 日在大连期货交易所买多 100 手豆粕 2005 期货合约，同时卖空 100 手豆粕 2009 期货合约。

到了 2019 年 10 月 23 日，两份期货合约的价格发生了变化。

豆粕 2005 收盘价 2 940 元 / 吨；豆粕 2009 收盘价 2 988 元 / 吨。价差为 48 元。

如果在 10 月 23 日进行对冲平仓，就会出现如下所示的盈亏情况。

豆粕 2005 合约收益＝（2 940－2 516）×100×10＝424 000 元

豆粕 2009 合约收益＝（2 600－2 988）×100×10＝－388 000 元

总体收益为 424 000－388 000＝36 000 元。在不考虑交易成本的情况下，此次套利获利 36 000 元。

从上面我们看到，价差是非常重要的，我们可从走势图中进行分析，如图 3-12 所示为豆粕 2005 和豆粕 2009 合约价格走势图。

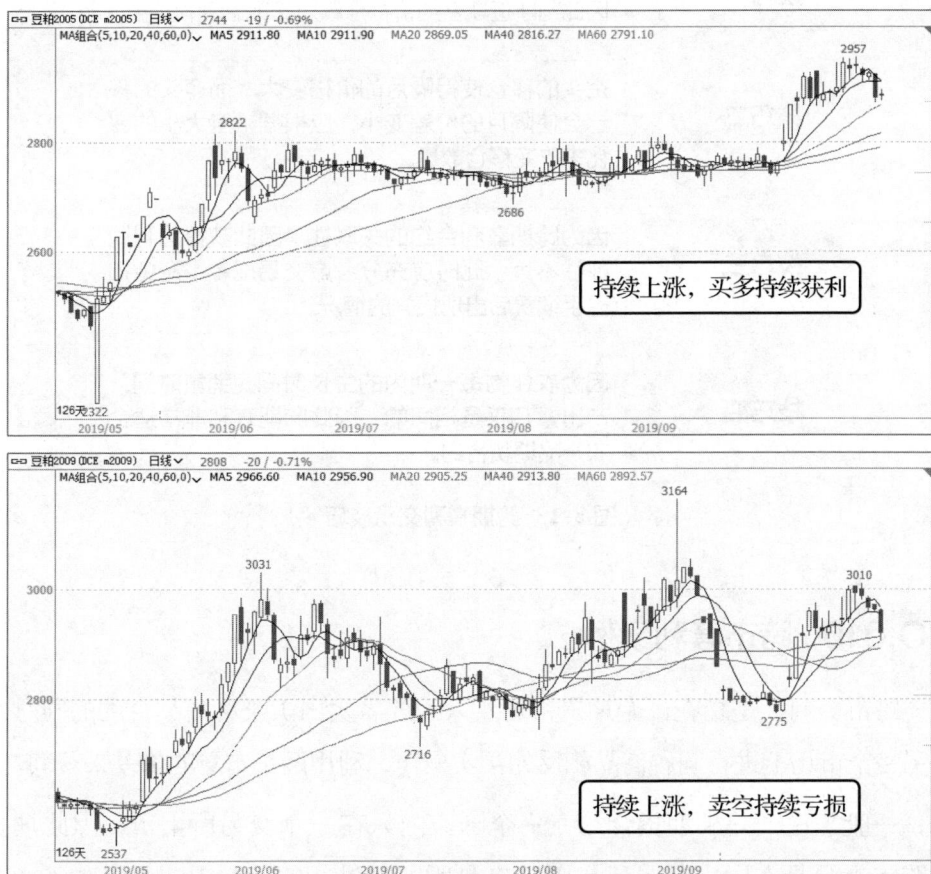

图 3-12　豆粕 2005 和豆粕 2009 合约价格走势

通过上图豆粕 2005 和豆粕 2009 的合约价格走势可以看出，两份期货合约虽然走势大相径庭，但整体上都表现为上涨行情。其中，豆粕 2005 的涨幅稍大于豆粕 2009 的涨幅。

在 10 月之后，2005 合约价格表现上涨，涨幅较大，买多的收益涨幅较大；而 2009 合约价格继续上涨，卖空合约收益减小。在 10 月 23 日套利，此次跨期套利成功。

要想充分把握套利交易的技巧，可参见如图 3-13 所示的技巧。

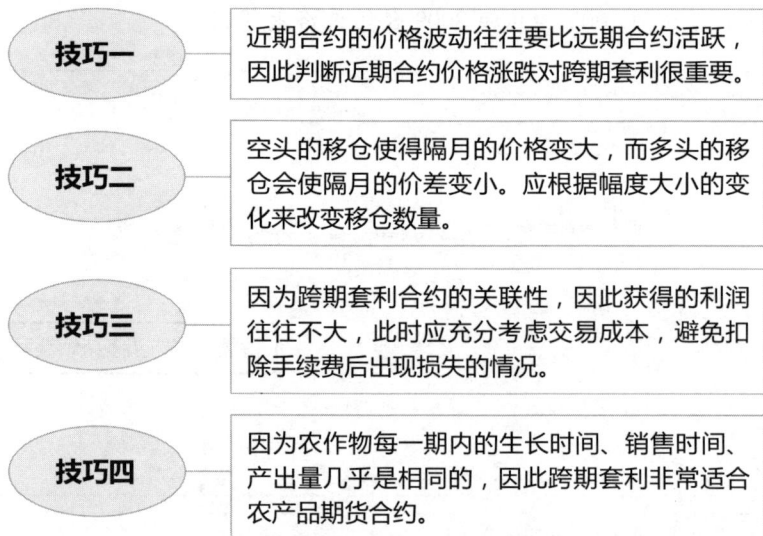

技巧一	近期合约的价格波动往往要比远期合约活跃，因此判断近期合约价格涨跌对跨期套利很重要。
技巧二	空头的移仓使得隔月的价格变大，而多头的移仓会使隔月的价差变小。应根据幅度大小的变化来改变移仓数量。
技巧三	因为跨期套利合约的关联性，因此获得的利润往往不大，此时应充分考虑交易成本，避免扣除手续费后出现损失的情况。
技巧四	因为农作物每一期内的生长时间、销售时间、产出量几乎是相同的，因此跨期套利非常适合农产品期货合约。

图 3-13 跨期套利交易技巧

NO.016 跨市套利案例

跨市套利，是指在一个期货市场买入（或者卖出）某种商品合约的同时，在另一个市场上进行同种商品相反的买卖操作，利用两个市场的价差来获利。

一般来说，一种期货合约在一个国家内只在一个交易所上市，因此期货的跨市交易是在国内交易所与国外交易所同时进行的，它需要满足如下 3 个条件。

①期货交割标的物的品质相同或相近。

②期货品种在两个期货市场的价格走势具有很强的相关性。

③进出口政策宽松，商品可以在两国自由流通。

实例分析

黄金期货的跨市套利案例

2008年1月8日，上海期货交易所正式挂牌黄金期货合约。按照上市的基准价，这类黄金期货合约的升水可能会明显高于市场预期，如果升水率持续增加，投资者将迎来跨市套利的好机会。

根据当时市场的黄金价格盘1月9日收盘数据显示，黄金期货交投最为活跃的6月合约收报223.3元。相对国际期货市场，国内期金也有较大溢价。国内市场交易的同时，COMEX黄金期货6月合约报902.1美元/盎司，按照上期所黄金期货6月合约收盘价折合成美元，应为955.05美元/盎司，两者价差达到5.87%，国内价格明显高于国际价格，这就出现了套利良机。

此时，某机构投资者在黄金期货合约0806上卖出1吨黄金（合1 000手），假设卖出价格为230元/克，合约总价为2.3亿元，机构保证金假设为10%，即该笔合约所需保证金为2 300万元。

由于卖出后不敢肯定金价未来的走势，该机构投资者在美国COMEX期金市场买进1吨合约的6月黄金期货进行套利交易，当日的买进价格在904美元/盎司附近，1吨黄金约合32 150亿盎司，即合约价值2 906.425万美元，假设保证金10%，即该笔合约保证金需要290.642 5万美元。

假设6月黄金期货到期时与国际现货金价一样为1 000美元，假设人民币兑美元汇率为7.273 5不变。1 000美元的6月期金到期价格折合人民币为233.85元/克，那么该机构投资者在上海期金以230元/克做空1吨黄金，将亏损100万克×（233.85-230）=385万元人民币。

而在美国COMEX 6月黄金期货以904美元做多1吨黄金将赚取32 150.72×

（1 000 − 904）=308.646 912 万美元，以 7.2 735 不变的人民币兑美元汇率计算，折合赚取人民币 2 244.94 万元。

最后，该投资机构此次跨市套利的操作赚了 2 244.94 − 385 ＝ 1 859.94 万元。

以上是跨市套利的典型案例，作为个人投资者，不可能涉及这么大数量的投资金额，但无论是做何种跨市套利，都需要注意如图 3-14 所示的风险。

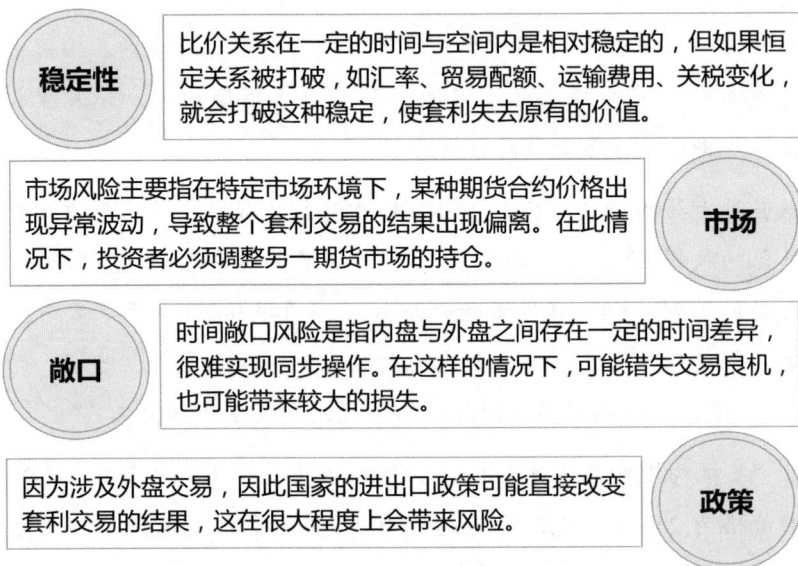

稳定性 比价关系在一定的时间与空间内是相对稳定的，但如果恒定关系被打破，如汇率、贸易配额、运输费用、关税变化，就会打破这种稳定，使套利失去原有的价值。

市场风险主要指在特定市场环境下，某种期货合约价格出现异常波动，导致整个套利交易的结果出现偏离。在此情况下，投资者必须调整另一期货市场的持仓。 **市场**

敞口 时间敞口风险是指内盘与外盘之间存在一定的时间差异，很难实现同步操作。在这样的情况下，可能错失交易良机，也可能带来较大的损失。

因为涉及外盘交易，因此国家的进出口政策可能直接改变套利交易的结果，这在很大程度上会带来风险。 **政策**

图 3-14 跨市套利交易的风险

NO.017　牛市、熊市套利

牛市与熊市套利是在不同市场表现下的套利交易，相对来说比较简单。

（1）牛市套利

所谓牛市套利，是指投资者对后市看涨。在牛市下，远期合约上涨的幅度更大，而近期合约的上涨较慢。在这样的情况下，卖空近期合约，买多远期合约是典型的牛市套利方法。

如在 2019 年 1 月 7 日至 5 月 24 日，苹果期货进入牛市，价格呈现出向上拉升上涨的走势，在这期间苹果 2007 合约与苹果 2010 合约的价格走势如图 3-15 所示。

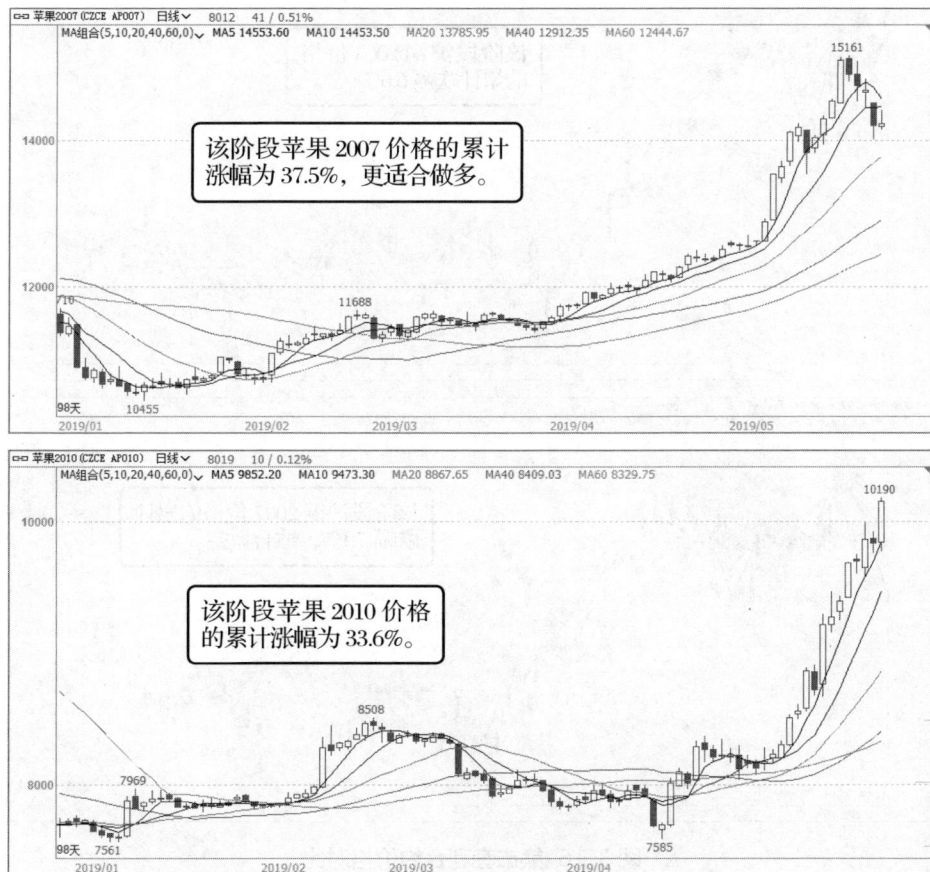

图 3-15　牛市套利合约价格对比

（2）熊市套利

熊市套利是指投资者对后市看跌。在熊市下，远期合约的跌幅更大，而近期合约的跌幅则相对平缓。在这样的情况下，买入近期合约，卖空远期合约是保值获利的套利方法。

如在 2019 年 4 月 18 日～ 6 月 6 日的沪铜期货合约进入熊市，价格表现为下跌。沪铜 2003 与沪铜 2007 合约价格走势如图 3-16 所示。

图 3-16 熊市套利合约价格对比

NO.018 蝶式套利

在期货价格变化中，有时不会出现规律的走势，可能一份合约上涨，另一份合约下跌。此时，我们可以利用蝶式套利来完成套利交易。

蝶式套利相对于牛市套利与熊市套利更为复杂，它会涉及 3 份期货合约，包括近期期货合约、中期期货合约和远期期货合约。

蝶式套利名字的由来是利用蝴蝶的形态来命名的，即两头为相同的期货合约，中间为相反的合约，主要有以下两种形式。

◆ 买近期、卖中期、买远期。

◆ 卖近期、买中期、卖远期。

同时，要实现蝶式套利，必须满足如下所示的特点与条件。

①蝶式套利，是同种商品跨交割月份的套利，就是 3 份合约的跨期套利。

②蝶式套利由两个方向相反的跨期套利组成，且近期和远期必须相同。

③连接两个跨期套利的纽带是居中月份的期货合约，持仓数量是两端之和。

④时间上必须保持一致，3 个买卖指令必须同时下达。

⑤蝶式套利使得风险更小，出现的概率更小，但交易成本更高。

NO.019　套利交易的技巧

在认识了几种套利模式及其要点之后，接下来我们从总体出发来看看套利交易有哪些快速获利的技巧，具体如下。

◆ 最好不要做间隔时间太长的套利，以免受到季节、政治等因素的影响。

◆ 套利机会是根据中长期的价格关系而得出的，所以较短的套利也不太适合。

◆ 如果套利组合中某一期货合约流动性较差，就需要考虑结束此次套利。

◆ 因为套利有两个方向，所以需要考虑支付手续费、佣金之后的实际收益。

◆ 不要在陌生的期货合约上进行套利交易，最好是选择已经进行过投资的期货合约。

◆ 期货套利是无法对过去已经损失的盘面进行保护的，它只能利用未来的价差进行获利。

3.3 期货投机交易

套期保值与套利交易是期货投资中的重要手段，但期货投机才是最重要的。

NO.020　认识什么是期货投机

所谓期货投机，是指在期货市场上以获取价差收益为目的的期货交易行为。投机者在期货交易中发挥至关重要的作用，不仅可以提高市场流动性，最重要的是投机者能吸收套期保值者厌恶的风险，成为价格风险的承担者。

简单来说，期货投机是指直接买卖期货合约，不涉及现货，也不涉及另一份合约，单纯利用"低买高卖"来获利。

期货的投机是期货市场运作的重要组成部分，如图 3-17 所示。

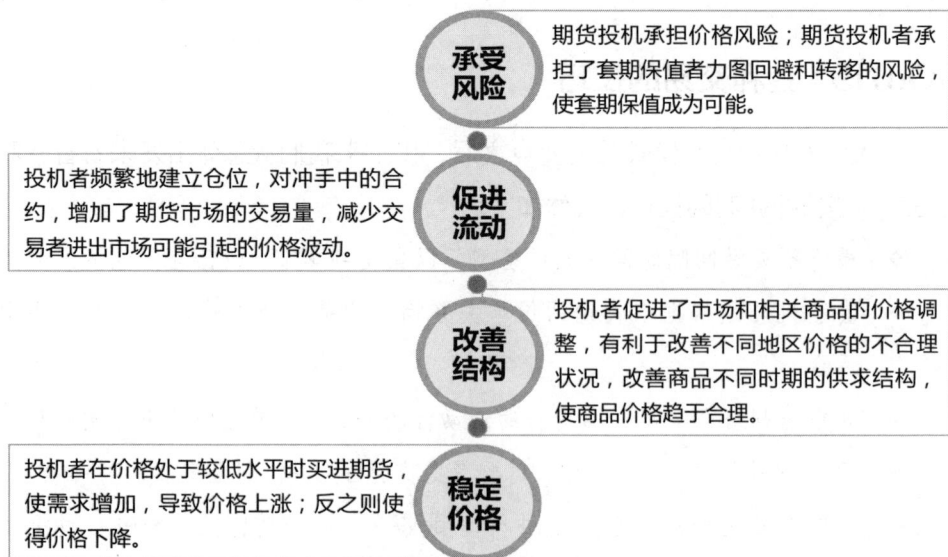

承受风险：期货投机承担价格风险；期货投机者承担了套期保值者力图回避和转移的风险，使套期保值成为可能。

投机者频繁地建立仓位，对冲手中的合约，增加了期货市场的交易量，减少交易者进出市场可能引起的价格波动。**促进流动**

改善结构：投机者促进了市场和相关商品的价格调整，有利于改善不同地区价格的不合理状况，改善商品不同时期的供求结构，使商品价格趋于合理。

投机者在价格处于较低水平时买进期货，使需求增加，导致价格上涨；反之则使得价格下降。**稳定价格**

图 3-17　期货投机的作用

NO.021　期货投机如何操作

要完成期货投机实际上是完成一次单向的期货买卖，但因为投机会面临更多的风险，所以需要注意如图 3-18 所示的技巧。

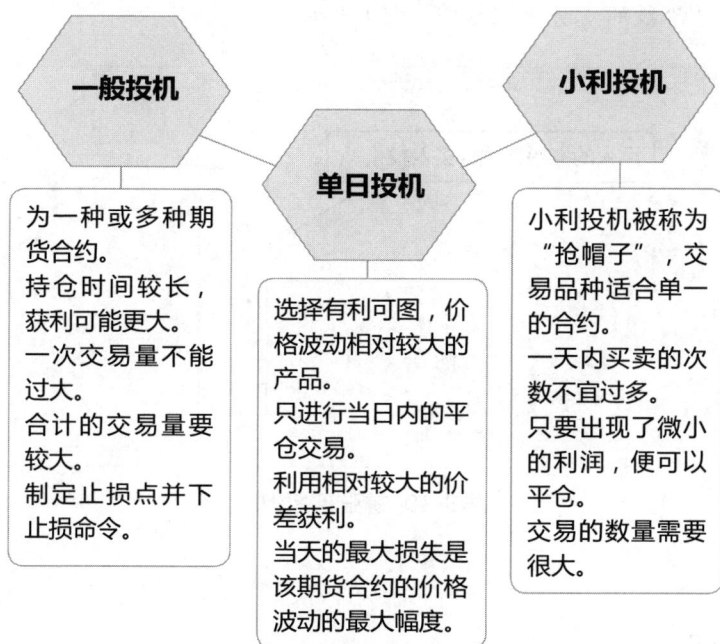

一般投机	单日投机	小利投机
为一种或多种期货合约。 持仓时间较长，获利可能更大。 一次交易量不能过大。 合计的交易量要较大。 制定止损点并下止损命令。	选择有利可图，价格波动相对较大的产品。 只进行当日内的平仓交易。 利用相对较大的价差获利。 当天的最大损失是该期货合约的价格波动的最大幅度。	小利投机被称为"抢帽子"，交易品种适合单一的合约。 一天内买卖的次数不宜过多。 只要出现了微小的利润，便可以平仓。 交易的数量需要很大。

图 3-18 期货投机的技巧

理财贴士 *期货投机的风险*

期货投机是接受套期保值风险的一种投资方式，因此它的风险是很大的。

在投机交易中，需要涉及非常大的交易资金，且价格涨跌完全是根据市场走势，具有赌博的性质。投资者在面临较大利润时也会面临同样较大的风险，需要格外注意。

期货投机一般有两个方向，即市场看涨或看跌，具体案例如下。

实例分析

看涨期货投机

在沪铝 1912 期货合约中，2019 年 5 月下旬至 8 月的价格 K 线图中，价格在大部分时间都处于横向震荡期。但在 8 月 8 日至 8 月 19 日期间，K 线放出多根高开高走的大阳线，使其出现了巨幅上涨，这是很好的买入机会。

如果在 8 月 8 日买入期货合约，然后在 8 月 19 日卖出，就可以获得丰厚的收益回报，该阶段的走势变化如图 3-19 所示。

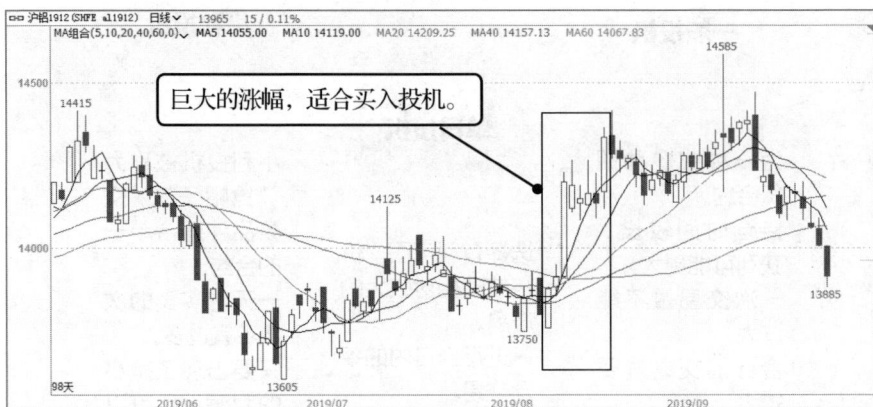

图 3-19　看涨期货投机

实例分析

看跌期货投机

在淀粉 2001 期货合约中，2019 年 5 月底至 10 月一直处于下跌行情中。尤其是在 8 月初和 9 月底两个阶段中，K 线放出多根低开低走的大阴线，跌势更加迅猛。在此情况下，如果投资者在 6 月初卖空该期货合约，然后在 10 月初之前将其平掉，就会获得利润，这就是看跌的期货投机，如图 3-20 所示。

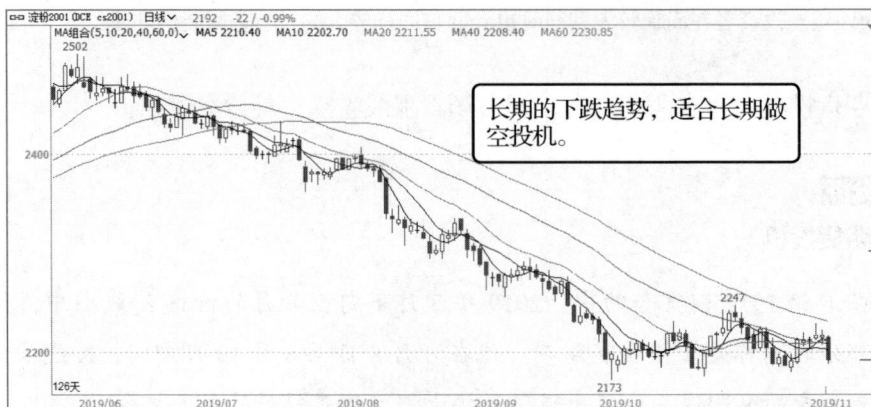

图 3-20　看跌期货投机

第 **4** 章

期货交易前的技术准备

随着电脑及网络技术的发展，如今不管是交易所还是期货经纪公司都采用线上成交的方式，所有的期货公告也都通过网络发布。要想快速入门期货投资，掌握网络交易的操作是非常有必要的。

4.1 网上银行投资期货

要投资期货，需要通过银行向保证金账户中注资，还需要对自己的收益情况有明确的了解，因此掌握网上银行的使用是非常有必要的。同时，网上银行还有非常多的期货资讯，可以帮助我们顺利进行投资。

NO.001　认识工商银行网上银行

工商银行网上银行是目前所有的网上银行中业务比较全面、安全性较高的，凭借工商银行强大的背景，我们可以获得非常丰富的期货理财服务。工商银行网上银行主页如图 4-1 所示。

图 4-1　工商银行网上银行主界面

工商银行网上银行为所有的使用客户提供基础业务、理财业务、服务业务及其他业务四大方向的功能，期货投资者可以从中找到自己想要的信息。

那么，使用网上银行来投资期货，有哪些优势呢？如下所示。

①对于期货价格变动，通过网上银行可以快速完成下单，把握最佳时机。

②网上银行采用 24 小时服务，跨越时空，省时省力，资金调拨方便快捷。

③银行作为期货交易所的大户会员，掌握非常多的期货资讯，供投资者查询。

④使用网上银行投资期货或绑定第三方存管，可充分保证资金的安全性。

NO.002　注册工商银行网上银行

虽然我们拥有银行卡和密码，但这并不是网上银行的账户，想要登录网上银行，还需要注册网上银行。

网上银行的注册分为柜台注册与网上银行自助注册两种，柜台注册只需投资者带身份证及银行卡到银行柜台办理即可，网上自助注册的方法如下。

实例分析

注册工商银行网上银行

进入工商银行的官网首页（http://www.icbc.com.cn/icbc/），在页面左侧的导航栏中单击"注册"超链接，如图 4-2 所示。

图 4-2 单击"注册"超链接

进入网上银行的注册页面，填写个人姓名、证件号码、手机号码和验证码，再单击"下一步"按钮，如图 4-3 所示。

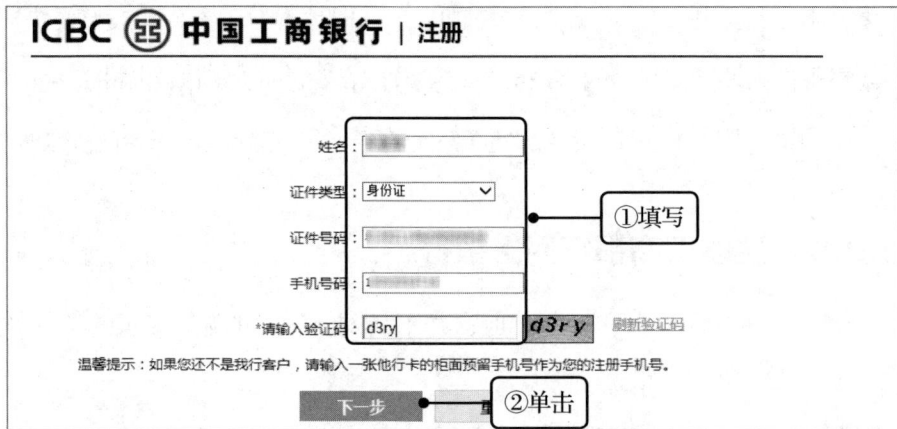

图4-3 填写用户信息

系统打开开通网银相关的协议对话框，认真阅读并单击"接受此协议"按钮，如图4-4所示。接着根据页面提示完成基本资料的填写，提交注册申请后等待官方审核，审核通过即成功注册工商银行网上银行。注意，在注册网上银行时设置的登录密码不同于银行卡的取款密码，两个密码最好不一致。

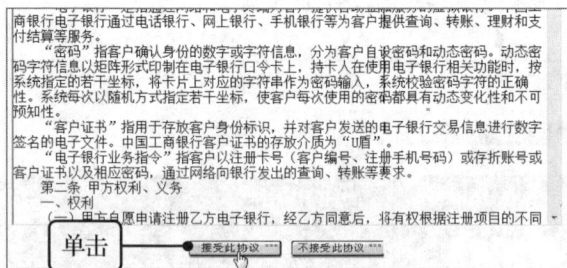

图4-4 接受协议

理财贴士 *自助注册网上银行的注意事项*

个人自助注册网上银行，需要注意如下的细节：①个人网上银行注册之后只能完成较小金额的支付交易，期货投资需要较大的金额，因此最好选择在柜台注册，并申请安全支付工具保障账户安全；②银行卡密码、网上银行登录密码、支付密码需要分开设置，并牢记。

另外需要注意的是，一个人只能注册一个工商银行网上银行，如果投资者有多张银行卡，可通过下挂银行卡的方式添加到网上银行。

NO.003　登录工商银行网上银行

注册完成之后，就可以登录网上银行了，具体操作如下。

实例分析

登录网上银行

进入工商银行网上银行首页，单击"个人网上银行登录"按钮，如图4-5所示。

图4-5　单击"个人网上银行登录"按钮

在新打开的页面中输入网上银行账号、登录密码、验证码，单击"登录"按钮，如图4-6所示。

图4-6　输入登录信息

登录网上银行后即可看到个人网上银行页面，包括个人基本信息、账户信息以及登录时间等，如图4-7所示。

图4-7 成功登录页面

NO.004 网上银行预约期货开户

期货的开户是一个比较复杂的过程，在工商银行网上银行，投资者可以快速实现与银行合作的期货经纪公司的预约开户。先在网上银行录入相关的个人信息，再由期货经纪公司与您取得联系，具体案例如下。

实例分析

网上银行预约期货开户

登录个人网上银行，单击"全部"按钮，在弹出的菜单中选择"基金.证券.期货"选项，在右侧的展开菜单中选择"期货开户预约"命令，如图4-8所示。

此时，页面进入预约开户协议页面，在上方"期货公司名称"后的下拉列表框中选择一家期货经纪公司选项，然后选中"我已仔细阅读并同意以上服务协议"复选框，最后单击"下一步"按钮，如图4-9所示。

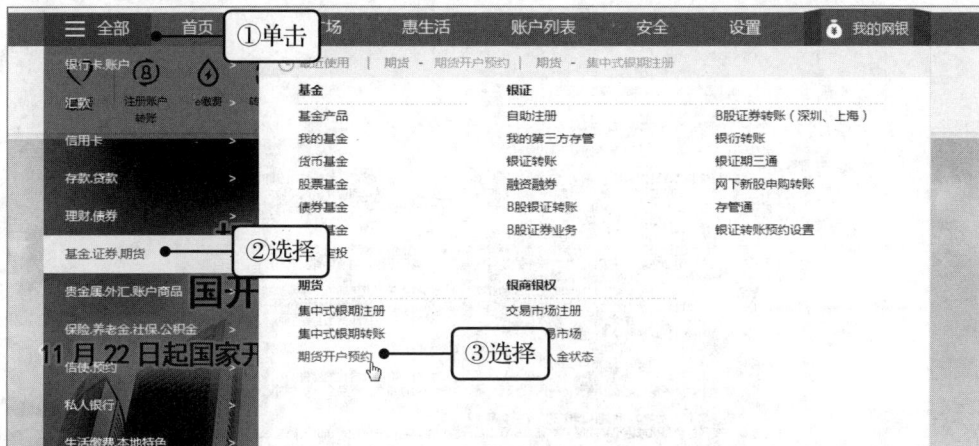

图 4-8 选择"期货开户预约"命令

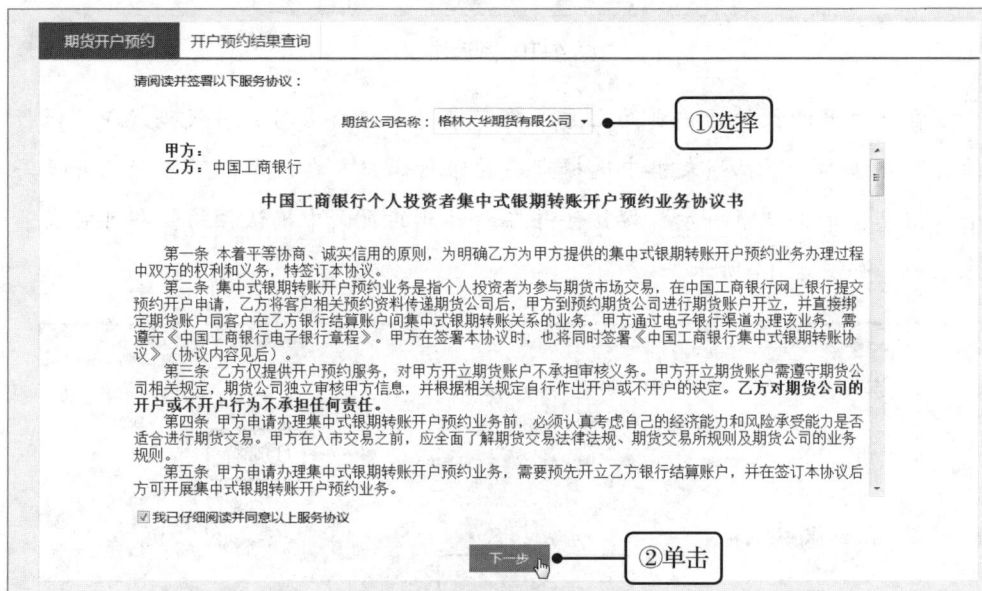

图 4-9 选择期货公司

此时，页面再次进入该期货经纪公司协议页面，阅读之后选中"我已仔细阅读并同意以上服务协议"复选框，再单击"下一步"按钮，如图 4-10 所示。

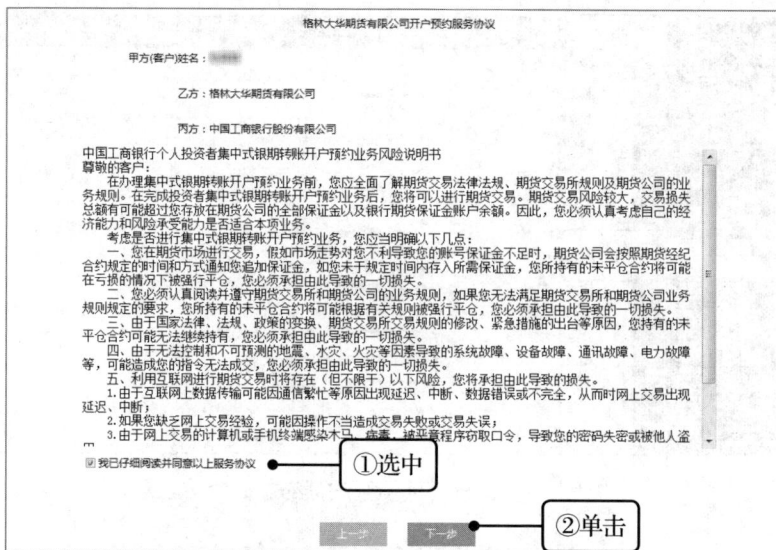

图 4-10 阅读协议

在新打开的预约开户页面上方,确定期货经纪公司与公司代码,在"银行结算账户/卡"下拉列表框中选择交易的银行账户。在该页面下方确认并填写个人信息,单击"下一步"按钮,并在新打开的页面中确认预约,即可完成开户预约,如图 4-11 所示。

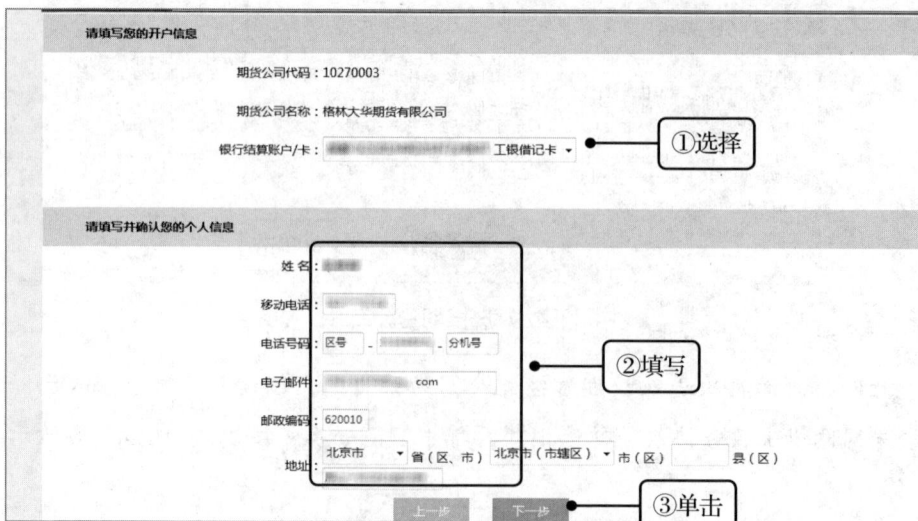

图 4-11 确认个人信息

4.2 综合类期货投资门户网站

除了网上银行，期货门户网站也是我们投资期货需要了解的。期货门户网站是指该网站涉及期货中的行情、数据、资讯、分析和开户下单等几乎所有投资内容。

在众多门户网站中，和讯期货（http://futures.hexun.com/）属于较为领先的一个网站。下面我们将通过和讯期货来了解期货门户网站的内容与操作。

NO.005 认识和讯期货并查看期货行情

和讯网创立于 1996 年，它从中国早期金融证券资讯服务中脱颖而出，建立了第一个财经资讯垂直网站。和讯网广泛发展各类理财投资产品，打造出中国第一个兼具财经资讯信息、投资理财工具及金融数据产品的价值互动平台。而和讯期货则是其中的一个领先品牌。

登录和讯期货网站，首先会看到如图 4-12 所示的页面。

图 4-12 和讯期货门户网站主界面

在和讯期货网上，我们首先可以查看期货行情，并通过和讯期货加以分析，具体操作如下。

实例分析

在和讯期货网查看期货行情

进入和讯期货首页，在上方的工具栏单击"期货行情"超链接，进入期货行情页面，如图 4-13 所示。

图 4-13 进入期货行情

在期货行情页面的左侧菜单栏中选择期货交易所，并选择需要查看的期货合约类型，这里选择"郑州商品交易所 / 全部"选项，此时页面右侧会出现相关期货合约的行情，如图 4-14 所示。

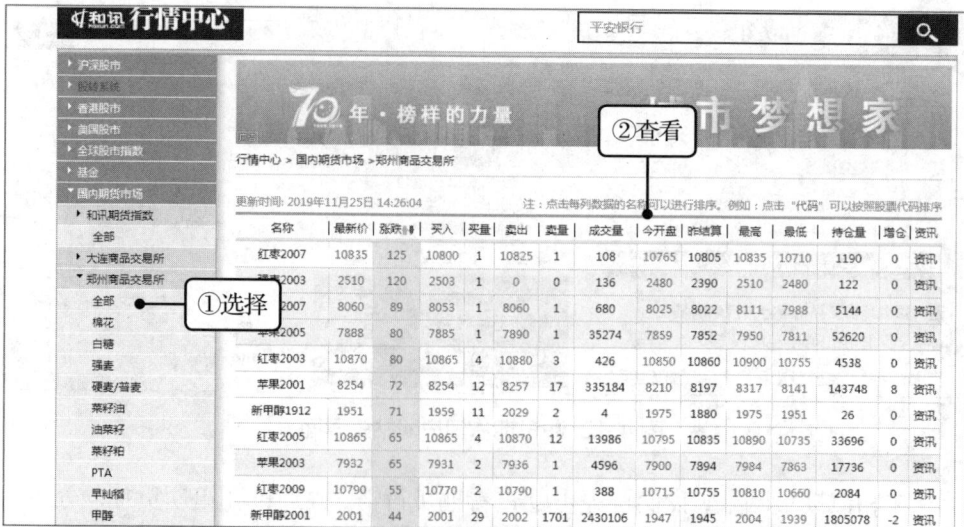

图 4-14 查看期货行情

如果想要查看某一期货合约的具体内容，则在行情列表中单击某一份合约选项即可。例如选择"红枣2003"合约，此时进入红枣2003合约的详情页面，在该页面中可以看到期货合约的基本数据、价格信息以及分时走势等，如图4-15所示。

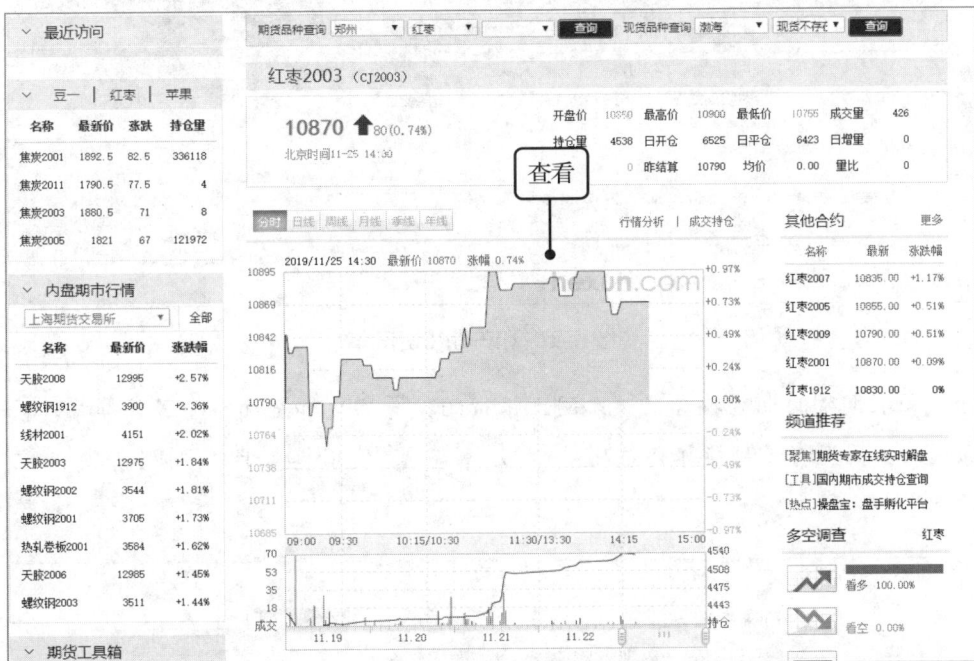

图4-15 查看期货合约详情

NO.006 和讯期货网的特色服务

和讯期货网还有很多特色服务，了解并使用这些内容，可以帮助我们快速掌握期货获利技巧。

下面我们通过实际案例来认识这些特色服务。

实例分析

和讯期货网的特色服务

和讯期货网的期货资讯、新闻、交易所公告和实战策略信息应有尽有，都是由期货投资专家编辑整理的，投资者可以快速查看，如图4-16所示。

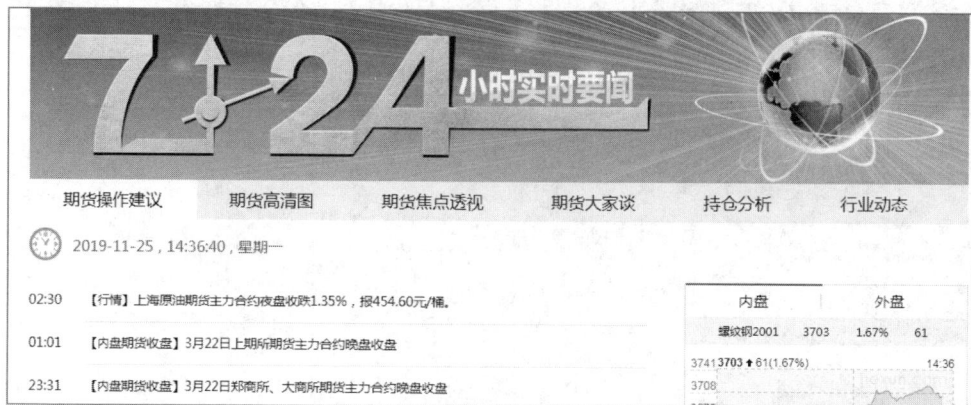

图4-16 和讯期货资讯

和讯期货的期货换算器，比网上银行的换算器更加全面，除了计算之外，在同一页面还有多种换算公式及利率、汇率查看，使用起来十分方便，如图4-17所示。

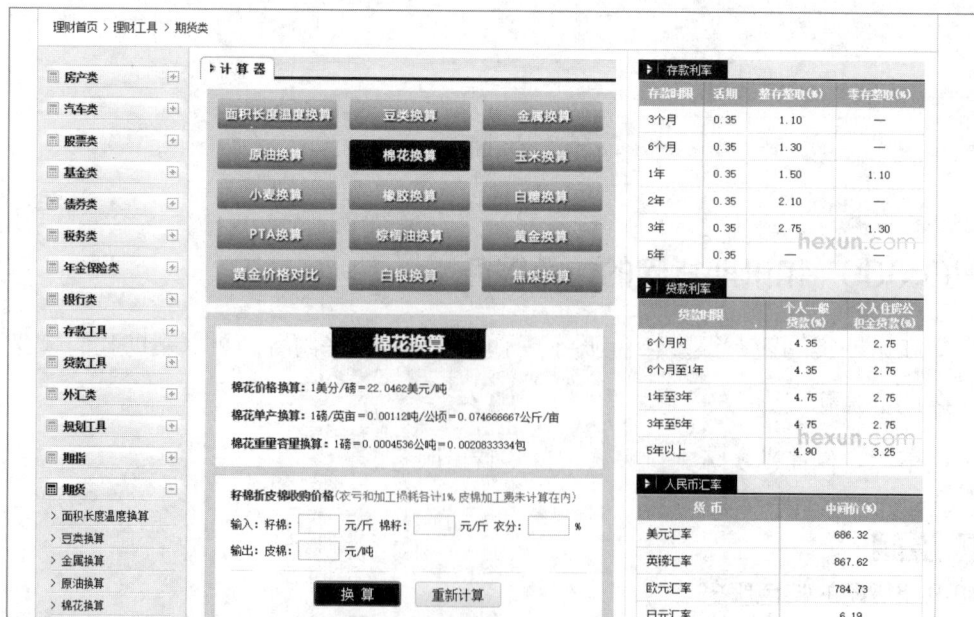

图4-17 和讯期货网提供的计算器

和讯期货开辟了期货论坛服务，投资者可通过在线浏览、发帖、回帖的方式与广大期货投资者进行在线交流，如图 4-18 所示。

图 4-18 和讯期货论坛

4.3 期货交易所网站

在本书第 1 章中简单列举了国内四大期货交易所网站，要进行期货投资，学会使用交易所网站非常有必要。

NO.007 在期货交易所网站查看期货合约

查看一份完整的期货合约对于成功投资期货是最基础的，在期货投资网站上，可以查看到最新且最全面的期货合约。下面以上海期货交易所为例，来了解查看一份期货合约的步骤。

实例分析

如何查看一份期货合约

进入上海期货交易所网站，将鼠标光标移动到"上市品种"按钮上，在打开的下拉列表中选择一种期货合约类型，在其展开的期货品种中进行选择，这里选择"金属/铜"选项，如图 4-19 所示。

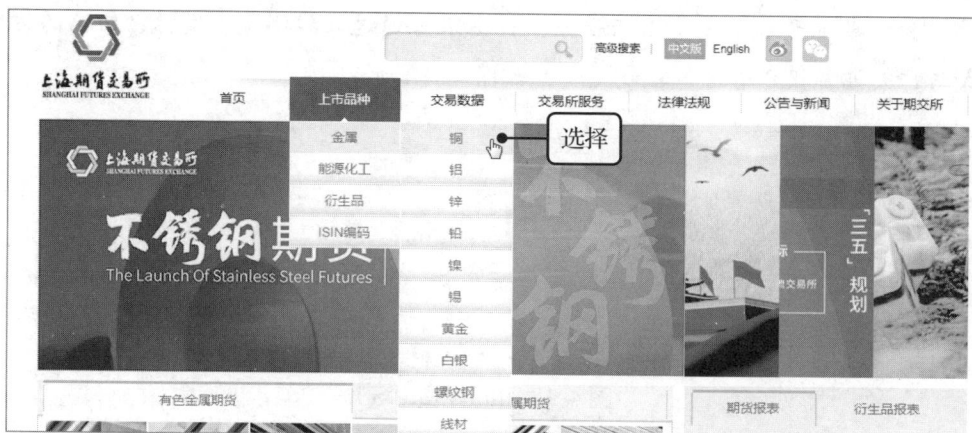

图 4-19 选择期货品种

进入"铜"期货合约页面，在该页面中可以看到铜合约的详细信息以及行情走势等。单击页面中的"合约文本"按钮，即可查看合约内容，如图 4-20 所示。

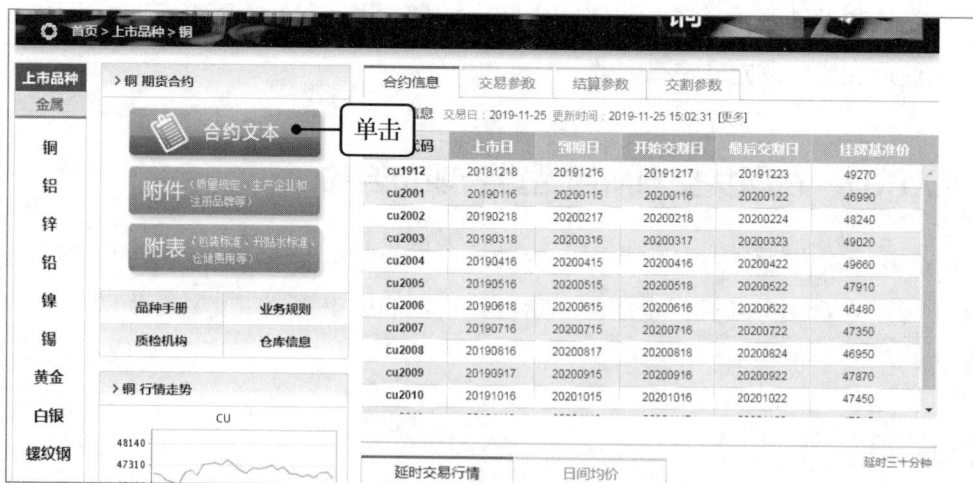

图 4-20 单击"合约文本"按钮

在新打开的页面中即可看到该期货合约的标准化合约内容，具体如图 4-21 所示。

《上海期货交易所阴极铜期货合约》（修订案）

发布日期：2017-03-21

交易品种	阴极铜
交易单位	5吨/手
报价单位	元（人民币）/吨
最小变动价位	10元/吨
涨跌停板幅度	上一交易日结算价±3%
合约月份	1～12月
交易时间	上午9:00—11:30，下午1:30—3:00和交易所规定的其他交易时间

图 4-21 合约内容

理财贴士 *查看详细的合约信息*

在查看一份期货合约的时候，我们不能单一地查看标准化合约，还需要查看合约附件、品种手册、业务手册、仓库信息等文本。在这些内容中，对期货的交割、升贴水、手续费用都做了明确的公示。

NO.008 期货交易所网站需要注意的信息

在期货交易所网站上包含有非常多的期货信息，如交易数据、最新公告等，这些信息往往都是最新且最标准的。

下面来看一下想要进行一次成功的期货投资，需要在期货交易所网站注意哪些地方。

实例分析

期货交易的重要信息

在上海期货交易所中，不仅提供非常丰富的期货合约交易数据，还有非常专业的统计数据，可以满足投资者不同的投资需要。数据按照日、周、月以及年进行统计，投资者可以根据需要进行选择。在上海期货交易所首页中将鼠标光标移动到"交易数据"按钮上，在展开的下拉菜单中选择"周统计数据／期货"命令，如图 4-22 所示。

图 4-22 执行"周统计数据／期货"命令

此时，在页面中可以看到详细的周统计数据信息，还可以自行在左侧设置日期进行查询，如图 4-23 所示。

图 4-23 查看周统计数据

期货交易所的公告、新闻与发布的信息有着权威、及时的特点，单击首页的"公告与新闻"按钮，投资者可以很方便地进行查看，如图 4-24 所示。

图 4-24 期货交易所公告

对于期货的开户、下单、套期保值、套利、交割等流程，上海期货交易所网站都用详细的流程图进行说明，让投资者可以一目了然，如图 4-25 所示。

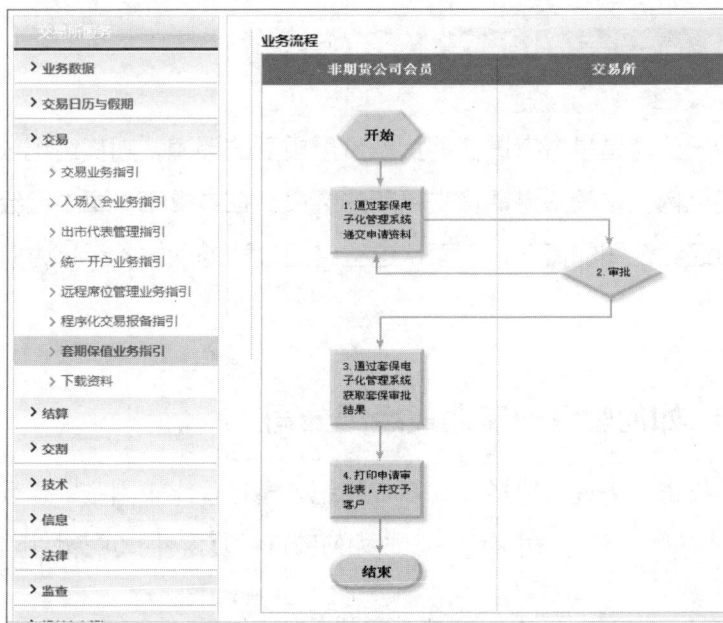

图 4-25 交易流程图

在上海期货交易所网站上，还有非常丰富的期货投资学习资料，包括文字资料、PPT 资料、视频资料，这些内容对投资新手是非常有帮助的，如图 4-26 所示。

图 4-26　期货交易所学习视频

4.4　网上丰富的期货投资机构

期货经纪公司是投资者进行期货投资最重要的渠道，期货经纪公司也可以叫期货投资机构，一般都是期货交易所的会员。在本书第 1 章中已经简单介绍了一些期货经纪公司的概念，下面从这些经纪公司的网站入手来讲解一下相关操作。

NO.009　如何验证一家期货经纪公司

对新手投资者来说，选择一家期货经纪公司往往比较困难，当我们从不同渠道选择一家期货经纪公司之后，应该如何验证其真实性和可靠性呢？

实例分析

正规的期货经纪公司应具备哪些内容

一家正规的期货经纪公司，其网站主页一定有非常多的版块，而且各个版块分明，没有明显的广告，如图 4-27 所示为中信期货首页。

图 4-27 中信期货

在期货经纪公司网站上，还可以看到最新公告信息及每种期货合约的交易最新动态，如图 4-28 所示。

图 4-28 查看公告了解动态

一家正规的期货经纪公司，一定有自己专属的交易软件，并且有多个版本供期货投资者下载使用，如图 4-29 所示。

图 4-29 软件下载

期货经纪公司不仅提供交易平台，还会提供专业、全面的数据，帮助投资者做好投资分析。在中信期货中，平台提供了持仓分析、商品指数、套利数据、经济数据以及热门指数数据等。如图 4-30 所示为持仓数据。

图 4-30 持仓数据

另外，当我们已经确定了一家期货经纪公司之后，如何来验证它的合法性呢？此时可通过期货交易所网站来核对，具体操作如下。

实例分析

通过期货交易所网站核对经济公司合法性

登录大连期货交易所官网首页，在页面中单击"会员服务"按钮，如图4-31所示。

图 4-31 单击"会员服务"按钮

在会员服务页面中的"交易所会员"版块中单击"会员名册"超链接，如图 4-32 所示。

图 4-32 单击"会员名册"超链接

此时页面提供了两种期货经纪公司的查询方式，一种是按会员号查询，另一种则是按会员名称查询。这里以查询"中信期货"为例进行介绍。选中"会员名称"前的单选按钮，在搜索文本框中输入"中信期货"，单击搜索按钮，如图4-33所示。

图 4-33 按照搜索条件进行搜索

此时页面显示出被搜索的期货经纪公司的信息，包括会员号、会员名称、会员简称、联系地址以及联系方式等，如图 4-34 所示。

图 4-34 查看搜索结果

如果在一个期货交易所网站查不到期货经纪公司的会员信息，可在别的期货交易所网站进行查询。同样，如果投资者想多验证几次以确保合法性，也可用这个方式在多个交易所网站进行验证。

NO.010 期货交易所网站的开户

选择一家期货经纪公司进行期货的投资，最重要的是利用它进行开户。一般来说通过网站进行的都是预约开户，而如果要进行实际的开户操作，是要经历比较复杂的步骤。

下面我们来看看在期货经纪公司进行网上开户需要注意哪些具体的步骤，详细内容如图 4-35 所示。

投资者向经纪公司
预约、申请开户

↓

法人客户 ← 投资者提供开
户所需材料 → 个人客户

1. 年检有效的《企业
法人营业执照》原件。
2. 银行基本存款账户
《开户证明》复印件
（不同的投资机构需
不同的开户银行）。
3. 法定代表人的授权
文件。
4. 法定代表人、代理
人、制定下单人、资
金调拨人、结算单确
认人的有效身份证件
正反面复印件。

开户人员验证投资
者身份，向投资者
揭示期货风险

1. 投资者身份证原件
及复印件（正反面）。
2. 实名制银行借记卡
原件（不同的投资机
构需要不同的开户银
行）。

↓

签署期货投资经纪
合同

↓

投资机构采集投资
者的影像资料 →

1. 身份证扫描件（正
反面）。
2. 投资者头部正面照。

↓

投资者向投资机构
申请交易编码

1. 开户代理人头部正
面照。
2. 开户代理人身份证
扫描件（正反面）。
3. 营业执照（副本）
扫描件。

↓

领取开户合同，修
改交易密码

↓

投资者注资并开始
下单交易

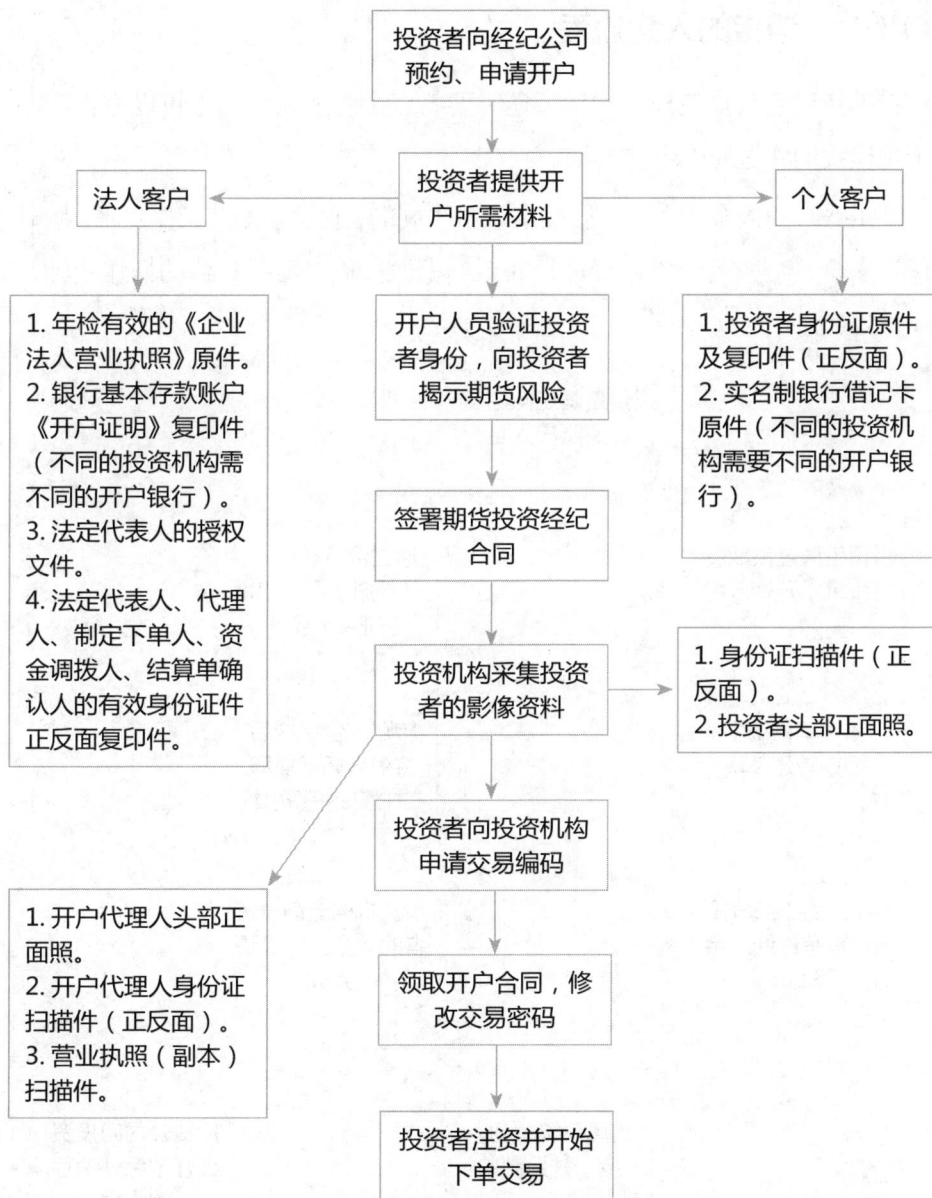

图 4-35 期货经纪公司的开户流程

NO.011 期货的入金流程

在期货经纪公司完成开户后，还需要将资金存入账户内才可以进行交易，这个过程我们称之为入金。

期货账户的入金和在银行转账汇款是不同的，它需要很多操作步骤，同时，为保证安全，一般需要与银行进行联系。下面我们来看看具体的操作步骤，如图 4-36 所示。

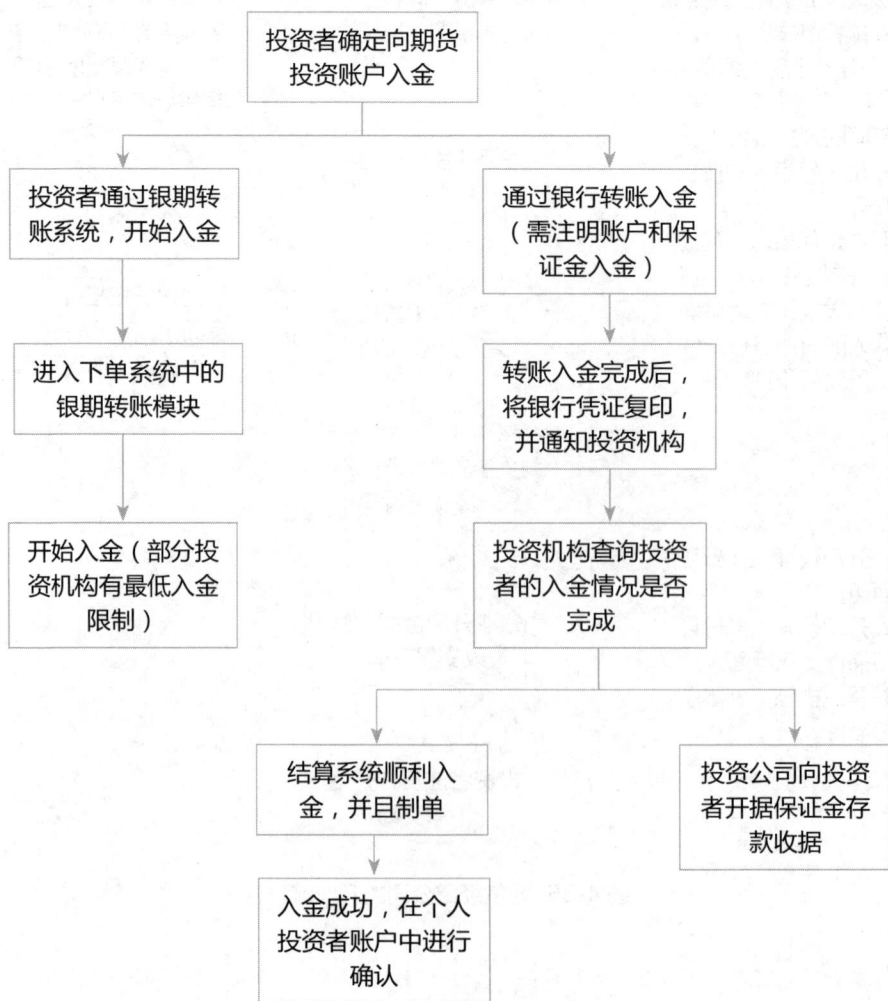

```
         ┌─────────────────┐
         │ 投资者确定向期货   │
         │ 投资账户入金      │
         └────────┬────────┘
        ┌─────────┴──────────┐
┌───────────────┐    ┌────────────────┐
│ 投资者通过银期转  │    │ 通过银行转账入金  │
│ 账系统，开始入金  │    │（需注明账户和保   │
│                │    │ 证金入金）        │
└───────┬───────┘    └───────┬────────┘
┌───────────────┐    ┌────────────────┐
│ 进入下单系统中的  │    │ 转账入金完成后，   │
│ 银期转账模块     │    │ 将银行凭证复印，   │
│                │    │ 并通知投资机构     │
└───────┬───────┘    └───────┬────────┘
┌───────────────┐    ┌────────────────┐
│ 开始入金（部分投  │    │ 投资机构查询投资   │
│ 资机构有最低入金  │    │ 者的入金情况是否   │
│ 限制）          │    │ 完成             │
└───────────────┘    └───────┬────────┘
                    ┌─────────┴──────────┐
            ┌───────────────┐    ┌────────────────┐
            │ 结算系统顺利入   │    │ 投资公司向投资    │
            │ 金，并且制单     │    │ 者开据保证金存    │
            │                │    │ 款收据           │
            └───────┬───────┘    └────────────────┘
            ┌───────────────┐
            │ 入金成功，在个人  │
            │ 投资者账户中进行  │
            │ 确认            │
            └───────────────┘
```

图 4-36 期货投资账户入金步骤

NO.012　期货的出金流程

有入金自然也有出金，在期货投资获利或进行平仓之后，要如何将投资账户的资金转出呢？具体步骤如图 4-37 所示。

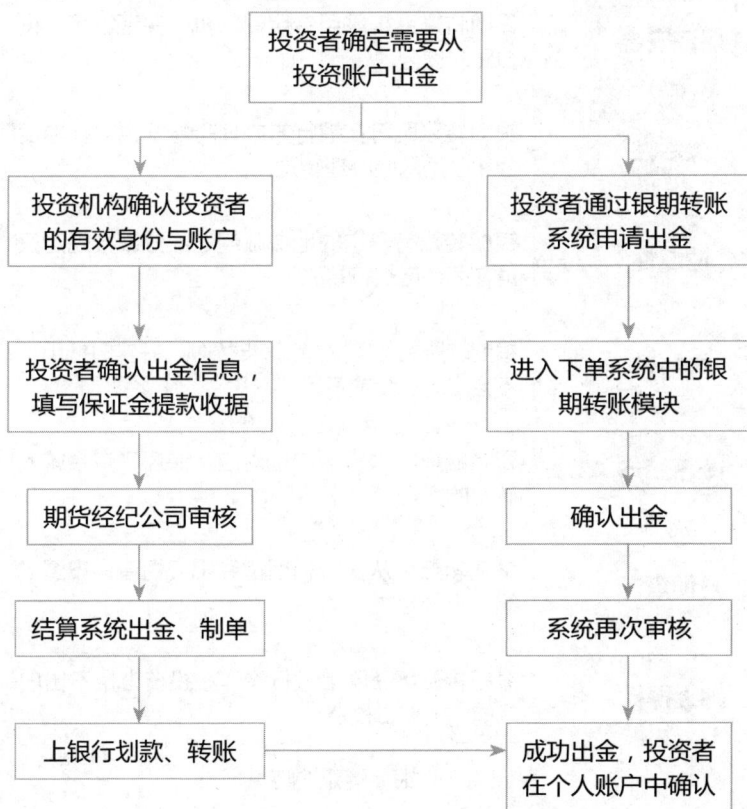

```
              ┌─────────────────────┐
              │  投资者确定需要从    │
              │    投资账户出金      │
              └──────────┬──────────┘
               ┌─────────┴──────────┐
               ▼                    ▼
      ┌─────────────────┐  ┌─────────────────┐
      │ 投资机构确认投资者 │  │ 投资者通过银期转账 │
      │  的有效身份与账户  │  │   系统申请出金    │
      └────────┬────────┘  └────────┬────────┘
               ▼                    ▼
      ┌─────────────────┐  ┌─────────────────┐
      │ 投资者确认出金信息，│  │  进入下单系统中的银 │
      │  填写保证金提款收据 │  │   期转账模块      │
      └────────┬────────┘  └────────┬────────┘
               ▼                    ▼
      ┌─────────────────┐  ┌─────────────────┐
      │  期货经纪公司审核  │  │     确认出金      │
      └────────┬────────┘  └────────┬────────┘
               ▼                    ▼
      ┌─────────────────┐  ┌─────────────────┐
      │ 结算系统出金、制单 │  │    系统再次审核    │
      └────────┬────────┘  └────────┬────────┘
               ▼                    ▼
      ┌─────────────────┐  ┌─────────────────┐
      │ 上银行划款、转账  │─▶│  成功出金，投资者  │
      └─────────────────┘  │  在个人账户中确认  │
                           └─────────────────┘
```

图 4-37　期货投资账户出金步骤

NO.013　什么是银期转账

在上面的投资账户出金中，涉及了一个较为陌生的词——银期转账，那么银期转账究竟是什么呢？

所谓银期转账，是指银行和期货公司在双方系统联网的基础上，为期货投资者提供的自助式的资金转账服务，实现资金在个人银行结算账户与期货保证金账户之间定向实时划转，确保交易的顺利进行。

银期转账有图 4-38 所示的特点。

保证安全	银期转账系统采用专用保密机，保证银行、投资账户安全。
灵活性	银期转账既可在银行方办理转账，也可在期货经纪公司网站办理转账。
地域性	银期转账有一定的地域限制，部分银行规定只能在同地区进行转账。
实时性	银期转账的每笔交易都实时到账，并实时抵用，不会出现剩余或不足。
账户一致	资金账户与银行账户相对应，保证了资金转入转出的安全。
方便查询	银期转账可从银行和期货经纪公司查询投资记录，十分方便。
网上操作	银期转账可在网上进行操作，投资者足不出户就能完成期货投资。

图 4-38　银期转账的特点

理财贴士　*银期转账需要注意的地方*

进行银期转账的时候，需要注意如下的一些细节。

开通银期转账关系必须使用本人的银行卡，到指定银行的柜台或网上银行办理。

银行信用卡不能建立银期转账。

出金限额单日超过 200 万元需要提前预约，最低账户余额为 10 元。

开通及转账时间：每周一至周五（法定节假日除外）8：45 ～ 15：15、12：10 ～ 12：50 不能转账（中国银行）。

以工商银行为例，银期转账操作非常简单。进入工商银行首页，登录个人网上银行，单击"全部"选项卡，在展开的菜单中选择"基金.证券.期货"选项，在右侧展开的菜单中单击"集中式银期转账"超链接，如图 4-39 所示。

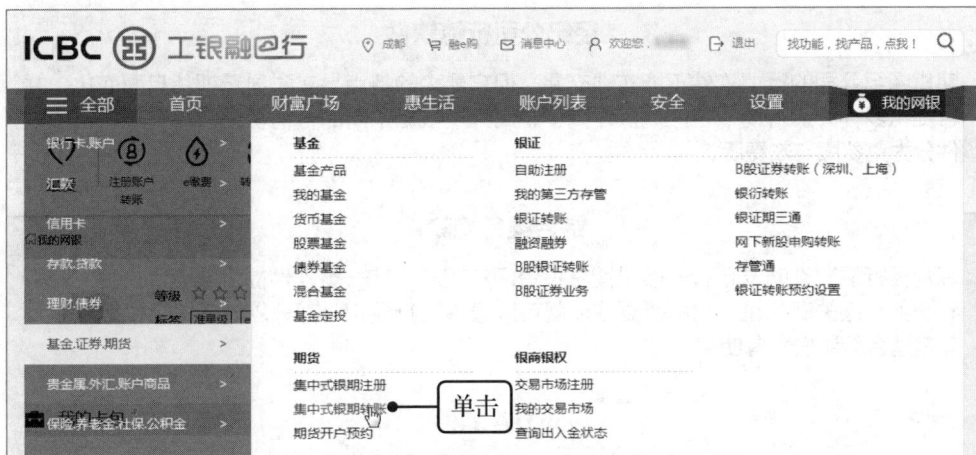

图 4-39 单击"集中式银期转账"超链接

然后再根据页面向导指引完成相关操作即可。

4.5 期货投资软件的使用

现如今的理财市场，做任何一项投资都离不开投资软件，投资软件一般是集看盘、分析、公告、交易于一体的电脑软件。在期货投资中，投资软件同样发挥着非常重要的作用，本章的最后一节，我们来学习如何使用期货投资软件。

NO.014 认识不同版本的期货投资软件

期货投资软件的版本非常多，常见的版本如图 4-40 所示。

经纪公司交易软件

期货经纪公司的交易软件是所有期货软件中使用人数最多的，只需要通过软件登录期货经纪公司的投资账户，就可以进行期货合约买卖。

经纪公司行情软件

期货经纪公司的行情软件不能实现交易，但它最大的特点是实时显示期货盘面变化，并且提供多种外盘行情，客户端操作简便。此外，根据不同的行情资讯，经纪公司行情软件分为免费版与收费版。

综合类行情软件

综合类行情软件的发布者一般是期货投资门户网站，这一类软件提供看盘、交易、分析等服务。最关键的是，它不需要注册就可以直接进行使用，部分软件还提供模拟交易，非常适合新手投资者使用。

MT4 软件

MT4 软件全称是 MetaTrader4 客户终端，它是一款市场行情接收软件，可以实时完成交易，并设置止损止盈交易模式。但需要注意的是，国内期货是不能使用 MT4 软件进行交易的。

图 4-40 不同的期货投资软件

NO.015 在期货经纪公司网上下载安装与登录交易软件

期货经纪公司网上会提供交易软件的下载，下面来看看在下载安装与登录过程中需要注意哪些细节。

实例分析

下载并登录中信期货交易软件

进入中信期货网站首页，单击"软件下载"按钮，在打开的软件下载页面中选择一种交易软件版本，单击"点击下载"按钮，然后再按照一般的软件安装方式将其安装在电脑中，这里选择"博易大师"软件进行安装，如图 4-41 所示。

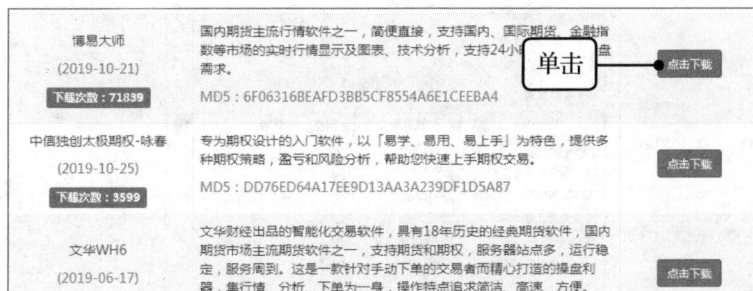

图 4-41 下载并安装博易大师

登录博易大师非常简单，双击桌面上的""图标就可以打开登录界面，按照提示输入登录名和密码，按照需要选中"记住登录名和密码"和"更新证券市场代码"前的复选框，最后单击"登录"按钮即可，如图 4-42 所示。

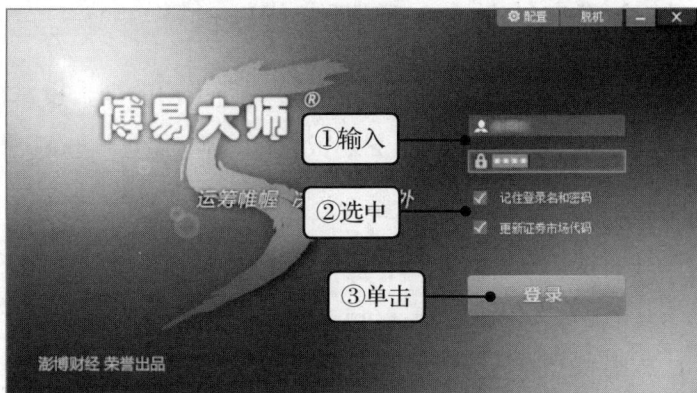

图 4-42 登录博易大师

如需查看与行情服务器的通讯情况，可单击登录界面右上角的"配置"按钮，打开"网络设置"对话框，单击"测速"按钮，如图 4-43 所示，软件将自动测算与每台行情服务器的通讯情况。

单击"停止"按钮停止测速，单击网络状况最好的 IP，对应的"选定"列中会显示√，单击"确定"按钮选定最优服务器。默认不勾选"使用代理服务器"。如勾选该项，则会显示代理服务器的设置选项。

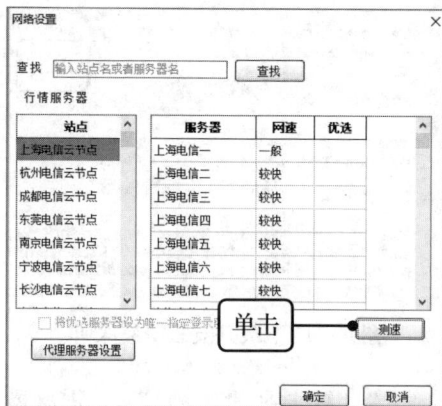

图 4-43　进行网络设置

NO.016　综合看盘软件——赢顺期货软件

文华财经是国内领先的期货交易服务商，它所推出的期货投资软件种类齐全、功能强大、分析合理，是我们投资期货的好帮手。

赢顺软件是文华财经旗下的一款综合看盘软件，集合了交易数据、走势图、趋势线、技术指标、在线分析、画图工具等期货分析功能。赢顺软件的下载安装非常简单，只需进入文华网首页（http://www.wenhua.com.cn/）选择相应的版本下载即可。安装成功打开后无须进行登录，可进入如图 4-44 所示的界面中。

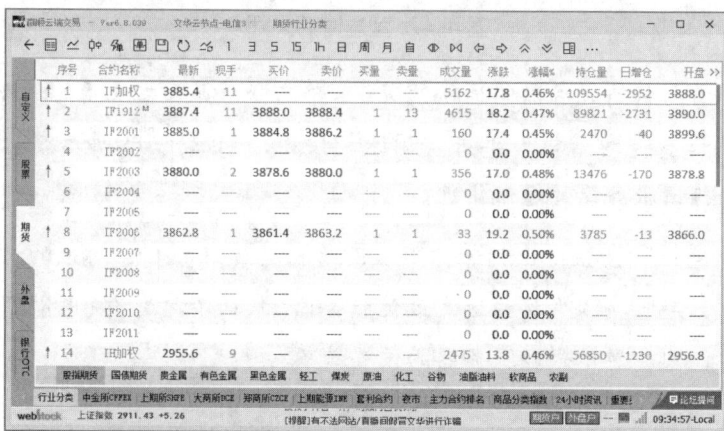

图 4-44　赢顺软件主界面

NO.017　利用赢顺软件看盘

看盘是进行一种产品投资最基础的操作，在赢顺软件上看期货盘口是非常简单实用的，具体操作如下。

实例分析

如何查看期货盘面走势

进入赢顺软件主界面，通过不同期货交易所版块选择要查看的期货合约，双击合约名称选项，如图4-45所示。

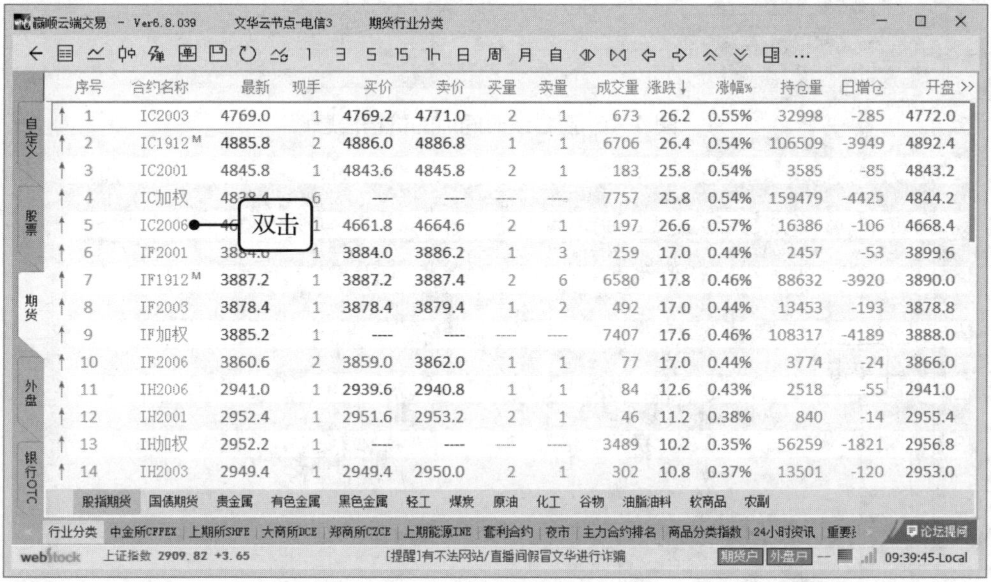

图 4-45 选择期货合约

系统自动进入价格实时分时图，将鼠标光标移动到图中任何位置单击，即可看到该时间点的价格详情，如图4-46所示。

单击左侧的"K线图"选项卡，界面自动进入价格K线图中，可查看价格K线走势图，如图4-47所示。

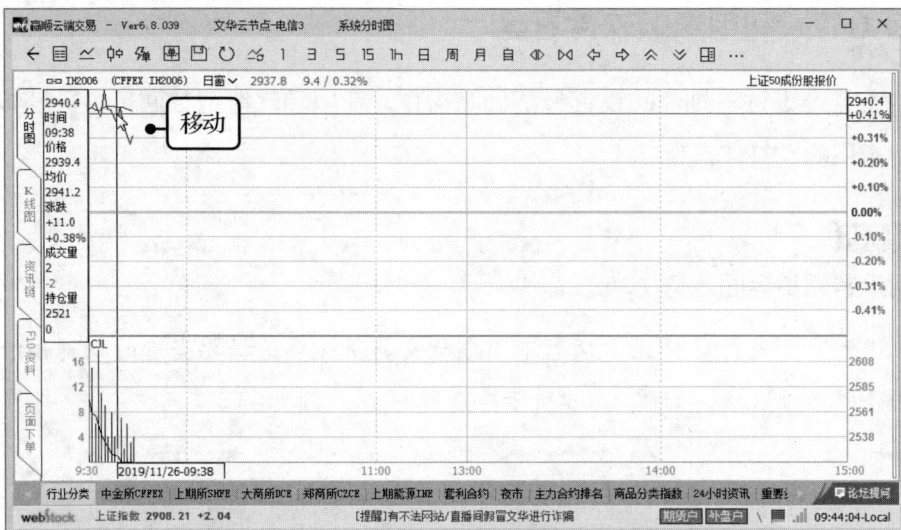

图 4-46 查看该时间点的价格信息

图 4-47 查看期货合约的 K 线走势

　　如果投资者想要对某一区间的价格进行统计，则在 K 线图中右击鼠标，选择"更多"命令，在右侧展开的子菜单中选择"区间统计 / 放大"命令，如图 4-48 所示。

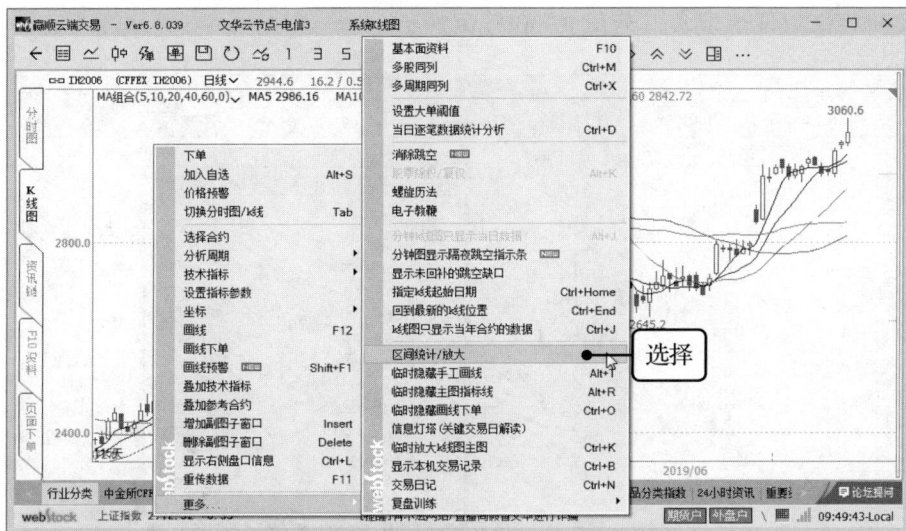

图 4-48 选择"区间统计/放大"命令

返回 K 线图，单击统计起点，拖动鼠标至统计区间终点释放鼠标，在弹出的菜单中选择"区间统计"命令，如图 4-49 所示。

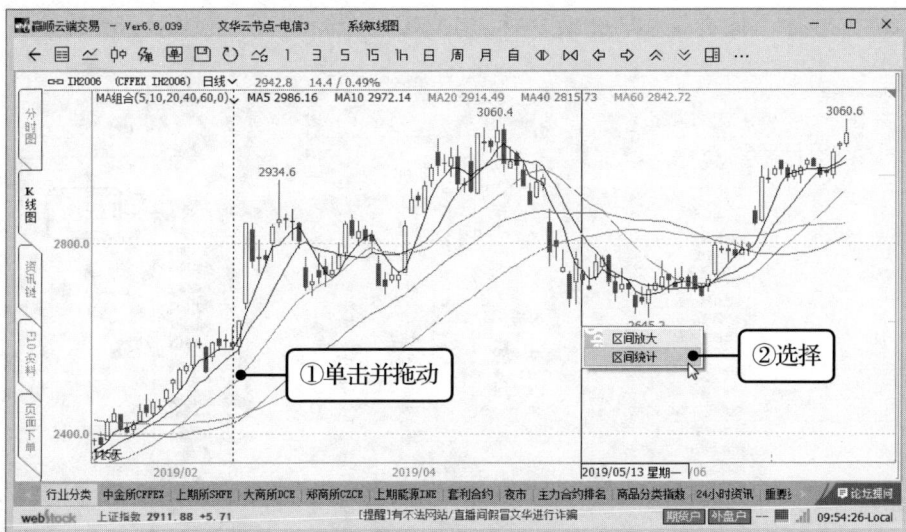

图 4-49 操作区间统计

在新打开的对话框中即可看到该区间的数据，包括最高价、最低价、涨跌幅度和加权均价等信息，如图 4-50 所示。

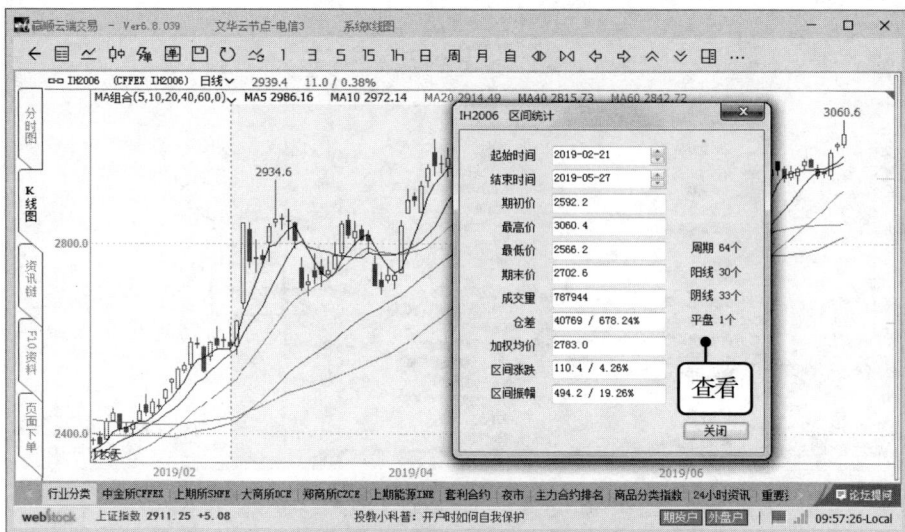

图 4-50 统计信息查看

如果投资者想要查看某一种技术指标，如 MACD 指标，则在 K 线图中右击鼠标，选择"技术指标 / 摆动分析 /MACD"命令即可，如图 4-51 所示。

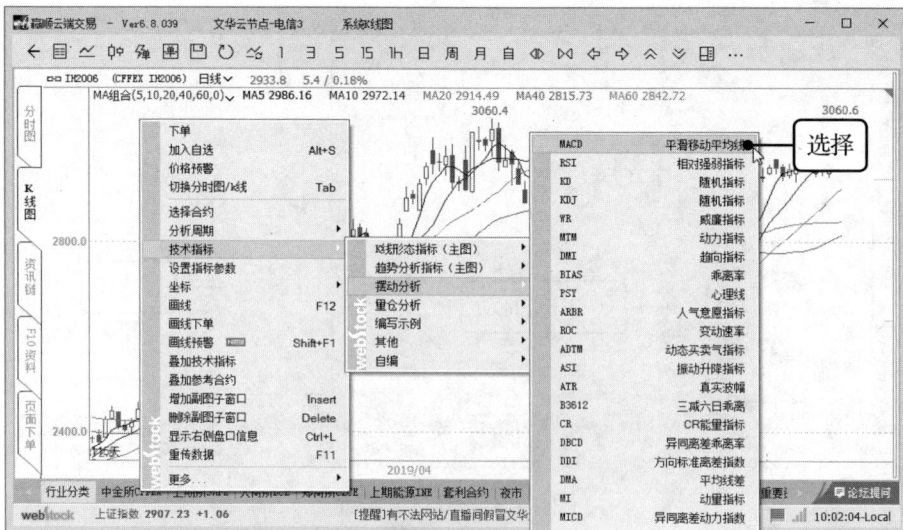

图 4-51 添加 MACD 技术指标

此时页面中的 K 线图下方副窗口位置会展示出 MACD 技术指标的走势，如图 4-52 所示。

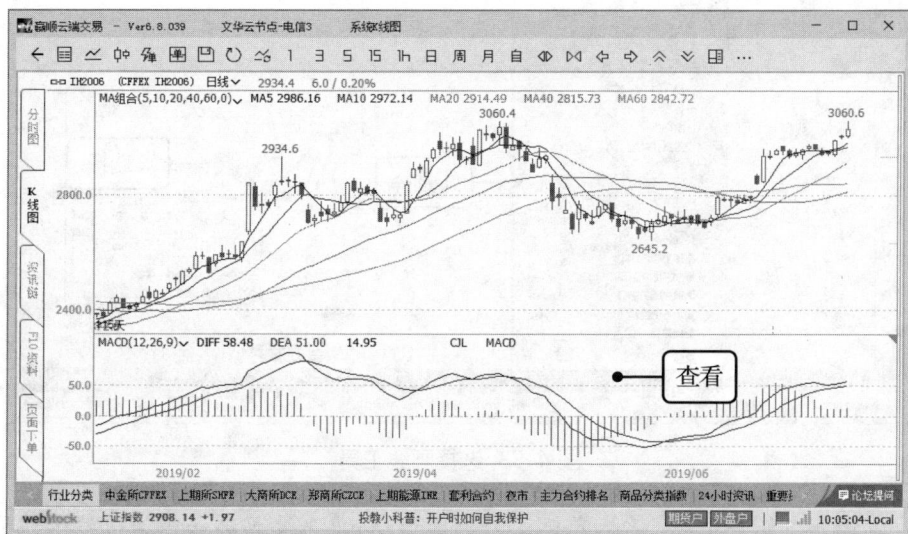

图 4-52 查看 MACD 技术指标

NO.018 使用画图工具绘制趋势线

在赢顺软件中，如果想用趋势线来分析价格走势，只需按照上面添加技术指标的方式添加即可，赢顺软件提供了 BOLL、ENE 等丰富的趋势线。而如果需要手动绘制趋势线，具体的操作如下。

实例分析

如何使用画图工具画趋势线

进入赢顺软件主界面选择 K 线图，在图中单击鼠标右键，在弹出的快捷菜单中选择 "画线" 命令，或者直接在页面中按 F12 快捷键打开页面中的画线工具对话框。在打开的对话框中选择一种线条工具，这里选择 "通道线" 选项，如图 4-53 所示。

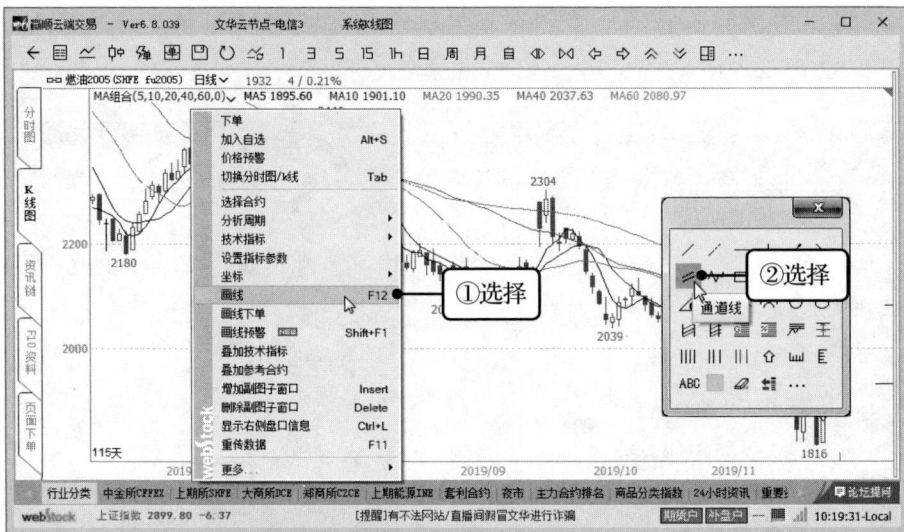

图 4-53　选择画线工具

返回到主图界面中,鼠标光标变为画笔形态,单击要画第一根通道线的位置,连接各条高点完成第一根通道线,再次单击,然后移动鼠标光标,将第二根通道线连接各低点后释放鼠标,如图 4-54 所示。

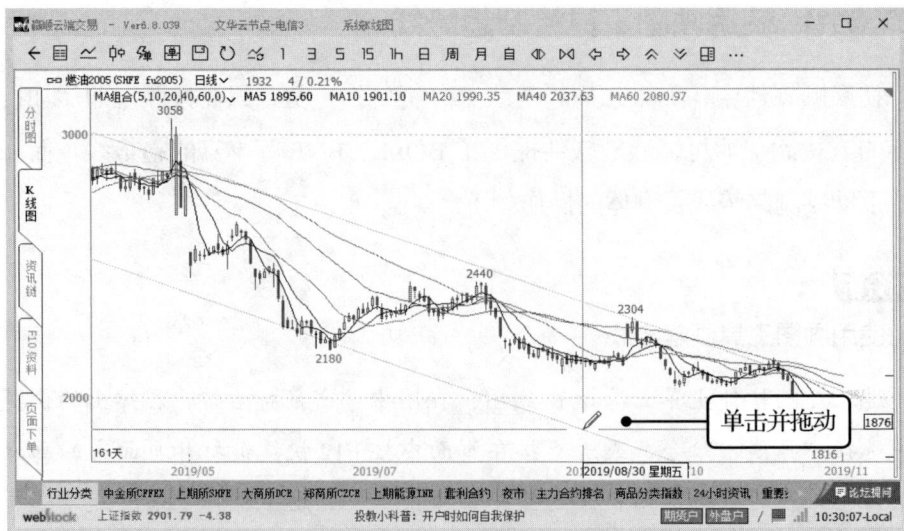

图 4-54　画出通道线

释放鼠标后所画的趋势线将变为灰色，即表示趋势线绘制完成，如图4-55所示。

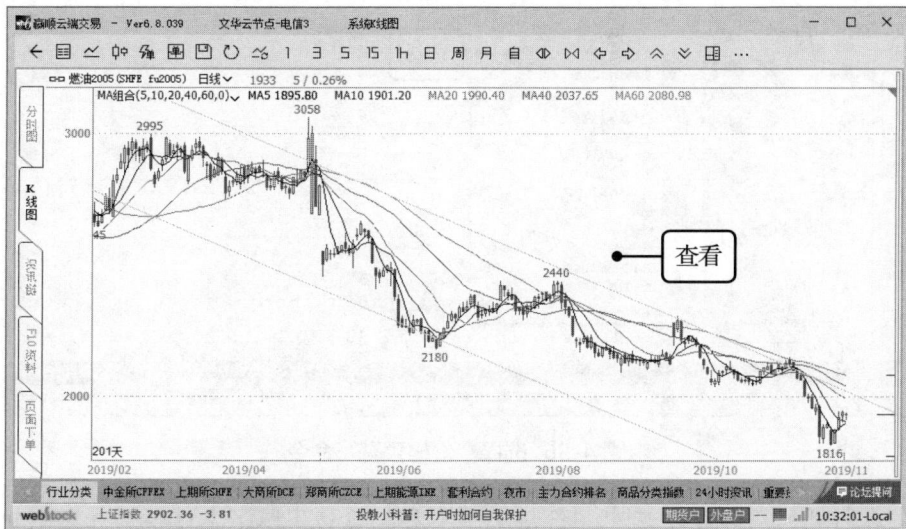

图 4-55 画线效果

NO.019 设置价格预警

任何投资者都不可能随时盯着投资软件看盘，如果在投资者做其他工作的时候，价格出现了变动，可能会带来巨大的损失。所以使用价格预警来提醒自己，会是非常好的办法。

实例分析

如何设置价格预警

进入赢顺软件主界面，在主图中单击鼠标右键，在弹出的快捷菜单中选择"价格预警"命令，如图4-56所示。

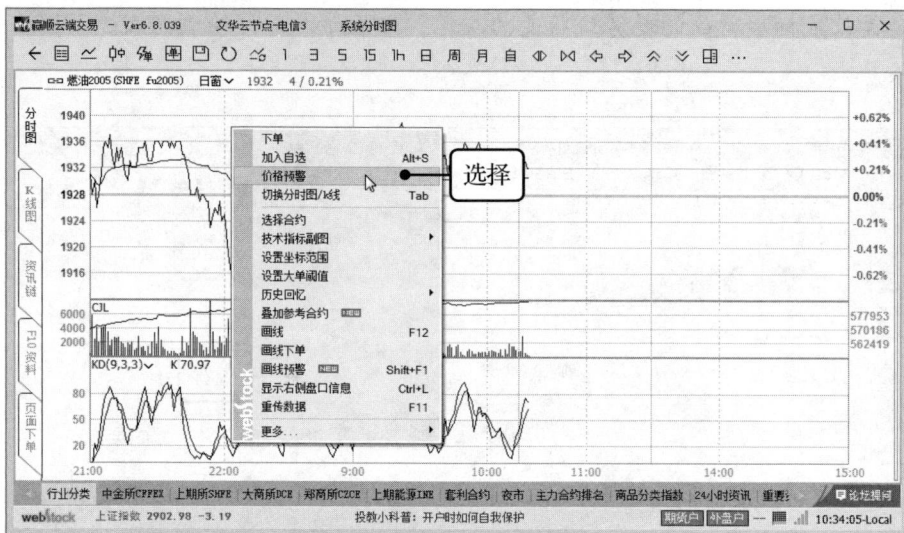

图 4-56 选择"价格预警"命令

在打开的对话框中选中"价格上限"和"价格下限"复选框，并分别输入价格数值，单击"确定"按钮，如图 4-57 所示。

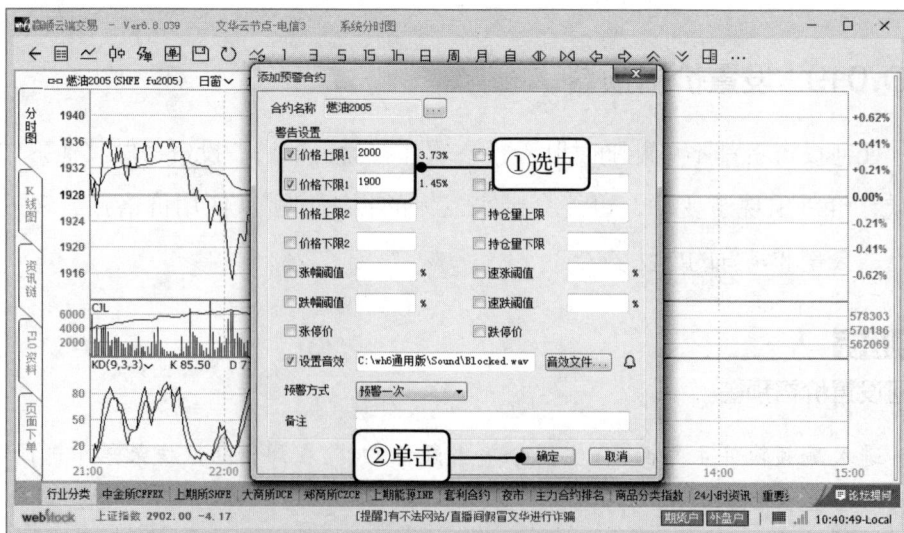

图 4-57 设置预警价格

第 **5** 章

期货投资基本面分析

通过前面4个章节的内容，我们已经对期货的理论、交易、操作有了详细的了解。接下来可以进入期货的分析阶段了，而分析的第一步，是从基本面来看宏观经济对期货的影响。

5.1 认识基本面

世界经济处于一个联系的整体中，而这其中的每一个因素都与其他的因素互相牵制。因此，才有了基本面分析。

从广义上来说，基本面是指对宏观经济、行业和公司基本情况的分析，它包括宏观经济运行态势和上市公司基本情况。

而从投资理财角度来说，基本面就是从国家经济数据、经济政策、其他市场、客观条件等多方面来分析所投资的产品。

NO.001 基本面分析有哪些内容

基本面分析的内容比较多，从期货来看，主要是从供求关系、经济数据、政策及其他因素进行分析的，具体如图 5-1 所示。

总供给	总需求	国内生产
通货膨胀	国内经济政策	投资总环境
客观国际局势事件	心理因素	经济周期
国内利率	交通运输条件	开采、仓储条件

图 5-1 期货基本面分析的主要内容

理财贴士 *不同期货合约的基本面分析*

基本面分析是需要全面把握的，但作为普通投资者是不可能掌握所有的经济数据与经济政策的。此时就需要根据不同的期货合约来选择不同的基本面分析内容。

一般来说，如农产品期货更应该关心供求因素；能源期货则主要关心国际局势与开采技术等；而股指期货则与国家的经济政策息息相关。

NO.002 基本面分析对期货投资的好处

基本面的分析对期货投资者有着非常重要的作用，具体有图 5-2 所示的一些优势。

投机意义	基本面分析对于只做短线交易的投机者作用非常大，可以用来判断交易背景和市场环境，了解行情大势。
把握未来	通过对基本面的研究，可以预测未来经济环境的走势，从而确定期货价格未来的涨跌。
稳定心理	分析基本面是站在宏观的角度，这样可以让投资者更加稳定投资心理，在应对各类消息时避免出现投资慌乱。
选择产品	市场环境多样，投资者很难把握。分析基本面，可以帮助投资者在众多的期货合约中找到一份未来行情较好的合约。
选择时机	通过对宏观经济政策、经济周期理论的研究，可以有效地掌握期货进场、出场的时机，准确实现盈利。
反向作用	在基本面中，心理因素会反向作用于期货价格，大大提升了基本面内容对期货的影响，使得期货价格偏离现货价格。

图 5-2 基本面对期货投资的意义

NO.003 基本面分析的缺陷

上面的内容是基本面分析对期货的重要影响，虽然基本面的分析对期货投资非常重要，但它也存在一些缺陷，这需要投资者在分析时格外注意。

基本面分析的具体缺陷如图 5-3 所示。

滞后性

基本面领先于价格，但其变化却赶不上期货合约价格的变化，这主要是因为投资者了解基本面变化的速度永远赶不上市场价格变化的速度。在任何一次市场发生趋势性转变的时候，投资者了解的基本面信息还处于原来的大趋势中，然而此时市场已经改变运行方向了，当基本面传递变化信号的时候为时已晚。

变化性

通过基本面虽然可以大致分析价格的变动趋势，但它本身也是动态变化而非静止的。一般来说，基本面未来的变化和市场价格一样很难被人们预测。未来的市场价格由未来的基本面情况决定，而不是由目前的基本面情况决定，我们无法用目前所掌握的静态基本面情况来分析预测未来动态变化的市场。

片面性

虽然了解了基本面分析有哪些内容，并且可以总结相关经验，但是没有人可以全面、及时地掌握基本面的所有情况。投资者所掌握的基本面资料永远是不全面的，因此，用所掌握的基本面内容进行期货合约价格分析可能会造成结果的偏离。

图 5-3 基本面分析的缺陷

理财贴士 *如何规避基本面的缺陷*

基本面的缺陷往往是不可避免的，但投资者也可以通过在交易所收集信息，举一反三，大胆联想，用发展的眼光对待国家政策等方式，更加全面、准确地分析基本面。

NO.004 期货基本面分析的要点与技巧

分析基本面有非常多的要点与技巧，在已经对基本面有了详细了解后，接下来要学习如何使用它。

（1）正确对待基本面信息

经济政策、数据及市场资讯随时都在发生变化，面对信息过剩的网络时代，该如何正确对待期货的基本面信息呢？具体如下所示。

①注意消息的时效性，基本面主要是针对现在和未来，对过去影响不大。

②当获得期货投资信息的时候，不要盲目下单，要结合自身实际制定投资计划。

③对未来的走势要有预判的能力，不要一味地等待第三方发出买卖信号。

④市场可能出现误导投资者的虚假消息，需要投资者拥有明辨是非、学会取舍的能力。

⑤当基本面信号出现矛盾时，需要用信号的强弱与对期货合约的影响力来取舍。

（2）学会收集整理期货资讯

前文讲到每个投资者所掌握的基本面内容是片面的、不完整的，那么投资者该从哪些渠道去尽可能多地收集投资信息呢？具体有如下一些信息。

◆ 期货交易所及其官方网站所发布的公告、政策、投资资讯。

◆ 期货经纪公司网站向投资者发出的通知、投资软件的基本面分析。

◆ 国家大事、国际政治格局、自然灾害等新闻。

◆ 国家每期发布的经济数据。

◆ 投资者的个人心理预期。

理财贴士 *如何应对突发事件*

在期货交易中，突发事件会对投资者造成巨大损失，如自然灾害、战争等突发事件，往往是不可预测的。

当这些事件发生时，要理智分析，如某地出现自然灾害造成农作物减产，现货价格大幅上涨，此时不能盲目做单，要分析未来风险时间的可能性，如国家是否放出储备农作物进行市场控制等。

（3）正确看待期货与现货之间的关系

在期货交易时，现货价格是非常具有参考价值的。一般来说，现货价格与期货是相互影响的，在临近交割时，期货价格会逐渐靠近现货价格。它们之间的具体关系如下所示。

现货价格是期货价格的基础。 市场中以具体的商品实物进行交易，然后出现现货价格，之后商品生产者为了套期保值转移价格风险而产生了期货市场，生成期货价格。因此，可以得出是先有现货价格，然后再出现期货价格，现货价格是期货价格的基础。

现货价格与期货价格相互影响。 现货价格与期货价格都不是独立存在的，它们之间存在相互作用、相互影响的关系。首先期货价格是现货价格形成的重要影响因素；其次，期货价格的变动幅度与方向均会影响现货价格的波动。在其他条件不变时，期货价格向利多方向的变动，会引起现货价格一定程度的上升，从而导致现货商品供给的增加；反之，则使现货价格出现一定的下降，现货供给相应减少。

因此，投资者在实际的投资中，不可孤立看待期货价格或现货价格。

NO.005　基本面分析的步骤

掌握分析技巧，学会按正确的步骤去分析基本面是非常重要的，如下所示列举了在期货基本面分析中一定会经历的步骤。

①在投资期货下单之前，确定分析基本面，投资者需要从各类基本面获取信息并及时收集整理各类信息。

②对于得到的基本面的信息，要及时准确地分析其数据，最好通过走势图整理出未来可能发生的趋势。

③将总结的趋势应用到期货合约价格中，并利用基本面与当前期货价格的关系总结出未来期货价格可能呈现的涨跌态势。

④对未来的总体趋势有了一定的了解之后，要制定出最佳的交易策略，使得该策略符合未来基本面的情况。

⑤制定策略后，要严格执行。在投资过程中，也必须随时利用基本面进行

分析，实时更改出场时机、持仓比例等。

5.2 供求关系分析期货

在基本面分析中，供求关系可能并不是最主要的，但在期货中，利用供求关系分析价格却尤为重要。因为期货虽然是一种合约，但具有商品的属性，因此供求关系会直接影响其价格变动。

NO.006 总需求

总需求是一个宏观经济学的概念，指在一定时期、一个经济体系内对最终物品及服务需求的总和。

总需求一般有国内需求，包括投资需求和消费需求；国外需求，即产品和劳务的输出，具体如表 5-1 所示。

表 5-1

项目	说明
消费需求	国内居民的日常消费
投资需求	企业在投资和再投资过程中形成的商品和劳务需求
政府支出	政府部门对商品和劳务的购买
出口	国外对本国商品和劳务的需求

为了反应需求与价格的关系，人们绘制了需求曲线。需求曲线通常以价格为纵轴，以需求量为横轴。在一条向右下倾斜、且为直线的需求曲线中，中央点的需求价格弹性等于 1，而以上部分的需求价格弹性大于 1，而以下部分的需求价格弹性则小于 1，具体如图 5-4 所示。

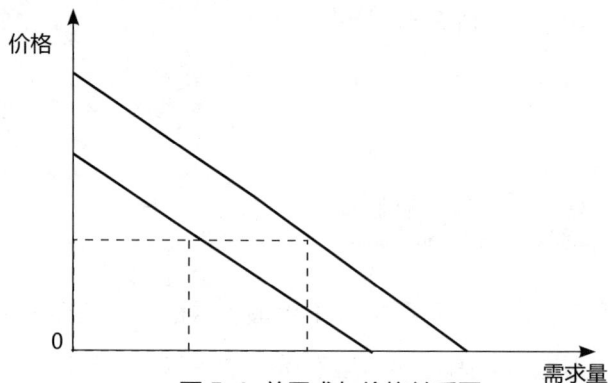

图 5-4 总需求与价格关系图

NO.007 总供给

总供给是与总需求相反的一种经济学术语，是指一个国家或地区在一定时期内由社会生产活动实际可以提供给市场的可供最终使用的产品和劳务总量。

总供给同样包含两个部分，一是由国内生产活动提供的产品和劳务，即国内生产总值；二是由国外提供的产品和劳务，即商品和劳务输入。

在国家经济体系中，一个国家的总需求一般是不会发生变化的，而总供给却会受到如下因素的影响而发生改变。

- 自然的和人为的灾祸。
- 技术变动。
- 工资率的变化。
- 生产能力的变动。
- 劳动意愿的变化。

理财贴士 *供给曲线位移*

一般来说，供给的变动是在价格不变的情况下，由价格以外的因素发生变动而引起供给的变动，使整个供给曲线位移。

同样，来看看供给量与价格的关系，如图 5-5 所示。

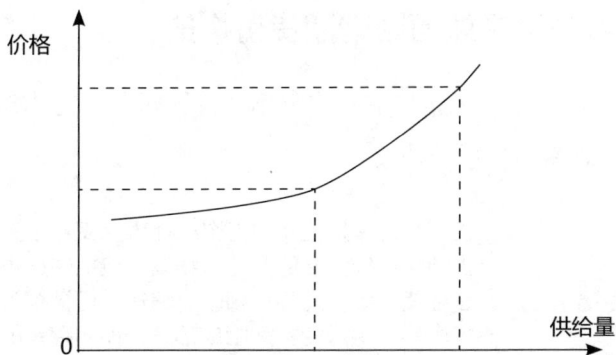

图 5-5 供给量与价格关系

NO.008 供求关系与价格

许多人分析供求与期货的时候会从静态分析出发，实际上在静态分析时，价格的增加会导致需求量的减少，但因为需求量减少导致供给过剩，又会导致价格的降低。所以，从静态分析价格与需求量是没有意义的，我们需要从全局进行分析。

在研究供求关系与价格的关系时，需要简单了解供与求的两种关系。

◆ 资源过剩：总供给大于总需求。

◆ 资源短缺：总需求大于总供给。

在这样的情况下，供求关系与价格呈现出图 5-6 所示的关系图。

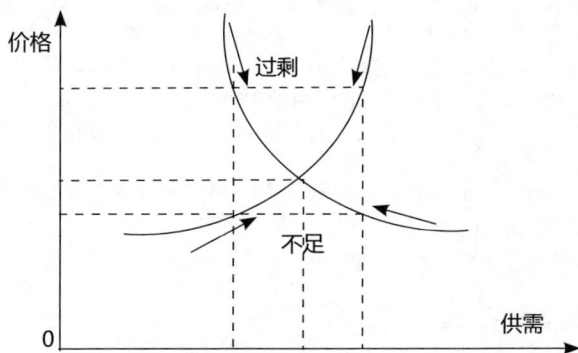

图 5-6 供求关系与价格之间的关系

NO.009 供求关系是如何影响期货价格的

供求关系对商品价格有着非常重要的影响。首先来看看总供给是如何影响期货价格的，具体如图5-7所示。

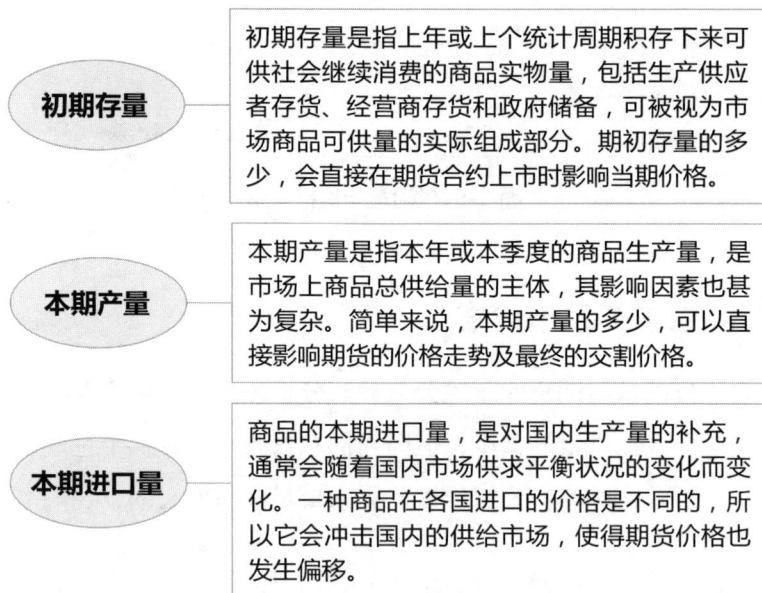

初期存量 —— 初期存量是指上年或上个统计周期积存下来可供社会继续消费的商品实物量，包括生产供应者存货、经营商存货和政府储备，可被视为市场商品可供量的实际组成部分。期初存量的多少，会直接在期货合约上市时影响当期价格。

本期产量 —— 本期产量是指本年或本季度的商品生产量，是市场上商品总供给量的主体，其影响因素也甚为复杂。简单来说，本期产量的多少，可以直接影响期货的价格走势及最终的交割价格。

本期进口量 —— 商品的本期进口量，是对国内生产量的补充，通常会随着国内市场供求平衡状况的变化而变化。一种商品在各国进口的价格是不同的，所以它会冲击国内的供给市场，使得期货价格也发生偏移。

图 5-7 总供给如何影响期货价格

另外，总需求量对期货价格的影响如表5-2所示。

表 5-2

项目	说明
国内消费量	国内消费的总量主要受到消费者的收入水平或购买能力、消费者人数、消费结构变化和新兴商品等诸多因素的影响，消费量与所需的商品是随时发生变化的，因此国内消费量对商品期货的影响往往大于现货市场
国际市场需求	不同国家对不同商品的需求是不同的，如日本主要的需求是能源商品，而欧盟、东南亚国家主要进口粮食作物。各国之间经过长期的贸易往来，已经形成了较为稳定的需求。在期货市场中，这是较为稳定的影响因素之一

续表

项目	说明
出口量	出口量是本国生产和加工的商品销往国外的数量，它是影响国内需求总量的重要因素之一，出口量与国际市场需求因素往往有直接联系，当国外需求增加或减少时，国家会调整进出口政策，从而导致了国内期货价格的改变
期末结存量	期末结存量既是商品需求的组成部分，又在一定程度上起着平衡短期供求的作用。在经济学中，期末结存量一般会进行详细的统计，但因为国内私人商品占有量规模较小，所以它对期货价格的影响有限

5.3 宏观经济对期货的影响

　　一个国家的宏观经济是由国内的所有经济因素组成的，它又反作用于各种因素。对期货投资来说，从宏观经济数据上来分析期货价格的变化是非常有用的，它可以帮助投资者预判未来期货合约价格的走势。

NO.010　GDP 对期货的影响

　　GDP（国内生产总值）指在一定时期（一个季度／一年）内，一个国家或地区所生产出的全部最终产品和劳务的价值，被公认为衡量国家经济状况的最佳指标。

　　一个国家或地区的经济究竟处于增长阶段还是衰退阶段，通过 GDP 数字的变化便可以观察到。一般而言，当 GDP 的增长数字处于正数时，即表示该地区的经济处于扩张上涨阶段；如果增长数字处于负数，则标志着该地区的经济进入衰退时期了。

　　期货作为一种重要的交易方式与投资工具，与 GDP 有着密切的联系。一般来说，它们之间存在图 5-8 所示的关系。

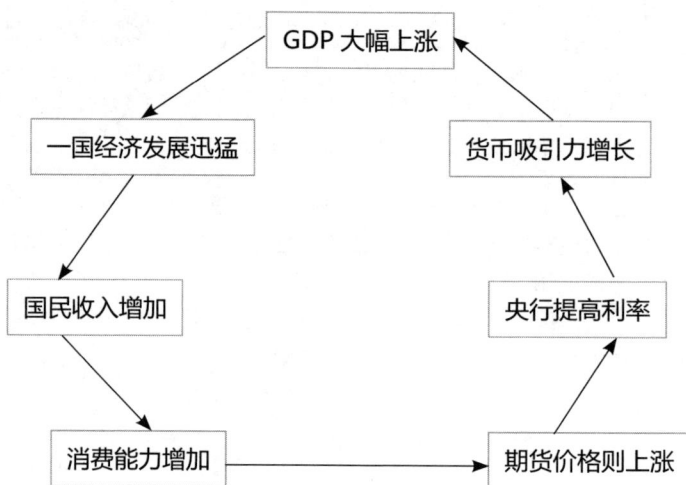

图 5-8 GDP 对期货的影响

NO.011　通货膨胀对期货的影响

随着社会经济不断发展，通货膨胀往往是不可避免的经济问题。所谓通货膨胀，实质就是货币贬值，单位货币的购买力下降，物价水平上涨。

无论是在经济学中还是在日常生活中，人们都将 CPI（居民消费价格指数）作为衡量物价水平的数据指标。虽然 CPI 并不是通货膨胀率，但在目前普通的经济研究中，都用 CPI 来直接表示通货膨胀率。一般来说，CPI 数据变大，物价全面地、持续地上涨，就被认为发生了通货膨胀。

通货膨胀是世界经济发展过程中最大的敌人，任何国家或地区要想顺利地发展经济，都需要防止通货膨胀。通货膨胀的表现一般有初期爬行式通货膨胀、严重飞奔式通货膨胀和严重脱缰式通货膨胀 3 个阶段。在这其中，第 3 种严重通货膨胀是很难发生的。

当通货膨胀发生时，无论是政府还是个人都会采取相应的避险措施。在这样的情况下，通货膨胀对期货有着如图 5-9 所示的影响。

资产影响

通货膨胀发生时，货币贬值，而资产却在增值，因此人们都将资金放在投资市场，这就使得期货市场异常活跃。

商品影响

通货膨胀对商品价格有一个渐进传导的过程。从原材料到生产加工再到流通，各个环节都会提升商品的价格。

远期价格

因为当下发生了通货膨胀，因此人们更喜欢投资远期交割的期货合约而非近期的合约，这就使得远期期货价格升高。

市场态度

通货膨胀是一种经济现象，它有一定的循环规律，在这样的情况下，期货也会随着通货膨胀的规律持续变化。

图 5-9 通货膨胀对期货的影响

简单来说，在通货膨胀初期，货币的供应量迅速增加，社会总供给所需的资金相对充裕，所以经营规模扩大，产品产值也迅速扩张。同时，消费者面临货币贬值的压力，通过抢先购物进行保值，造成社会需求量节节攀升，总供需量相平衡。

在通货膨胀后期，不仅投资者面临的成本升幅过大，消费者也会因物价过高而不会再扩大消费。这样就使得市场供需均势被打破，宏观经济萧条，期货市场的价格也开始出现不稳定。

NO.012　汇率对期货的影响

从表面看，汇率与期货的关系并不大，但商品期货市场是广义的金融市场，而汇率则是维持经济平衡的工具，因此期货行情的波动与汇率变化有着千丝万缕的联系。

要了解汇率对期货的影响，首先要清楚汇率的基础作用。

汇率是一个国家或地区的货币兑换另一个国家或地区的货币的比率，是以一种货币表示另一种货币的价格，因为各国或地区之间的经济运行随时在变化，因此汇率也会随时变动。在如今的国际汇率表上，一般执行以下两种汇率制度。

◆ 固定汇率：由政府制定和公布，并只能在一定幅度内波动的汇率。

◆ 浮动汇率：由市场供求关系决定的汇率，其涨落基本自由，其所在市场在原则上没有维持汇率水平的义务，但必要时可进行干预。

汇率对期货市场的影响，主要有如下所示的几点。

①国内期货产品如果依靠进口，汇率下跌会带来商品期货价格的上涨。

②如果国内有期货产品出口，汇率变动可能使得出口受限，国内价格也会发生变化。

③汇率过高，近期合约价格会表现坚挺。而远期合约价格则会遭遇沉重抛压，走势疲弱。

④如本国货币升值，国内商品价格可能下跌，国内外比价也将出现缩减。

⑤金融期货不会受汇率的直接影响，但标的物会有所偏离。

汇率对期货的影响，同样可从一个案例来简单说明。如图 5-10 所示为人民币／美元 2019 年 6 月至 11 月的汇率 K 线走势图。

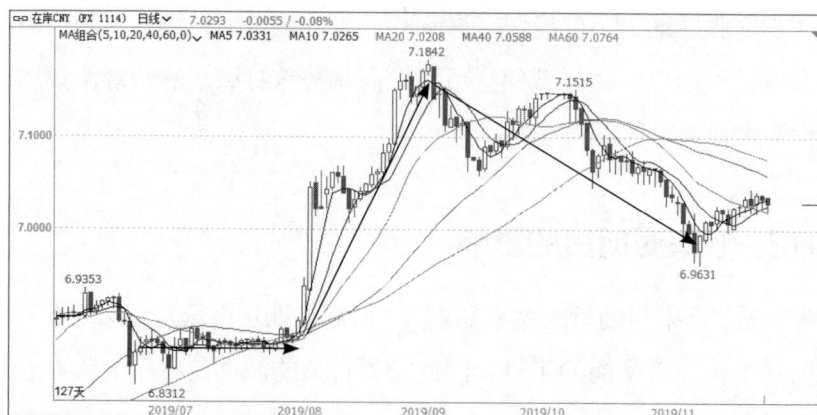

图 5-10 人民币／美元 2019 年 6 月至 11 月的汇率 K 线走势

从上图可以看到，在该阶段中 K 线经历了 3 个阶段：在 7 月至 8 月初阶段，K 线表现出横盘调整走势；到了 8 月初至 9 月初阶段，K 线突然表现出急涨走势；但进入 9 月之后，K 线开始表现出了下跌走势，跌幅较深。

与此同时，我们看看期货市场中的沪金 2006 合约，如图 5-11 所示为沪金 2006 期货合约 2019 年 6 月至 11 月的 K 线走势。

图 5-11 沪金 2006 期货合约 2019 年 6 月至 11 月的 K 线走势

从上图可以看到，沪金 2006 合约在同时段中也经历了 3 个阶段：7 月初至 8 月初，K 线表现出横盘整理走势，价格波动变化不大；8 月初至 9 月初阶段，K 线表现出巨幅上涨，涨势强烈；但进入了 9 月之后 K 线一改之前的涨势，表现下跌。说明沪金期货合约随着汇率的变动做出了相应的反应。

NO.013　利率对期货的影响

利率政策是一个国家经济运行的重要调整手段，因此利率对期货的影响是非常大的。所谓利率，是指在一定时期内利息量与本金的比率，通常用百分比来表示，按年计算则被称为年利率。利率是调节货币政策的重要工具，它可以控制投资比例、通货膨胀及失业率等，继而影响经济增长。

影响利率变动的因素有图 5-12 所示的 6 点。

利润率的平均水平	资金的供求状况
物价变动的幅度	国际经济的环境
国际政策性因素	国内政策发展

图 5-12 影响利率变动的因素

从投资者的角度来看，利率分为存款利率和贷款利率，它对期货市场的影响主要有以下的 5 点内容。

①存款利率下跌，资金流向投资市场，造成期货市场的价格出现上涨；反之则下跌。

②存款利率上涨时，表示市场活跃，商品的价格有可能也会上涨。

③贷款利率上涨，商品生产成本增加，造成价格上涨；反之则下跌。

④贷款利率下跌，说明市场并不活跃，商品的价格有可能出现下跌。

⑤利率变动，资本会在各国之间转移，最终从供求上改变商品期货的价格。

实例分析

利率变动对期货价格的影响

从 2013 年至 2015 年间，我国的 1 年期存款利率变动的次数不多，并且总体的变动呈现下跌趋势，自 2011 年后存款利率便开始转为下调，具体如表 5-3 所示。

表 5-3

调整时间	利率
2012.6.8	3.25%
2012.7.6	3%
2014.11.22	2.75%
2015.3.1	2.5%

从黄金期货指数价格 K 线图来看，总体走势呈现上涨，当存款利率开始下调的时候，走势立刻开始向下变化，如图 5-13 所示。

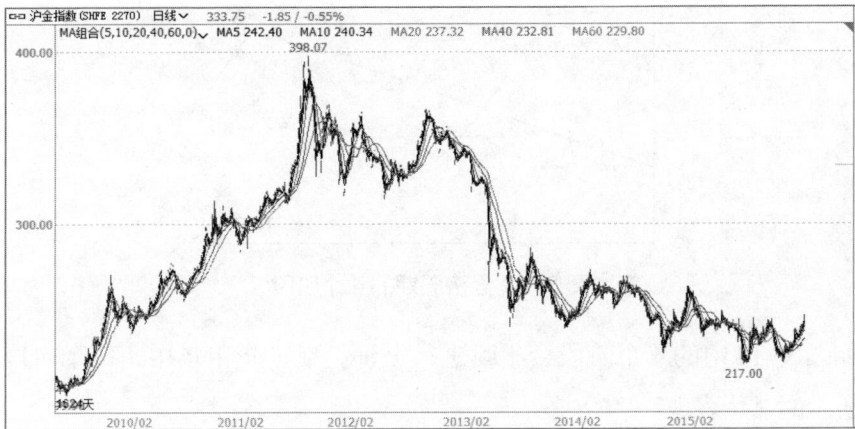

图 5-13 沪金指数变化走势

另外，投资者在利用利率的变动来分析期货市场时，需要注意如下所示的内容。

①利用利率分析期货合约，需要进行长线的价格分析，并且选择期限较长的存、贷款利率作为参照。

②存贷利率的变动次数是非常少的，而期货价格却时刻在发生变化，因此当一段时间内没有利率变化时，利率分析是没有意义的。

③利用利率分析期货合约，最好选择能源期货或者农作物等对存款非常敏感的合约。

NO.014 从经济运行周期分析期货

经济运行周而复始、循环不断，任何一个国家或地区的经济都会顺应一定的潮流循环运行。这种运行的规律，是分析投资产品的重要工具。

经济周期一般是指经济活动沿着经济发展的总体趋势有规律地扩张和收缩。

人们一般把经济周期分为繁荣、衰退、萧条和复苏4个阶段，具体如图5-14所示。

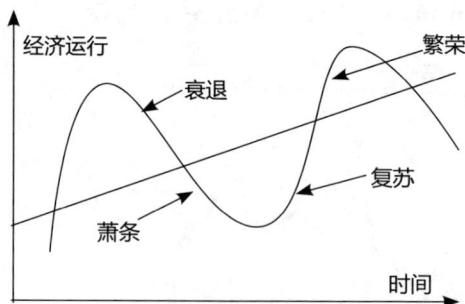

图5-14 经济周期的4个阶段

如图5-14中的4个阶段会不断进行循环，在期货市场中，每个阶段会有如下所示的具体表现。

①在国内经济处于繁荣时期，商品期货的存量会高度集中，价格并不高，期货合约的价格呈下降趋势。

②进入经济衰退期，市场表现开始走弱，人们将资本投入投资市场，商品期货市场的资本存量和流量在短期内会增加，合约价格会大幅上扬。

③经济进入萧条期，一般来说这是国内经济最困难的时候，居民收入减少，生产力降低，这时商品期货的价格必定会出现下降的走势。

④经济摆脱低迷开始复苏，此时居民收入开始增加，商品期货的价格会同其他商品价格一样逐步回升。

理财贴士 *从经济周期分析期货有哪些注意要点*

在利用经济周期分析期货时，要注意如下一些要点。

一次完整的经济周期跨度可能会很长，有的长达几十年之久，而期货市场不可能有如此长的时间跨度，因此最好利用一个完整经济周期中的小周期来进行分析。

投资者进入期货市场，不能因为当前合约价格上涨就判断当下为复苏期或繁荣期，一定要结合过去的价格数据进行综合长期考量。

利用经济周期分析期货，最重要的是区分并掌握当下是长线还是短线，具体的案例如下所示。

实例分析

利用经济周期分析期货运行

如图 5-15 所示为沪铜 2010 期货合约 2018 年 9 月至 2019 年 6 月的 K 线走势。

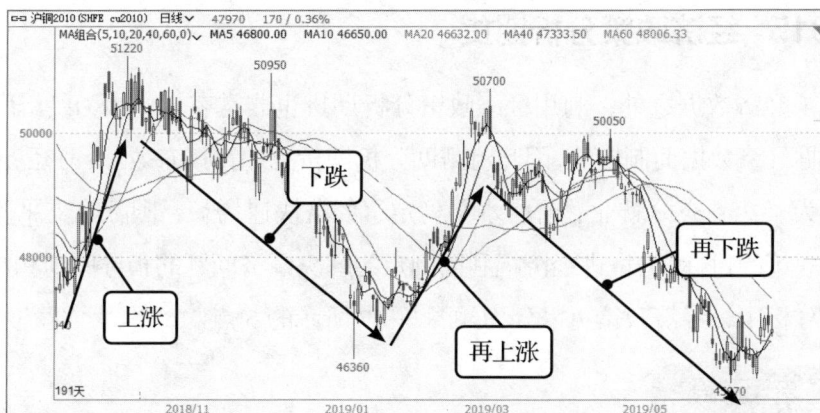

图 5-15 沪铜 2010 期货合约 2018 年 9 月至 2019 年 6 月的 K 线走势

从上图的 K 线走势中可以看到，沪铜 2010 期货合约经历了上涨 – 下跌 – 再上涨 – 再下跌，可以将其视为一次运行周期。再看看其长线周期下的 K 线变化，如图 5-16 所示为沪铜 2010 期货合约 2009 年至 2019 年的 K 线走势。

图 5-16 沪铜 2010 期货合约 2009 年至 2019 年的 K 线走势

从上图的 K 线走势可以看出，长线周期下，沪铜 2010 期货合约也经历一次完整的经济运行周期，即经历了上涨→下跌→再上涨→再下跌。然而沪铜 2010 期货合约 2018 年 9 月至 2019 年 6 月的短线经济周期阶段却处于长线经济周期中的下跌过程中，属于整个循环周期中的一环。

NO.015　经济政策分析期货

除了经济数据之外，利用经济政策分析期货也非常有效。因为经济政策是政府根据经济数据而制定的，因此对帮助分析期货更加直接有效。所谓经济政策，是政府为了达到充分就业、价格水平稳定、经济快速增长、国际收支平衡等宏观经济政策的目标，为增进经济福利而制定的解决经济问题的指导原则和措施。在期货分析中，经济政策可以分为如图 5-17 所示的 3 点。

宏观政策

宏观政策是指国家对经济运行态势的总体把握，是保持经济总量的基本平衡，促进经济结构的优化，引导国民经济持续、迅速、健康发展，推动社会全面进步的经济措施。

宏观调控职能

宏观调控是政府实施的政策措施以调节市场经济的运行，宏观调控针对经济运行主要从货币手段和财政手段两方面来控制市场运行。

行业政策

行业政策是包含在宏观政策和宏观调控之中的，它是指国家对某一行业的发展部署与调控。如当国家重点发展三农经济时，农产品期货一定会表现出强烈上涨的势态。

图 5-17　和期货有关的经济政策

实例分析

利用经济政策分析期货运行

2014 年，国家进一步加强了对房地产市场的监管，不仅从价格上严格控制，更从建材销售、质量把控上严格审查，打击了非法抬升价格的现象。在这种情况下，建材的品种螺纹钢在 2014 年呈现连续下跌趋势，如图 5-18 所示。

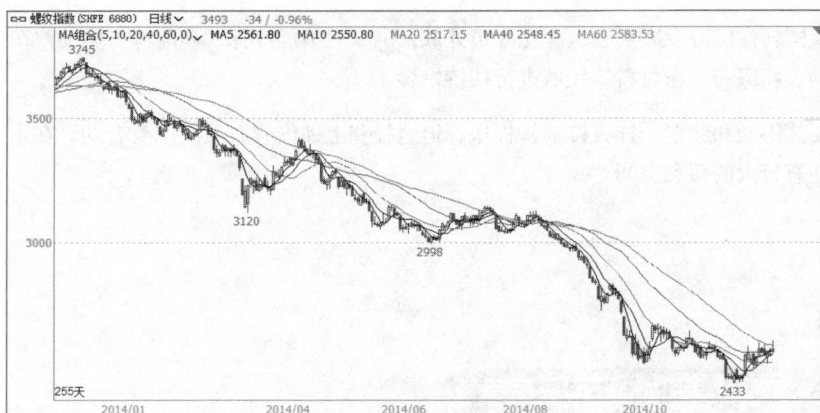

图 5-18　2014 年螺纹钢价格不断下跌

2014 年 9 月 18 日，某省政府国资委为监管企业改革，将几家大型建筑企业作为国资委监管（改革）试点企业。具体从指导改革、完善监管制度，对原有的 86 项规范性文件进行清理，废止 29 项，起草和修订了 21 项制度性措施几方面进行。在这种情况下，螺纹钢 2014 年 9 月 18 日价格从开盘到收盘一直呈现下跌趋势，如图 5-19 所示。

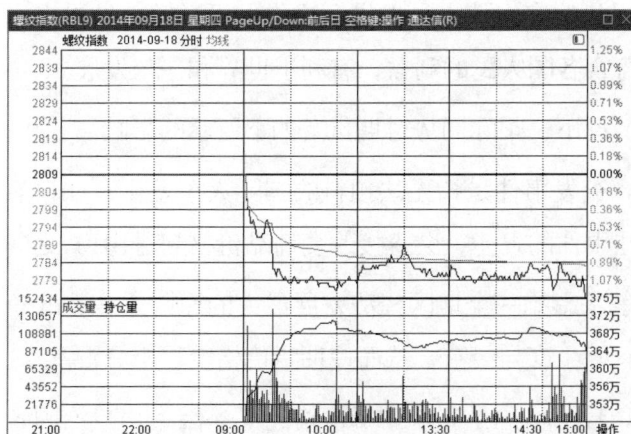

图 5-19　2014 年 9 月 18 日螺纹钢价格分时图

理财贴士 *利用政策因素选择期货合约*

当投资者不知道如何选择一份期货合约时，利用政策因素进行选择是比较有效的。

随着我国转变经济发展形态、深化改革开放，国家对节能环保、新能源、电动汽车、智能电网、新医药、新材料等领域进行扶持发展。

期货虽然不能和股票一样直接选择板块，但选择和上述内容有关的期货合约，在未来将很可能有较大的获利空间。

5.4 其他基本面因素

除了从供求关系、经济数据、经济政策等方面分析期货行情外，由于期货价格还受其他多种因素的影响，所以还能从以下一些内容进行分析。

NO.016 国际局势对期货的影响

期货作为一种和货物商品息息相关的投资产品，受国际局势的影响是很大的。当今国际局势的突出特点是世界多极化不可逆转。世界走向多极化是时代进步的要求，符合各国人民的利益，有利于世界和平与发展。

在这样的情况下，国际局势对期货有如下所示的影响。

突发事件。突发事件是指无法预料的国际大事发生，如自然灾害、恐怖袭击事件等，这些事件的发生，会直接改变商品价格与进出口，影响期货市场。

战争。战争是影响一个地区经济发展最大的原因之一，战争在一定程度上会直接改变原有的生产与经营，从而使期货价格变得十分混乱。

政治格局。政治格局是影响期货价格的又一因素，政治因素包括大国的政治博弈、局部地区的对垒等。当一国与另一国有贸易壁垒时，期货会受到冲击。

NO.017　开采、运输、仓储条件等对期货的影响

除了本章前面所讲到的内容外，在期货基本面分析中，开采技术、运输条件、仓储条件以及气候条件等也十分重要。

具体的影响如图 5-20 所示。

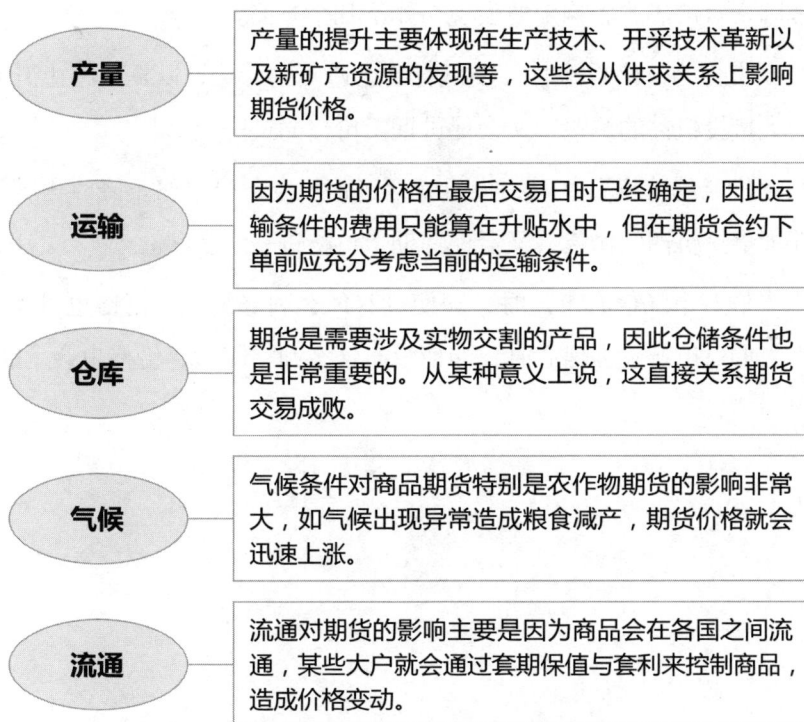

产量	产量的提升主要体现在生产技术、开采技术革新以及新矿产资源的发现等，这些会从供求关系上影响期货价格。
运输	因为期货的价格在最后交易日时已经确定，因此运输条件的费用只能算在升贴水中，但在期货合约下单前应充分考虑当前的运输条件。
仓库	期货是需要涉及实物交割的产品，因此仓储条件也是非常重要的。从某种意义上说，这直接关系期货交易成败。
气候	气候条件对商品期货特别是农作物期货的影响非常大，如气候出现异常造成粮食减产，期货价格就会迅速上涨。
流通	流通对期货的影响主要是因为商品会在各国之间流通，某些大户就会通过套期保值与套利来控制商品，造成价格变动。

图 5-20　开采、运输、仓储条件等对期货的影响

理财贴士　*基本面分析其他目的*

期货作为一种交易，不仅价格上会受到各种因素的影响，交易也会出现变动。因此从基本面分析期货时，不能只看它对价格的影响。

如上面内容所讲，运输条件、仓储条件等会在某些程度上增加期货交易的成本。期货交易所有可能变更期货合约，或是直接在竞价中提高价格。

NO.018 心理因素

在进行期货投资的时候，投资者的心理控制应该算是投资技巧之一，但是，因为每个人都会因为心理变化而做出相应的操作，加上期货市场中有大量的投机者，所以心理因素就成为基本面的分析内容之一。

心理因素对市场的影响主要表现在如下几个方面。

①当期货合约价格看涨时，投机者会迅速买进合约，以期价格上升时抛出获利，而大量投机性的抢购，又会促进期货价格的进一步上升。

②当期货合约价格看跌时，投机者会迅速卖空，当价格下降时再补进平仓获利，而大量投机性的抛售，又会促使期货价格进一步下跌。

③当人们对市场信心十足时，即使没有什么利好消息，价格也可能上涨；反之，当人们对市场失去信心时，即使没有什么利空因素，价格也会下跌。

第 **6** 章

期货的价格走势分析

在本书前面的章节中，几乎每一章都用到了价格走势图，然而前面只是简单地介绍了价格的涨跌，并没有深入地讲解价格走势图所蕴含的深刻含义。从本章开始，将对期货的价格走势进行分析。

6.1 分时图分析期货价格

我们知道期货是 T+0 的交易模式，因此期货合约在一天之内就可以完成买卖，为了更好地把握一天之内的买卖点，利用分时图分析是非常有必要的。

NO.001　认识期货分时图

所谓分时图，是指盘面的动态实时（即时）分时走势图，在实战研判中的地位极其重要。

图 6-1 展示了一幅完整的期货分时图（不同交易软件的分时图 /K 线图可能有所差异，本书采用的是赢顺软件的图形）。

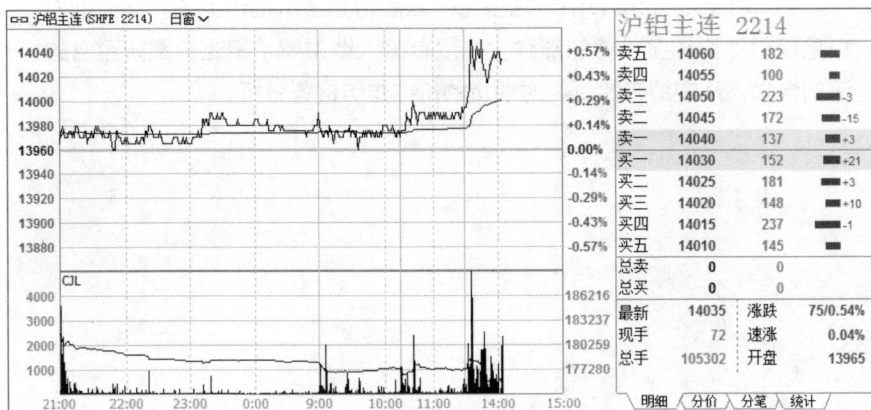

图 6-1　一幅完整的期货分时图

在一幅完整的期货价格分时图中，会包含如下一些内容。

图形名称。显示在图形的左上角，包括期货合约名称、交割日期、分时图显示时间等内容。

盘口信息。盘口信息一般在分时图的右侧，也可以算作分时图的一部分，内容为当前合约的盘口数据，包括最新价格、涨跌情况和持仓量等。

横坐标。横坐标为时间坐标，单位刻度为 1 小时。当放大分时图显示的时候，具体的分钟刻度会显示出来。

纵坐标。纵坐标为价格坐标，如果有不同的窗口显示技术指标，纵坐标会由不同的颜色显示不同的数据。

成交价。分时成交价是分时图中最重要的元素，它用曲线将每分钟的成交价格连接在一起，最终形成了价格走势。

均线。均线表示当日成交金额除以总成交量的曲线，一般和价格曲线颜色相反。

涨幅。涨幅具体为涨跌幅，是在分时图右侧的纵坐标，表示当前价格相对于开盘价的涨跌幅度。

成交量。成交量是反应当前价格成交数量的数据，在上图中，成交量是向上或向下不同颜色的柱体。

NO.002　分时图的开盘技巧

在对分时图的基本性质有了一定了解之后，就可以从应用的角度来看看在不同的情况下如何分析分时图。

（1）跳空高开

所谓跳空高开，是指开盘价格超过上一交易日的最高价格的现象，具体的形态如图 6-2 所示。

理财贴士　*缺口理论*

因为跳空高开是高于上一交易日最高价的走势，因此一定会形成价格缺口，这就带来了缺口理论。

一般来说，跳空高开的缺口是一定会被补回的，因为任何国家任何期货市场的指数总体趋势都是向上的，因此在较低位置形成的突破性缺口是可以不补的，但是跳空低开的缺口是一定会补上的。

图 6-2 期货价格跳空高开

当出现跳空高开的时候，有如下的一些投资建议。

◆ 跳空高开后半个小时内，如价格一直运行在缺口上方强势上涨，则可判断当日收阳线，可在盘中回调时进行调整。

◆ 跳空高开后半个小时内，先下跌，补完缺口后再上扬，如在 10 点时处于上涨状态的话，也应判断当日收阳，但准确的概率没有第一种高。

◆ 跳空高开后半个小时内，价格一路下跌，在 10 点时处于下跌状态，则应判断当日收阴，要小心操作。

（2）平开

平开是指当日的开盘价与昨日的收盘价持平，因此在期货特别是金融期货中，当期货价格出现平开的时候，有如下的投资建议。

◆ 在开盘半个小时内，如果价格一路强势上扬，则当日收阳。

◆ 在开盘半个小时内，如果价格一路下跌，则当日收阴。

◆ 在开盘半个小时内，如期货价格先跌后涨，并在 10 点时处于上涨状态，则判断当日收阳。

◆ 在开盘半个小时内，如期货价格先涨后跌，并在 10 点时处于下跌状态，则判断当日收阴。

平开是比较容易出现的，具体的形态如图 6-3 所示。

图 6-3 期货价格平开

（3）低开

所谓低开，是指当日的开盘价格低于上一个交易日的收盘价格，在期货合约中这种情况也经常出现，具体形态如图 6-4 所示。

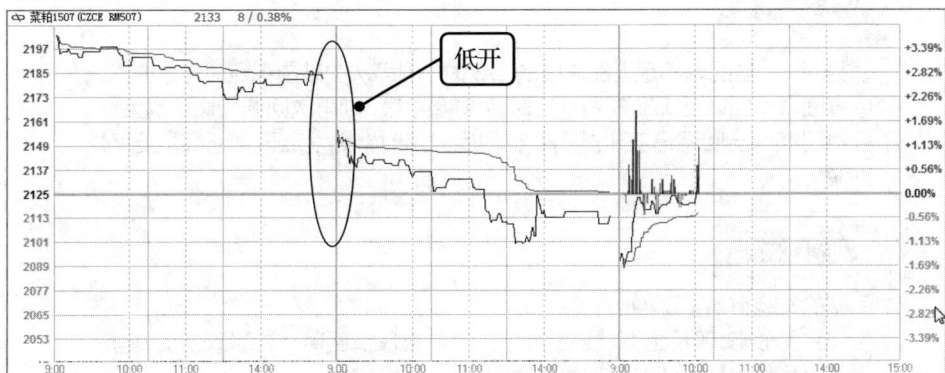

图 6-4 期货价格低开

当期货价格出现低开的时候，有如下的投资建议。

◆ 如低开后半个小时内持续下跌，则判断当日大盘收阴，此种准确率较高，且当日容易大跌。

◆ 当低开后半个小时内马上补缺口一路上扬，则当日收阳的概率很高。

◆ 当低开后半个小时内先出现反弹，但缺口没有补完，在10点左右又下跌，则当日收阴。

◆ 当低开后半个小时内补完缺口再下行，则可判断当日收阴。

NO.003　分时图的回调技巧

开盘之后，分时图会随着时间不断变化，因此分时图中出现的回调情况是我们下单前的重要分析数据之一。

在期货价格的回调中，要注意看如图 6-5 所示的 3 方面因素。

回调时间

短时回调：回调时间远小于上涨时间，回调时间越短，再上涨力度幅度越大。
中时回调：回调时间接近上涨时间，此时量能越大，再次上涨的幅度越大。
长时回调：回调时间远大于上涨时间，再上涨可能较小，难以继续做多，此时可以通过震荡盘面化解压力。

回调力度

弱势回调：当回调不足上涨波段的 1/3 时，则再次突破前高点时可以介入。
中度回调：回调至 1/2 左右，这时若量能越大，则再次回调的概率越大。
强势回调：当回调幅度超过 1/2 或彻底回落时，则很难再创新高，要坚决回避。

回调量能

回调的量能有如下两种情况。
呈现完美形态：股价上涨，成交量成正三角形；股价回落，成交量成倒三角形。
无量上涨和放量回调的形态要坚决回避。

图 6-5　期货回调的 3 种情况

NO.004　分时图的应用技巧

分时图看盘实际上是很简单的，但要充分利用分时图快速找到最佳的期货合约买卖点，还需要注意图 6-6 所示的几点技巧。

配合K线图	在一个交易日未结束之前，是不会有K线图的，在分析往期数据时，必须配合前期K线图才可以找到买卖点。
盘中跳空	"跳空"情况不仅出现在开盘时，在中途有时也会出现较大幅度的价格变化，与"跳空"十分类似。
直线分时图	在期货分时图中特别是黄金等商品合约的分时图，是很容易出现一条直线的，这种产品利用分时图的意义不大。
量价关系	使用分时图同样需要注意成交量的变化，当成交量增加时，在期货中很可能造成价格的上涨。
勿逆操作	期货合约是可以进行双向买卖的，但在日内交易中，进行双向交易的意义不大，最好是进行低买高卖。
时间选择	在时间选择上，要严格根据分时图的早盘策略，遵守开盘、回调原则，在尾盘时，最好不要进行任何操作。

图6-6 分时图的应用

NO.005 在分时图中找到买卖点

在一些日内价格波动较为剧烈的期货合约中，利用分时图寻找最佳买卖点是比较重要的，如在图6-7所示的分时图中，我们可以找到如下的一些买卖点（只考虑低买高卖）。

卖点①：开盘后表现上涨但很快表现下跌，此时可卖出上一交易日未出货的合约，并且预判今天的价格走势。

卖点②：当天价格的高点，并持续了一段时间，是卖出的好时机。

买点①：该处是一天之内价格最低的时候，也是最佳的买入时机，当然这样的低点是很难判断的，只要在该点前后都可以进行买入操作。

买点②：经历了一轮上涨下跌行情后，价格止跌回升，说明新一轮上涨行情即将来临，此时为第二个买点。

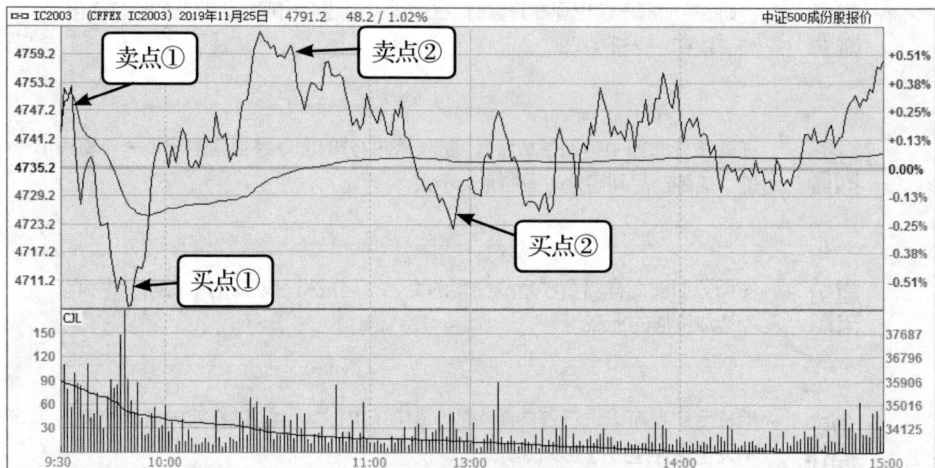

图 6-7 在分时图中找买卖点

6.2 认识期货价格 K 线图

除分时图之外，对于期货价格来说更为重要的分析工具就是 K 线图。K 线图经过长期的发展与进步，如今已经成为人们分析金融工具的重要手段。接下来的内容将重点介绍期货合约中 K 线图的意义。

NO.006 认识什么是 K 线图

K 线图，又称为阴阳线图，起源于日本。因为 K 线图的画法独特、效果显著，被人们广泛运用于股票、贵金属、期货的价格分析中。

K 线图包含 4 个数据，即开盘价、最高价、最低价、收盘价，所有的 K 线都是围绕这 4 个数据展开，反映大势的状况和价格信息。一幅完整的期货价格日 K 线图形态如图 6-8 所示。

图 6-8　一幅完整的期货价格 K 线图

在上图中，各部分的意义如表 6-1 所示。

表 6-1

要素	说明
图形名称	显示在图形的左上角，包括期货合约名称、交割日期、K 线的统计周期等内容
横坐标	时间坐标，不同的统计周期显示的单位时间是不同的
纵坐标	期货合约的价格坐标
K 线	每个统计周期的价格情况，由柱体与影线组成
均线	按照统计周期，将一段时间内总成交额除以成交量的数据相连接后得到的趋势线

NO.007　K 线图的绘制

要分析 K 线图，首先应该知道 K 线图是如何绘制而成的。一根完整的 K 线往往是由实体和影线两部分组成，在实体上方的影线叫作上影线，在实体下方的影线叫作下影线，而实体有阴线与阳线的区分，各部分具体如图 6-9 所示。

阴线	在一天的价格中，如果收盘价低于开盘价，则画出阴线，用一根实心的柱体表示。
阳线	在一天的价格中，如果收盘价高于开盘价，则画出阳线，用一根空心的柱体表示。
上影线	在 K 线图中，柱体上方的线称为上影线，它表示一天之中价格向上运行的价位。
下影线	在 K 线图中，柱体下方的线称为下影线，它表示一天之中价格向下运行的价位。

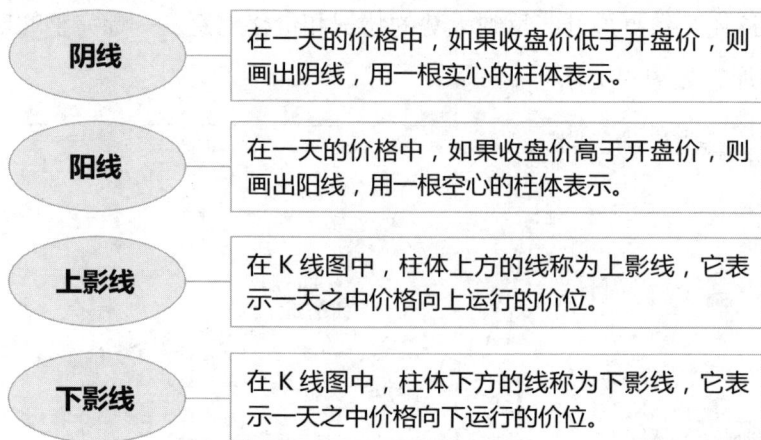

图 6-9　K 线各部分的意义

如果从单根 K 线的图形来看，K 线各部分的意义如图 6-10 所示。

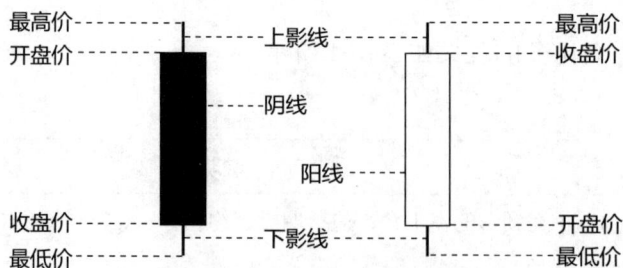

图 6-10　单根 K 线的意义

NO.008　K 线图的优缺点

K 线是金融投资中表示价格应用最普遍的图形，它有其自身的优势，当然也有明显的缺陷。

（1）K 线图的优点

K 线图具体的优势，主要体现在它的基础作用上，如图 6-11 所示。

价格
清晰

K 线图可以将每个交易日的开盘价、最高价、最低价和收盘价表示出来，让投资者无须面对复杂的数据。

K 线图有不同的统计周期，它可以很清晰地展示各个阶段的价格走势，有利于投资者找到最佳的买卖点与预判趋势。

走势
明朗

利于
分析

在 K 线图中，可以充分利用各类技术指标与趋势线，这可以帮助投资者更好地确定投资时机。

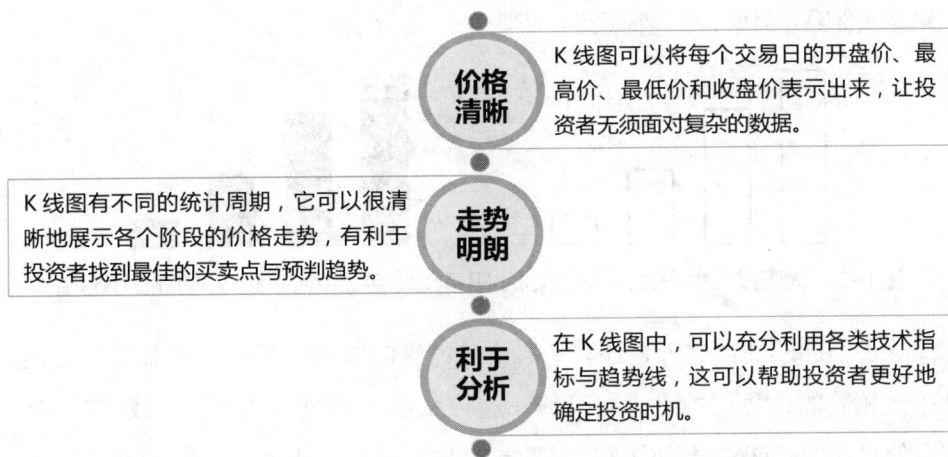

图 6-11 K 线图的优势

（2）K 线图的缺点

有优点也有缺点，利用 K 线图分析价格走势有如图 6-12 所示的缺点。

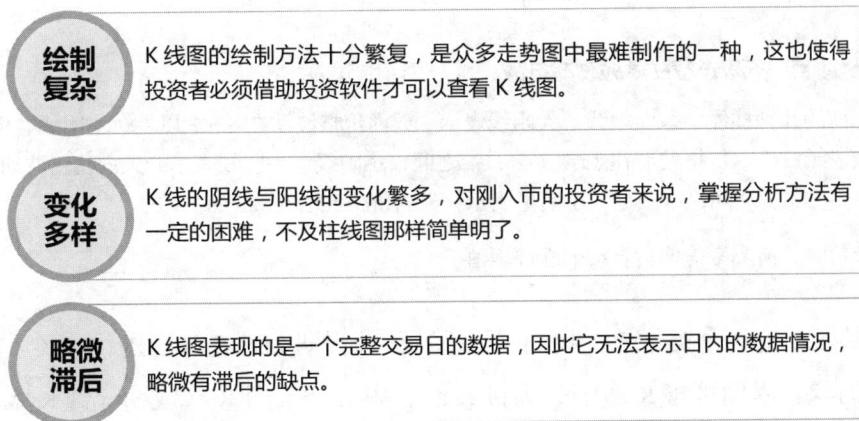

绘制
复杂

K 线图的绘制方法十分繁复，是众多走势图中最难制作的一种，这也使得投资者必须借助投资软件才可以查看 K 线图。

变化
多样

K 线的阴线与阳线的变化繁多，对刚入市的投资者来说，掌握分析方法有一定的困难，不及柱线图那样简单明了。

略微
滞后

K 线图表现的是一个完整交易日的数据，因此它无法表示日内的数据情况，略微有滞后的缺点。

图 6-12 K 线图的缺点

NO.009 K 线与 K 线图的分类

如果我们按照 K 线的形态对其进行分类，那么 K 线大致可以分为阳线、阴线和同价线 3 种。而按照柱体的长短，又可分为大阳线、中阳线、小阳线、小阳星及大阴线、中阴线、小阴线、小阴星，具体如图 6-13 所示。

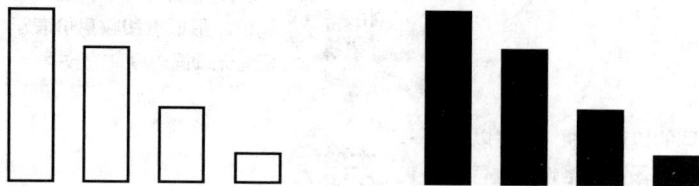

图 6-13　大阳线、中阳线、小阳线、小阳星及大阴线、中阴线、小阴线、小阴星

　　除了上面的柱体之外，还有一种比较特殊的 K 线形态，即收盘价与开盘价几乎是相等的，我们称之为同价线。这种 K 线一般是用"十"字或"T"字来表示的。在商品期货合约中，这是非常容易出现的，具体如图 6-14 所示。

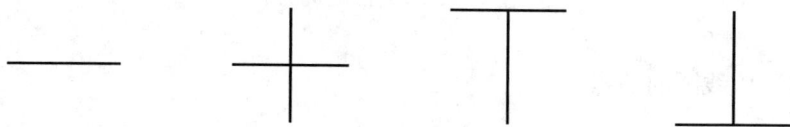

图 6-14　同价线

理财贴士　*不同长短柱体的波动范围*

在上面的几种柱体中，大阳线、大阴线表示一天内价格波动在 3.6% 以上；中阳线、中阴线表示一天内价格波动在 1.6% ~ 3.5% 之间；小阳线、小阴线表示一天内价格波动在 0.6% ~ 1.5% 之间；小阳星、小阴星表示一天内价格波动在 0.5% 左右。

在分析时，需要考虑期货合约的涨停板值。

　　除了上述的分类之外，我们还可以从统计周期上对 K 线图进行分类。根据不同的统计周期可将 K 线图分为日 K 线、周 K 线、月 K 线或 5 分钟 K 线、15 分钟 K 线、60 分钟 K 线等。每种类型有如下所示的意义。

◆　分时 K 线图：表示在统计时间内的成交均价。

◆　日 K 线图：表示一个完整交易日中的开盘价、收盘价、最高价、最低价。

◆　周 K 线图：是以周一的开盘价、周五的收盘价及一周内的最高价和最低价来绘制的（若是周五、周六可以进行交易的产品，则收盘价以星期天的收盘价计算）K 线图。

◆ **月K线图**：是以一个月第一个交易日的开盘价及最后一个交易日的收盘价以及中间的最高价、最低价来绘制的。

在如今的交易软件中，都可以选择不同统计周期的K线图，如图6-15所示。

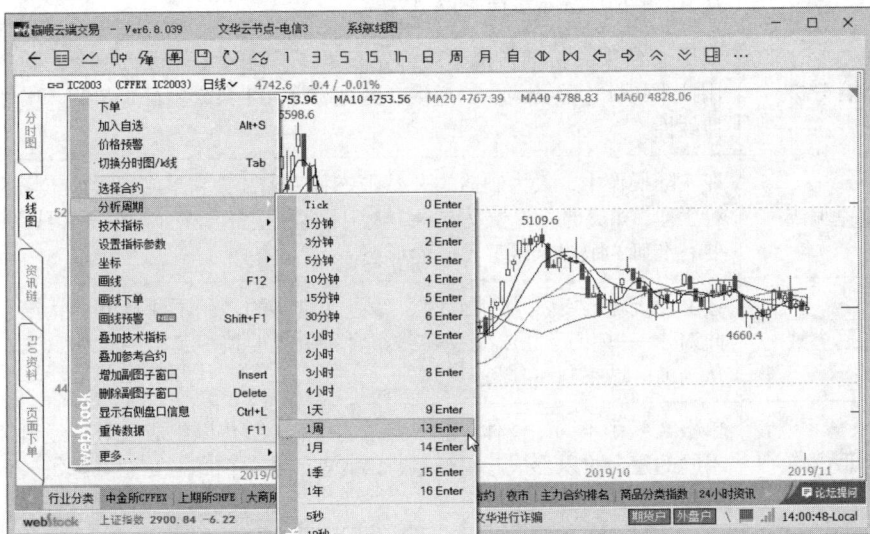

图 6-15 选择不同统计周期的 K 线图

NO.010　K 线图的使用技巧

作为一名刚入市的期货投资者，掌握 K 线图的使用技巧是非常有必要的。它可以帮助我们更快捷地分析盘面，避免进入操作误区。

对于 K 线图的简单使用技巧，有如表 6-2 所示的几条。

表6-2

技巧	说明
分析心理	期货的交易是一个多空双方博弈的过程，在期货交易时，我们看到的是直观的价格波动，它直接反映了交易双方的心理，如果看出了多空对垒的势态，则很容易判断未来的变化趋势

续表

技巧	说明
化繁为简	无论一天之内期货的价格如何变化，在K线图中都可以表现为开盘价、收盘价、最高价与最低价4个因素，投资者需要抛开沉重的价格压力，从K线图中找到最简单的入市方法
综合分析	利用K线来分析期货价格，首先需要将不同的K线进行组合，其次利用技术指标、趋势线、通道线、区域统计等工具来验证走势的真实性与持续性
避免骗钱	在实际操作中，人为制造的K线形态称为骗钱，它是庄家操纵市场的一种手段，如突遇一根相反方向的大阴线等。投资者在分析期货K线图时，要有准确的眼光来区分不同的形态
张冠李戴	在K线形态中，形状相似的K线是非常多的，稍不注意就会认错，因此对于一些相近的K线或K线组合，首先要搞清楚它的具体意义，再从当前区域来判断其长短形态
熟悉信号	单根K线由不同的柱体与影线组成，几根K线可以组成一个K线组合，不同的组合可以形成趋势信号，因此在入市之前，一定要熟悉每一种K线信号，并随时应用

6.3 单根K线的意义

在分析K线图的时候，最基础的是掌握不同形式的单根K线在盘面中的作用。所谓单根K线，是指只有一根柱体的K线，它是K线图的组成部分，是趋势变化的奠基石。下面我们一起来认识不同的单根K线及其应用。

NO.011 小阳星

小阳星是一种柱体很短的阳线，并包含上、下影线，如图6-16所示。

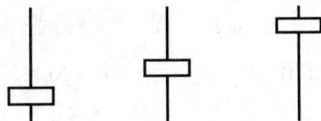

图 6-16 小阳星形态

小阳星表示全天的期货价格波动很小，开盘价与收盘价非常接近，但收盘价略高于开盘价。小阳星表示当前的行情处于混乱的阶段，后市的涨跌一般较难预测。小阳星常常被看作是 K 线组合形式的标志。

小阳星在期货合约盘面中的形态如图 6-17 所示。

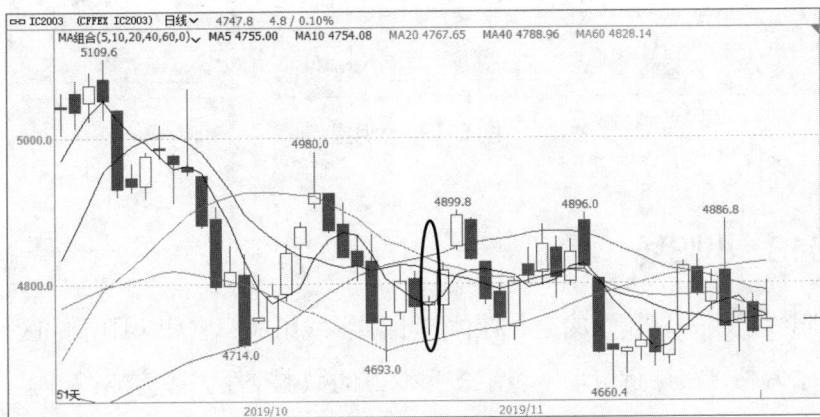

图 6-17 小阳星

NO.012　小阴星

小阴星和小阳星类似，是由一根柱体很短的阴线及上下影线组成，具体形态如图 6-18 所示。

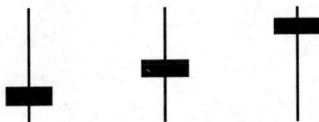

图 6-18 小阴星形态

小阴星表示收盘价略低于开盘价，整个趋势趋于疲软，而且总体方向尚不明确。小阴星在期货合约盘面中的形态如图 6-19 所示。

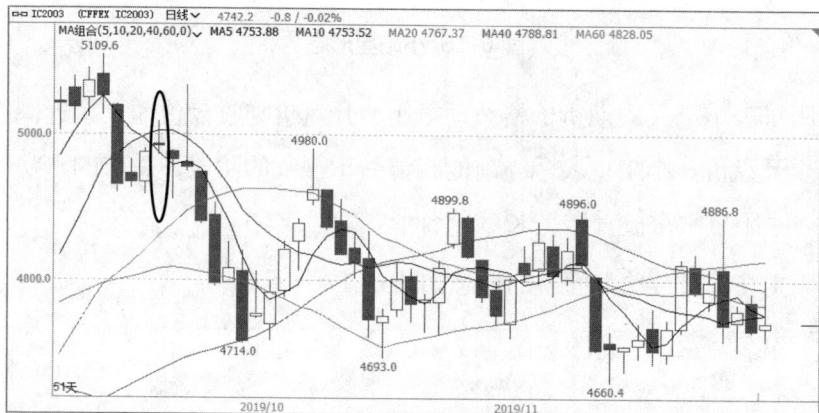

图 6-19 小阴星

NO.013 小阳线

小阳线是由一根较短的空心柱体与上下影线组成，它和小阳星的区别在于柱体略微偏长，在期货市场中表示多空双方的微弱交手，多方略微占上风，但上攻乏力，后市同样不太明朗，具体的形态如图 6-20 所示。

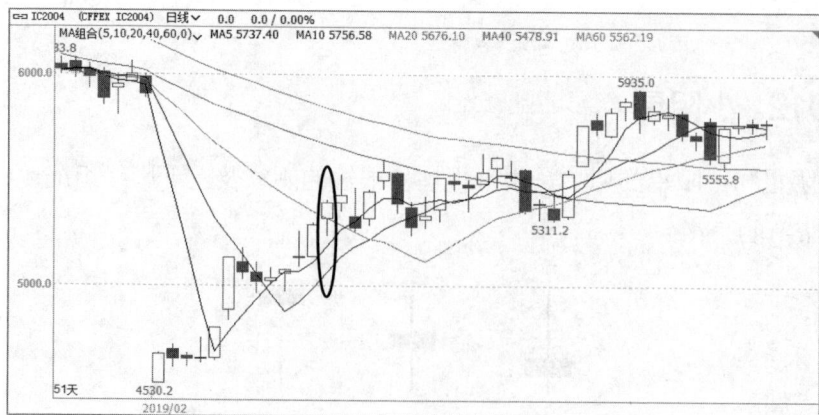

图 6-20 小阳线

NO.014 小阴线

小阴线和小阳线是形态完全相反的 K 线，是由一根相对较长的实心柱体与上下影线组成。

当出现小阴线时，表示多空双方正在交锋，且空方略微占据上风，但不会出现较大幅度的下跌，具体的形态如图 6-21 所示。

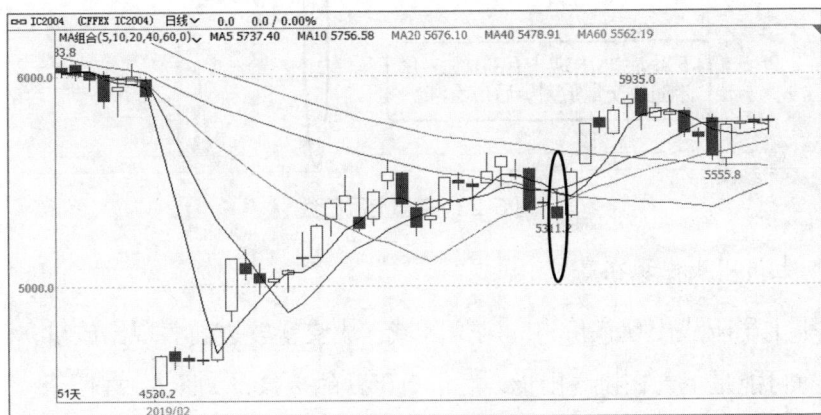

图 6-21 小阴线

NO.015 上吊阳线

上吊阳线也叫作吊颈线，是一种柱体为阳线，长度很短，无上影线，下影线很长且长度必须超过实体的 K 线，如图 6-22 所示。

图 6-22 上吊阳线

◆ 上吊阳线出现在底部

上吊阳线如果发生在价格的底部，并伴随着成交量的逐步上涨，则后市是看涨的，具体如图 6-23 所示。

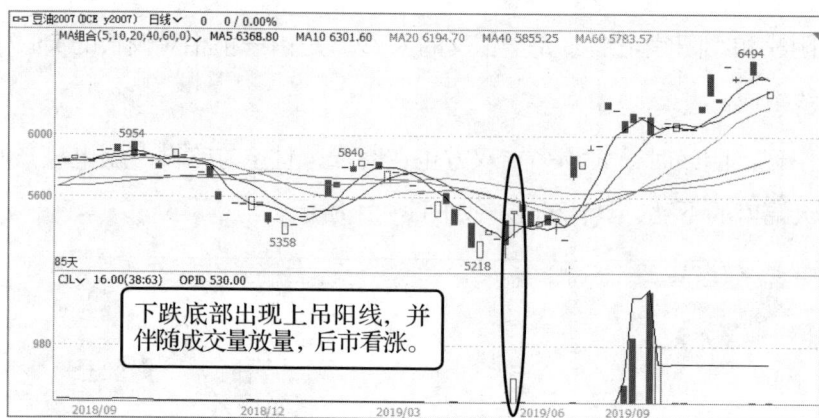

图 6-23　底部上吊阳线

◆　上吊阳线出现在高位

如果上吊阳线出现在价格的高位区域，成交量较之前表现出放量，这种现象则极有可能是主力在拉高出货，后市有下跌的迹象，如图 6-24 所示。

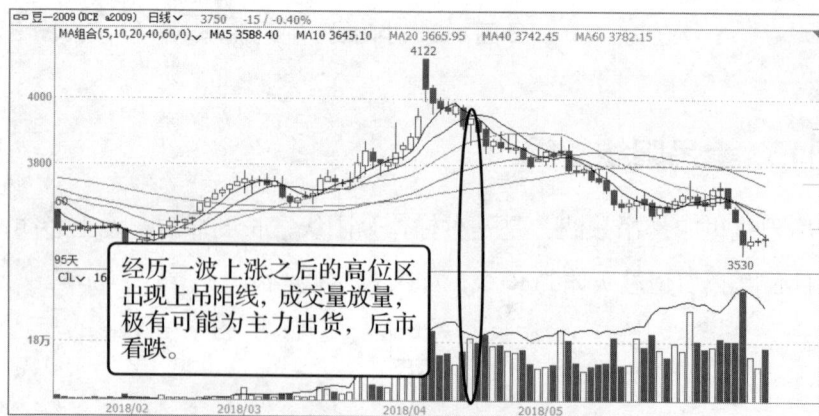

图 6-24　高位上吊阳线

NO.016　上吊阴线

上吊阴线和上吊阳线是完全相反的 K 线，也可以称之为锤子线。上吊阴线柱体为较短的阴线，无上影线，下影线很长。上吊阴线同样分为出现在高位和低位两种情况，在低位时预示上涨，高位时预示下跌，如图 6-25 所示。

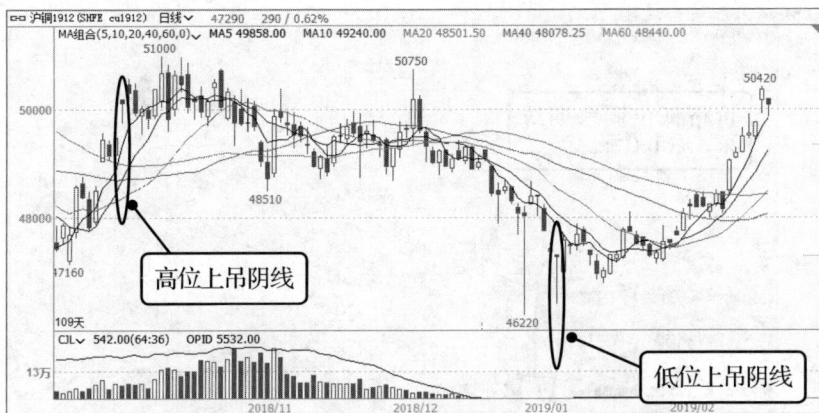

图 6-25　上吊阴线

NO.017　光头阳线

光头阳线是指当天的最高价为收盘价的 K 线，也就是说没有上影线，柱体为阳线。与上吊阳线不同的是柱体很长，而影线较短。

光头阳线如果出现在上涨行情的高位区域，说明很有可能是主力拉高出货，后市看跌，如图 6-26 所示。

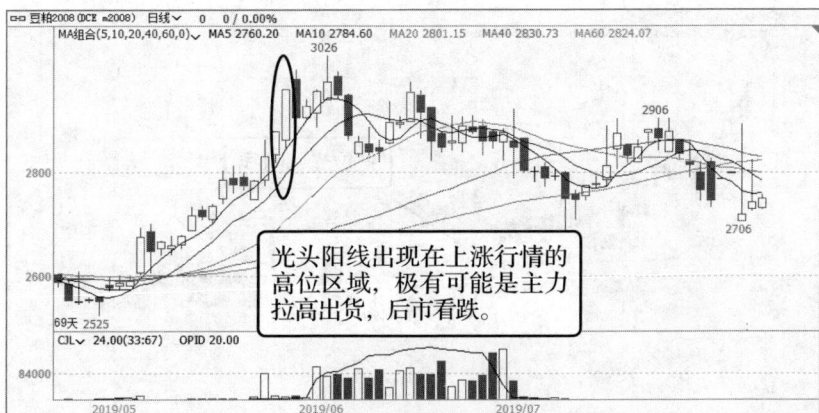

6-26　高位光头阳线

如果光头阳线出现在低位区域，说明价格低位调整期结束，这预示着下跌行情结束，新一轮的上涨行情开始，如图6-27所示。

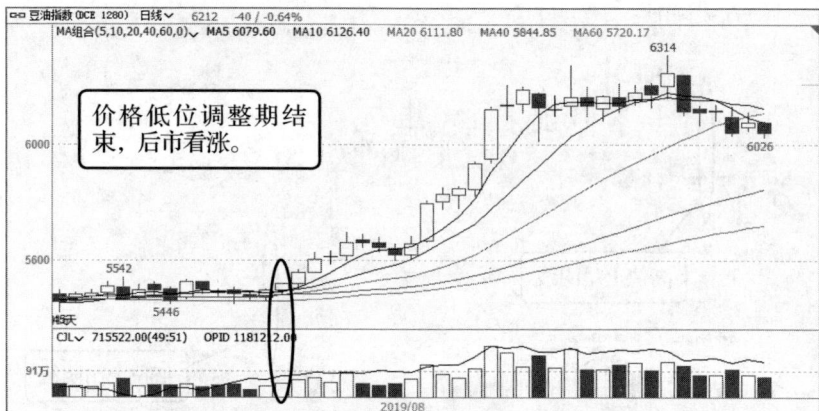

图6-27 低位光头阳线

NO.018 光头阴线

光头阴线是和光头阳线完全相反的K线形态，指当日的开盘价是最高价，此后一路下跌。虽然后面价格有所回升，但始终低于开盘价。光头阴线的柱体为阴线，没有上影线，下影线相对较短。如果光头阴线出现在低位，则说明有抄底盘的介入使得期货价格出现反弹，后市的情况并不明朗，如图6-28所示。

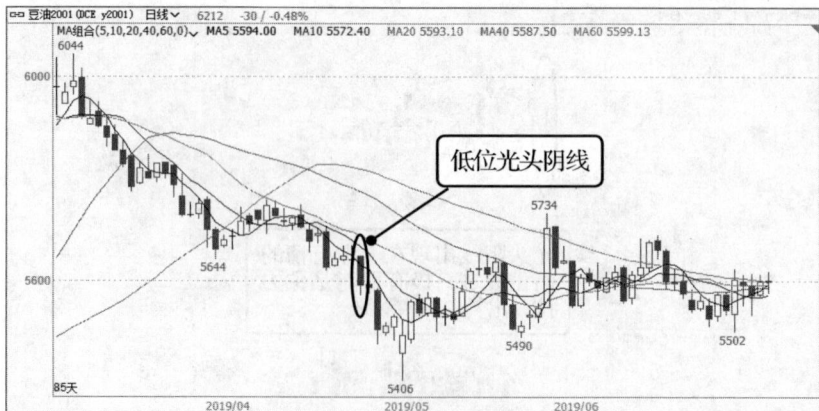

图6-28 低位光头阴线

如果光头阴线出现在高位,庄家很可能是在尾盘进行拉高,为次日做足准备,此时投资者需格外注意,后市很可能发生下跌,如图6-29所示。

图6-29 高位光头阴线

NO.019 下影阳线

下影阳线是指下影线较长的阳线,它与上吊阳线最大的不同是它有上影线,但长度会远小于下影线。下影阳线的出现,表示多空双方在交战过程中,多方占据了主导地位,如图6-30所示。

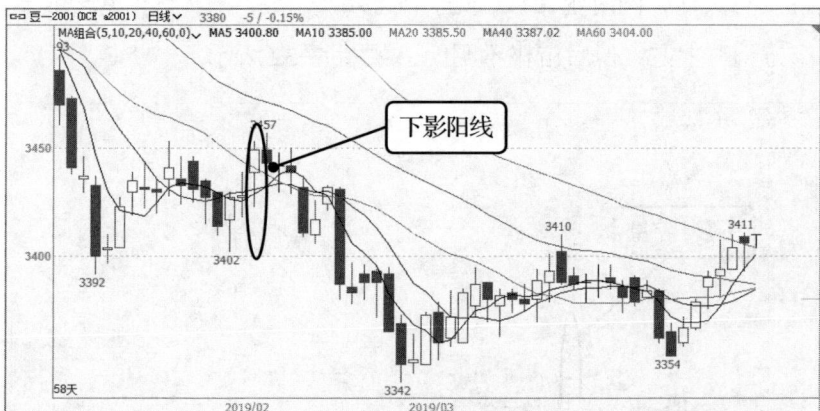

图6-30 下影阳线

NO.020　下影阴线

下影阴线是指下影线较长的阴线，与下影阳线相反。下影阴线有上影线，但长度同样小于下影线。下影阴线表示多空双方在交战过程中空方占据了主导地位，后市可能会出现微幅下跌，如图 6-31 所示。

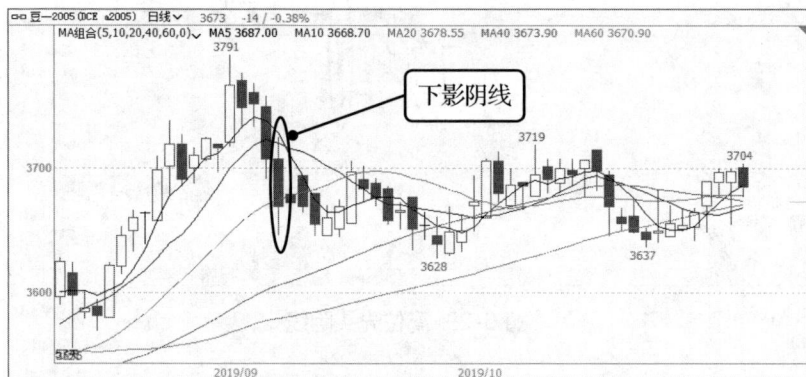

图 6-31　下影阴线

NO.021　下影十字星

下影十字星是与下影阴线相类似的一种 K 线，它表示开盘价等于收盘价，也就是说没有实体，同时上影线较短，下影线较长。下影十字星表示多空双方对垒，空方稍占上方，但后市极不明朗，如图 6-32 所示。

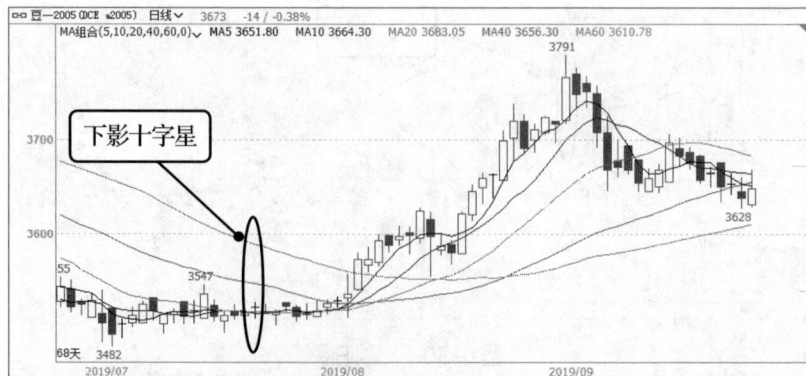

图 6-32　下影十字星

NO.022　T字线

　　T字线也是一种预示后市有下跌迹象，但后市仍不明朗的K线。T字线的开盘价、收盘价、最高价相同，没有柱体，K线上只有下影线没有上影线（或上影线非常短）。一般来说，下影线越长，则信号越强，具体如图6-33所示。

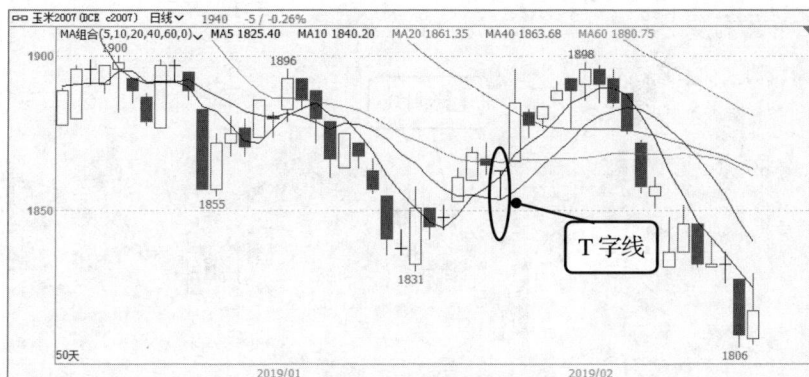

图6-33　T字线

NO.023　上影阳线

　　上影阳线与下影阳线完全相反，是指上影线远长于下影线，柱体为阳线的K线。上影阳线的出现表示多空双方在交战过程中多方虽然强势，但空方的阻力较大，如果上影线不够长，则上涨并不明显，甚至会出现下跌，如图6-34所示。

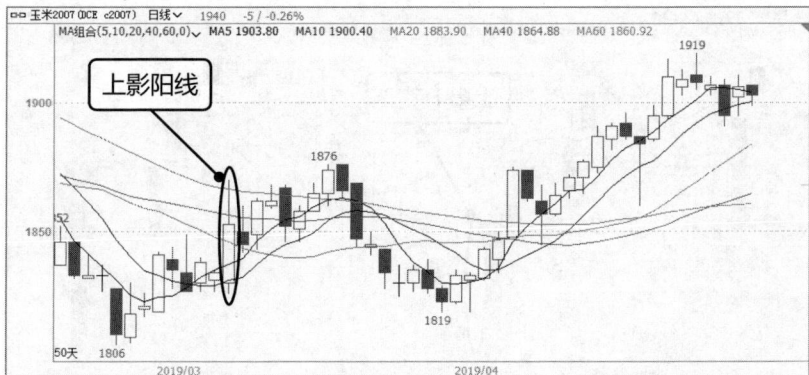

图6-34　上影阳线

NO.024　上影阴线

上影阴线与上影阳线类似，都是上影线长于下影线，只是柱体换成了实体。上影阴线的出现表示价格有明显的上涨势头，但空方反击力量强大，最终使得当日价格收阴，后市表示出疲软状态，如图6-35所示。

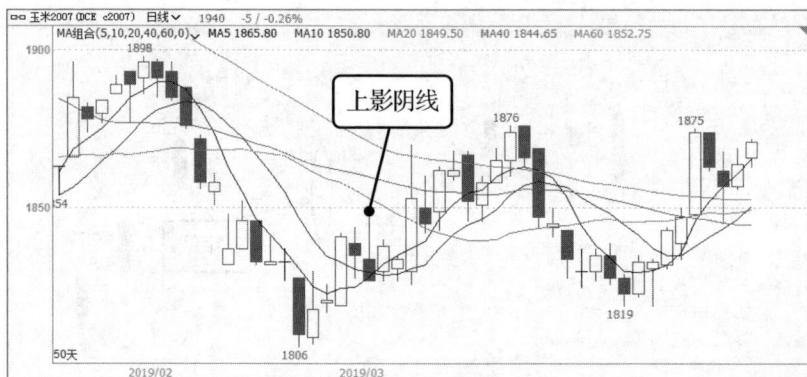

图 6-35　上影阴线

NO.025　上影十字星

上影十字星与下影十字星类似，同样是开盘价等于收盘价，没有实体。但上影十字星的上影线较长，下影线较短。上影十字星表示多空双方在交战时多方稍占上风，不过后市仍然不太明朗，如图6-36所示。

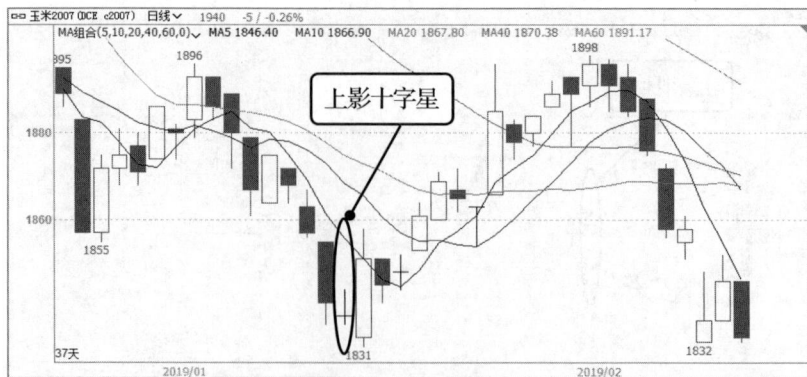

图 6-36　上影十字星

NO.026　倒 T 字线

有 T 字线，自然就有倒 T 字线。倒 T 字线指的是开盘价等于收盘价，没有实体，且只有上影线的 K 线形态。同样的，倒 T 字线表示多空对垒，上影线越长，表示多方力量较强，后市可能看涨，如图 6-37 所示。

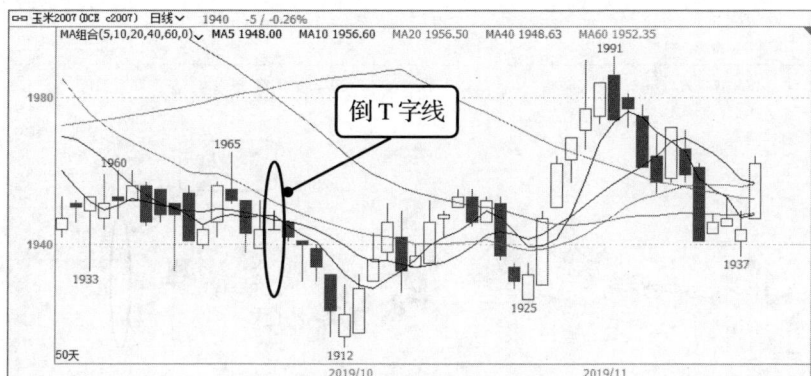

图 6-37　倒 T 字线

NO.027　十字星

在上述的十字形等 K 线形态中，还有一种比较特殊的形态，就是十字星。十字星是没有柱体且上下影线长度几乎一样的 K 线，它的出现有两种意义，一是大势即将反转，二是维持横盘，如图 6-38 所示。

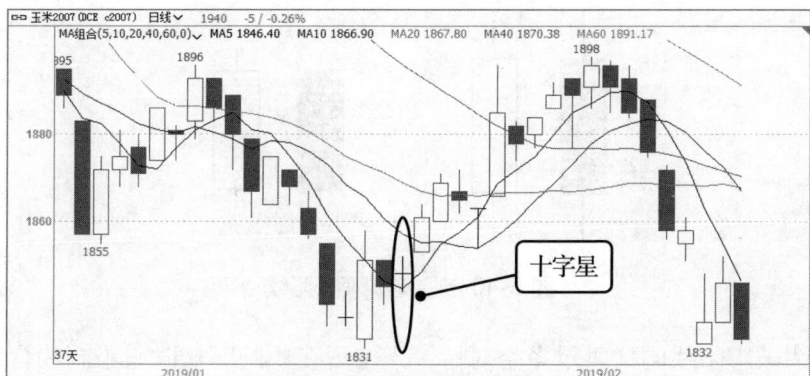

图 6-38　十字星

NO.028　一字线

在 K 线形态中，还有一种比十字星更为特殊的一字线。一字线是指一天之内没有出现任何的数据变动，没有柱体，没有上下影线。在商品期货中，出现一字线的情况比较多，但它的意义也不大，表示继续延续原趋势，如图 6-39 所示。

图 6-39　一字线

NO.029　穿头破脚阴 / 阳线

穿头破脚阴 / 阳线是一种上下都带有相等长度的 K 线，穿头破脚阳线表示多方占优；穿头破脚阴线表示空方占优，具体的形态如图 6-40 所示。

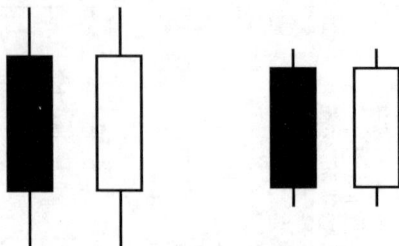

图 6-40　穿头破脚阴 / 阳线

穿头破脚阳线同样表示多空对峙，当出现在不同区域时有不同的含义。以穿头破脚阳线为例，从分时图来看，有如下的一些情况。

◆ 横盘后上涨

如果期货合约价格在全天从开盘之后多数时间都是维持在横盘整理阶段，但在临近尾盘时却突然被拉高，则预示着可能在跳空高开后出现下跌。如果在期货合约价格大涨后出现此形态，则后市不会反转，可能继续上涨。

具体的分时图如图6-41所示。

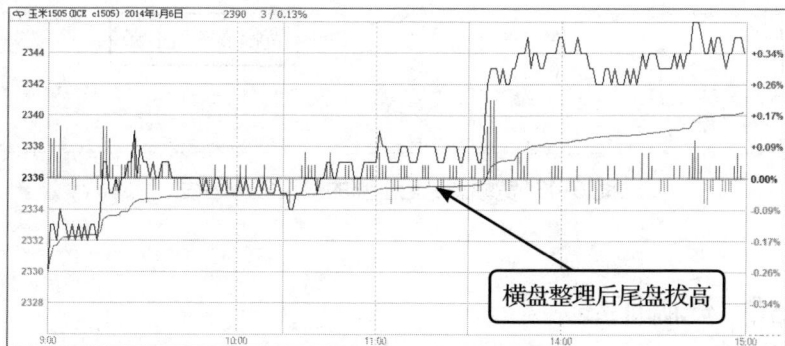

图 6-41 横盘后上涨的穿头破脚阳线

◆ 全天持续上涨

在开盘之后，如果期货合约价格逐波连续上涨，表明多方占据主导优势，价格会在后市继续上涨，如图6-42所示。

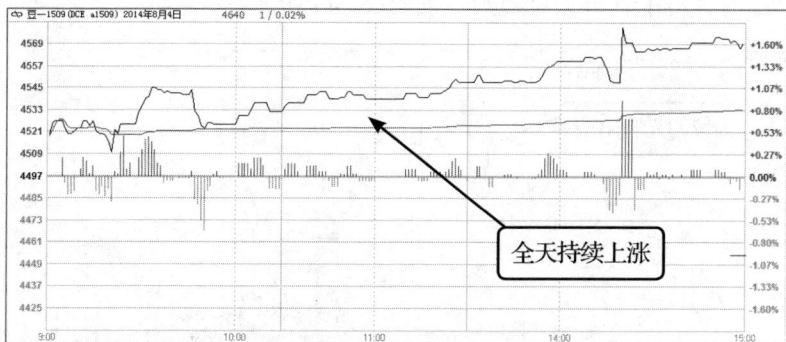

图 6-42 全天持续上涨的穿头破脚阳线

◆ 宽幅震荡后上涨

如果期货合约价格全天均表现为剧烈的震荡，但收市之前突然被拉高，走势变得稳定，则预示后市会继续看涨，如图 6-43 所示。

图 6-43 宽幅震荡后上涨的穿头破脚阳线

NO.030 光脚阳线

前面介绍了光头阳线，自然也有光脚阳线。光脚阳线和光头阳线相反，它的柱体是阳线，没有下影线，上影线的长度也比柱体短。光脚阳线同样分为两种情况——高位光脚阳线和低位光脚阳线。

当光脚阳线出现在高位时，表明买方上攻的能量开始衰竭，卖方的能量不断增强，行情有可能在此发生逆转，如图 6-44 所示。

图 6-44 高位的光脚阳线

一般来说,如果在低价位区域出现光脚阳线,表明买方开始聚积上攻的能量,进行第一次试盘上涨,如图6-45所示。

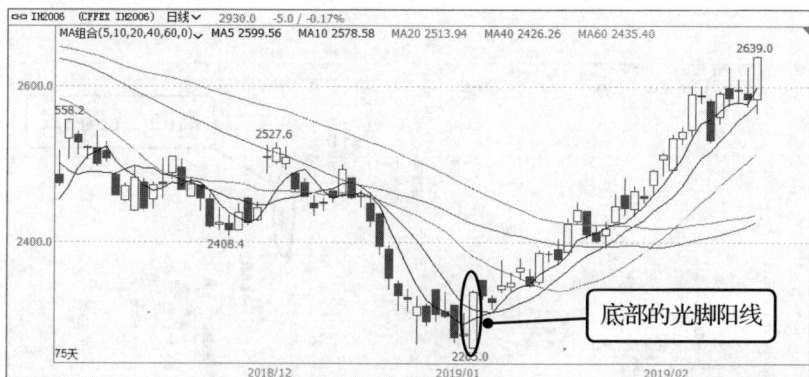

图 6-45 底部光脚阳线

NO.031 光脚阴线

与光脚阳线形态相反的是光脚阴线,光脚阴线的柱体为实体,收盘价为当日最低价,没有下影线,上影线也短于柱体长度。同样的,光脚阴线也有高位和低位两种情况。如果在低价位区域或是下跌过程出现光脚阴线,表明在多空双方交战后,买方开始聚积上攻的能量,但卖方仍占有优势,后市可能继续下跌,如图6-46所示。

图 6-46 底部光脚阴线

如果光脚阴线出现在高价区域，表明买方上攻的能量已经衰竭，卖方的做空能量不断增强，且占据主动地位，行情有可能在此发生逆转下跌，如图 6-47 所示。

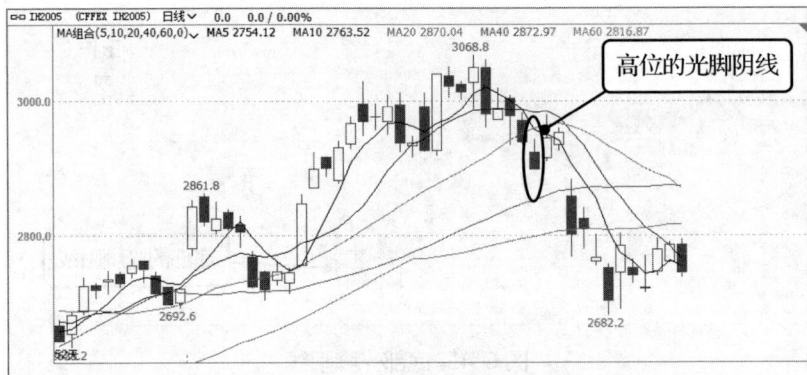

图 6-47 高位光脚阴线

NO.032 光头光脚阳线

光头光脚阳线是以当日最低价开盘、最高价收盘的阳线，也就是说，光头光脚只有空心柱体没有上下影线。光头光脚阳线通常成为牛市继续或熊市反转的一部分。一般来说柱体越长，信号越强烈，具体的形态如图 6-48 所示。

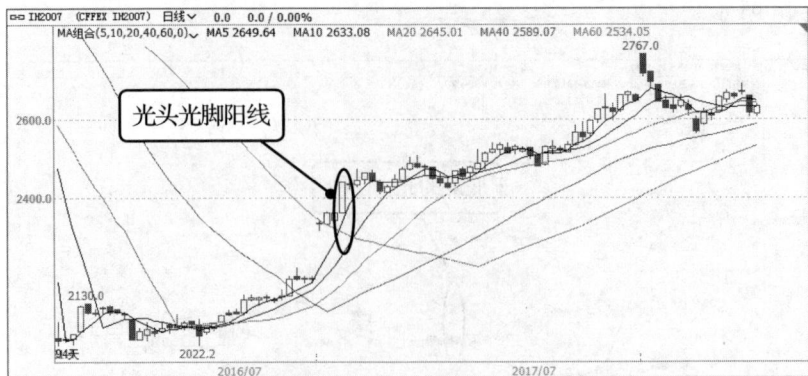

图 6-48 光头光脚阳线

NO.033　光头光脚阴线

光头光脚阴线是 K 线的上下两头都没有影线的阴线，收盘价等于最低价，开盘价等于最高价。它与光头光脚阳线相反，通常成为熊市继续或牛市反转的一部分。光头光脚阴线具体的形态如图 6-49 所示。

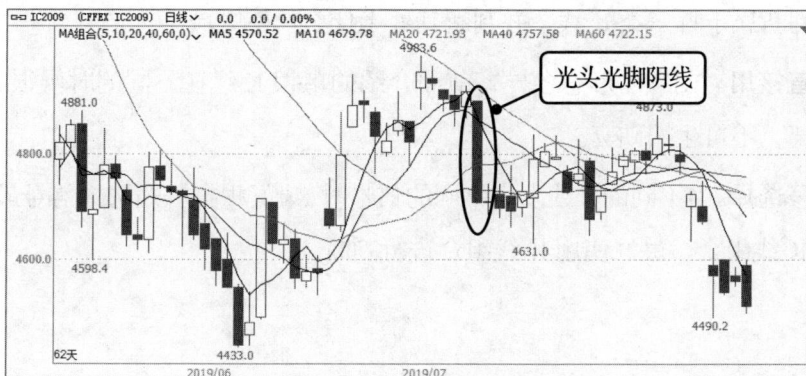

图 6-49　光头光脚阴线

因为光头光脚 K 线没有影线，所以只能看到开盘与收盘的情况，而中间的运动趋势却无法得知。此时可以借助分时图来分析，如上例的 IC2009 期货合约 2019 年 7 月 8 日的光头光脚阴线，呈现出图 6-50 所示的分时图。

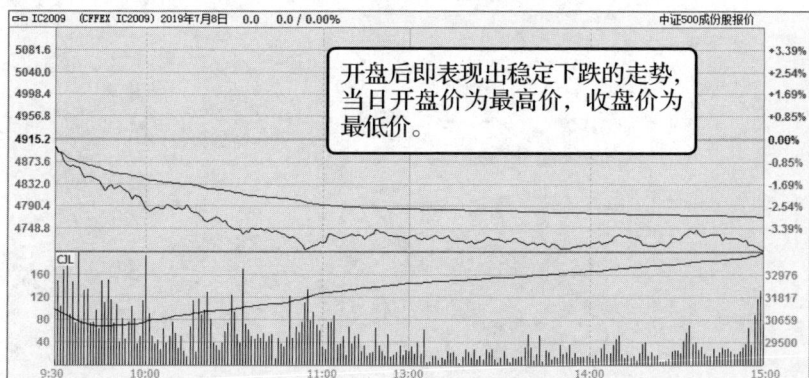

图 6-50　光头光脚阴线分时图

NO.034　使用单根 K 线注意细节

以上的内容是一些常见的单根 K 线及其意义，在使用这些单根 K 线时，需要注意如下所示的细节。

三个因素。要应用单根 K 线，最重要的是从阴阳线、柱体长度及影线长短来综合判断属于哪一类 K 线，并判断其处于什么价格区域。

勿直接用。K 线的形态各异，前面介绍的单根 K 线在不同的时候很有可能发生偏离，不可生搬硬套。

信号选择。当不同的 K 线发出不同的信号时，最好根据长短选择信号最强的，如果有 K 线组合，最好使用 K 线组合进行判断。

第 **7** 章

看涨与看跌的K线组合

上一章结尾时讲到，单根K线所传递的买卖信号可能并不准确，这时，可利用多根K线形成的组合形态来分析期货价格涨跌。K线组合的涨跌信号更具可信度。

7.1 看涨的 K 线组合分析期货价格走势

不同的 K 线会形成非常多的组合，可简单将其分为看涨组合与看跌组合。下面首先分析看涨的 K 线组合及其意义。

NO.001 上涨两颗星

期货合约价格 K 线图中，上涨两颗星是非常容易出现的看涨信号，它有如下的特征。

- ◆ 在涨势初期、中期出现。
- ◆ 一大二小的 K 线组合，先是一根中阳线或大阳线，后面两根小阴线、小十字线或小阳线，位置在第一根 K 线的上方。
- ◆ 强烈续涨信号，可继续看多。

上涨两颗星的具体形态，如图 7-1 所示。

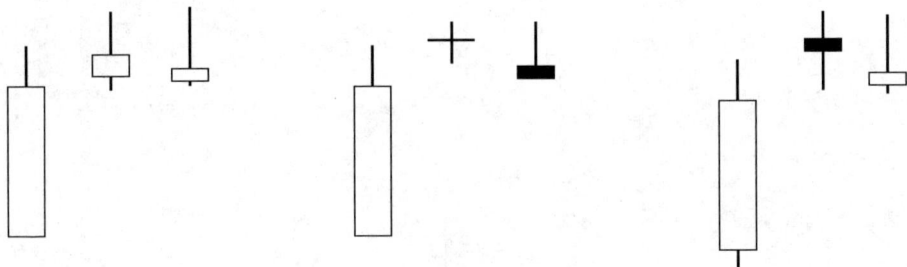

图 7-1 上涨两颗星 K 线组合

实例分析

上涨两颗星预示后市继续上涨

IF1912 期货合约 2017 年 4 月至 8 月的 K 线走势，如图 7-2 所示。

从图中可以看到，该期货合约前期表现下跌走势，创下 3 204.0 元的新低之后止跌回升。该轮上升比较稳定，但涨至 3 700.0 元附近时涨势变缓。随后，

8月14日K线放出一根大阳线，紧接着8月15日、8月16日放出两根小阳线，且位置都在第一根大阳线的上方，形成上涨两颗星形态，说明后市将会继续维持之前的涨势。

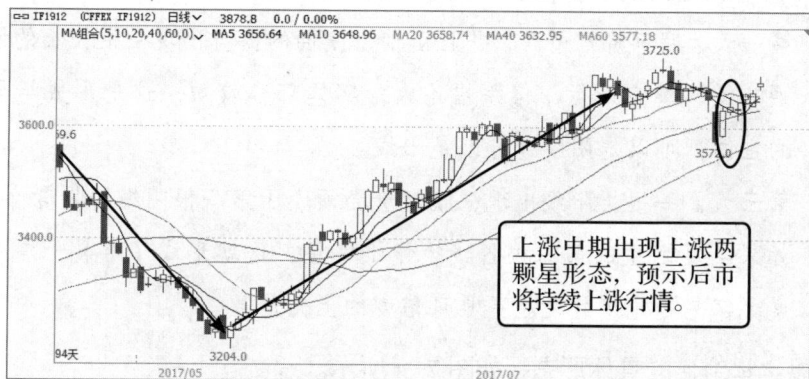

图 7-2 IF1912 期货合约 2017 年 4 月至 8 月的 K 线走势

如图 7-3 所示为 IF1912 期货合约 2017 年 7 月至 12 月的 K 线走势。

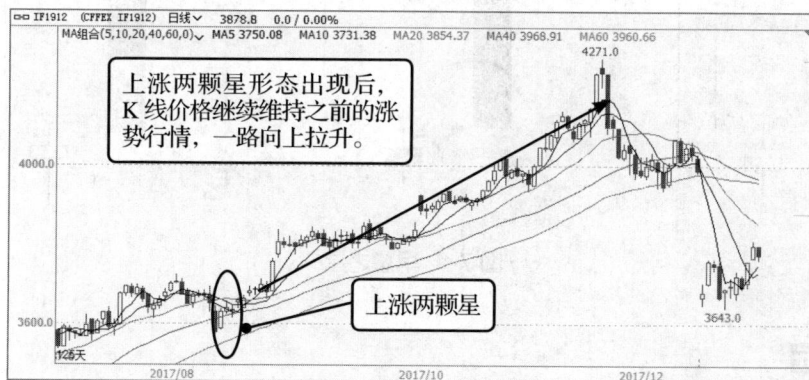

图 7-3 IF1912 期货合约 2017 年 7 月至 12 月的 K 线走势

从上图可以看到，上涨两颗星形态出现后，价格继续表现出上涨走势，且这波上涨行情涨势强劲，涨幅较大，周期较长。

除了上涨两颗星之外，K线组合中还有上涨三颗星，它的上涨信号比上涨两颗星更强。上涨三颗星是指在盘面上涨过程中，先是一根中阳线或大阳线，后面三根小阴线、小十字线、小阳线或是小阴线、小阳线。

NO.002　早晨之星

早晨之星组合是 K 线组合中最常出现的，也是最稳定的信号之一，和它的名字一样，早晨之星预示着后市看涨。早晨之星 K 线组合有如下的特征。

◆ 第一天，期货价格下跌，并且由于恐慌性的抛盘出现一根较长的阴线。

◆ 第二天，跳空下行，但跌幅不大，实体部分较短，这是形成早晨之星的主体，可以是阴线也可以是阳线。

◆ 第三天，一根长阳线出现，收盘价必须大于第一根阴线的收盘价。

◆ 如果早晨之星的第二根 K 线换作十字星，这就形成了早晨十字星，早晨十字星是比早晨之星更具可信度的上升信号。

早晨之星组合的具体形态，如图 7-4 所示。

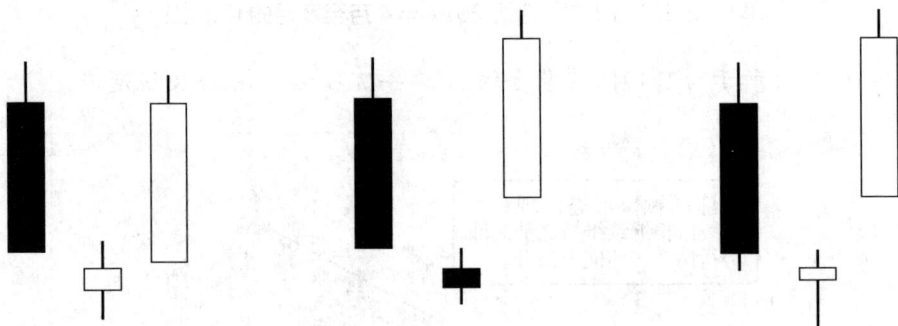

图 7-4　早晨之星

实例分析

早晨之星预示后市上涨

如图 7-5 所示为沪铝 1912 期货合约 2019 年 4 月至 2019 年 9 月价格 K 线走势。

从图中可以看到，该期货合约从 5 月中旬开始表现出下跌走势，从 14300 元的价位线附近开始下跌，K 线连续放出多根阴线，跌幅较深。

6 月 17 日 K 线放出一根跳空低开的中阴线，但在第二天的交易日中却以跳空的小阳线收盘。虽然价格继续表现下跌，但跌幅不深。在 6 月 19 日，K 线一改之前的颓势，收出一根高开高走的大阳线。17、18、19 这连续三天的 K 线形态形成了典型的早晨之星，预示跌势已尽，后市将迎来一轮上涨行情。

早晨之星形态出现之后，价格止跌上涨，在 14000 元价位线附近整理一段时间之后便开始表现出上升的行情。

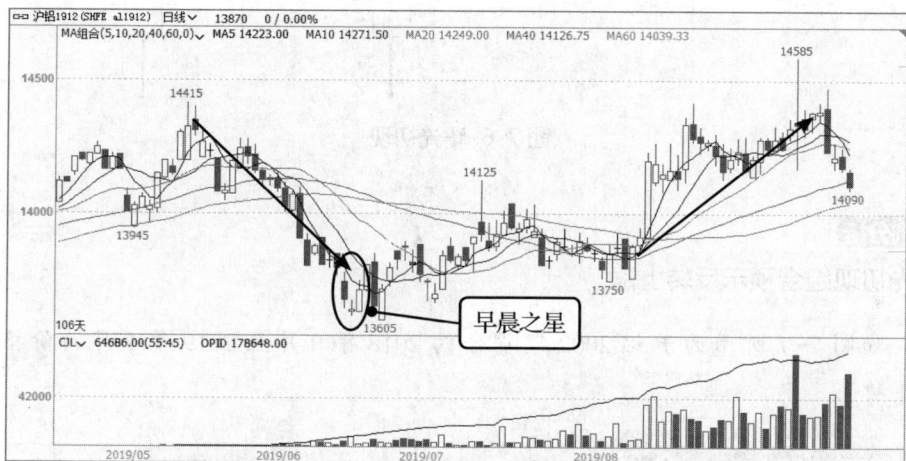

图 7-5 沪铝 1912 期货合约 2019 年 4 月至 2019 年 9 月价格 K 线走势

在使用早晨之星组合的时候，有以下两点是需要格外注意的。

◆ 向下跳空早晨之星的见底信号比早晨之星见底信号更加准确。

◆ 向上跳空并突破缺口的早晨之星比早晨之星见底信号更加准确。

NO.003 曙光初现

在看涨 K 线组合中，曙光初现是一种下跌后反转上涨的组合形态，一般具有如下一些特征。

◆ 出现在一次较为强烈的下跌趋势中。

◆ 由两根 K 线组成，第一根 K 线为大阴线或中阴线，第二根 K 线为低开高走的大阳线或中阳线，阳线的实体深入到第一根阴线实体的 50% 以上。

曙光初现组合的具体形态如图 7-6 所示。

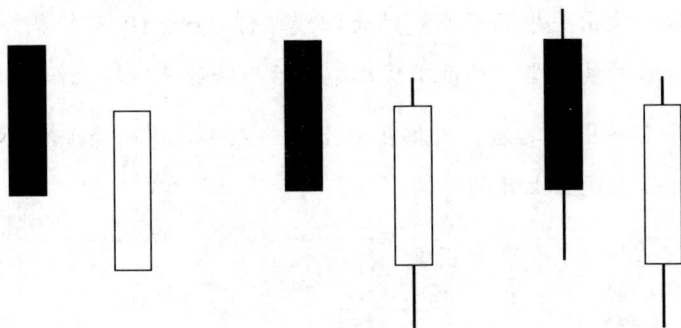

图 7-6 曙光初现

实例分析

曙光初现组合预示反转上涨

如图 7-7 所示为沪铝 2002 期货合约 2018 年 9 月至 2019 年 1 月的价格 K 线走势。

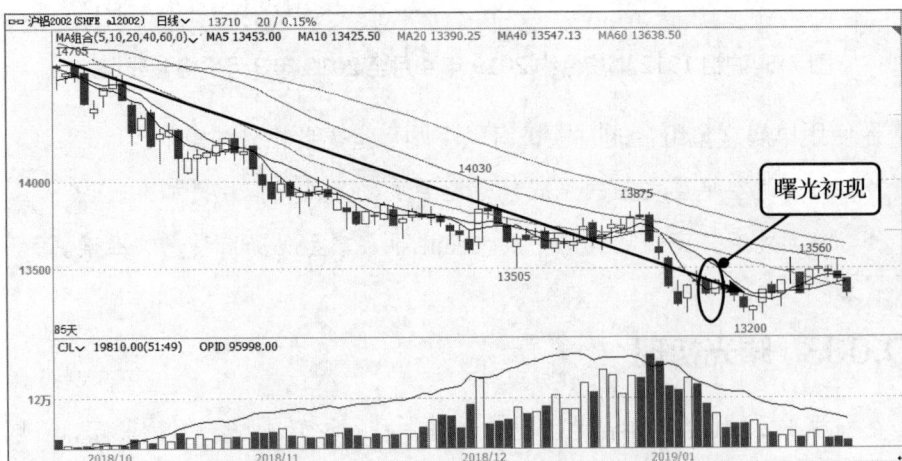

图 7-7 沪铝 2002 期货合约 2018 年 9 月至 2019 年 1 月的价格 K 线走势

从上图可以看到，在该阶段中期货合约价格表现出明显的下跌走势，从最高价 14705 元跌至最低 13200 元，跌幅较深。但通过观察，可以看到 1 月 8 日 K 线收出一根中阴线，随后 1 月 9 日 K 线却收出一根低开高走的中阳线，且阳线的实体深入到第一根阴线实体的 50% 以上。这两天的 K 线组成了典型的曙光初现形态，预示后市可能止跌反转向上。

如图 7-8 所示为沪铝 2002 期货合约 2018 年 11 月至 2019 年 5 月的 K 线走势。

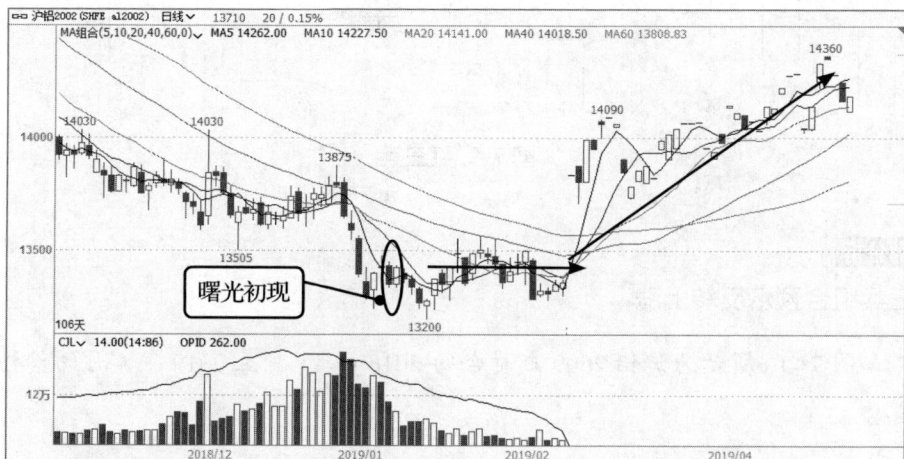

图 7-8 沪铝 2002 期货合约 2018 年 11 月至 2019 年 5 月的 K 线走势

从上图可以看到，曙光初现形态出现之后，K 线在 13350 元价位线调整了一段时间后便开始表现出大幅向上拉升的走势。

NO.004 红三兵组合

红三兵是指连续阴线后又拉出 3 根阳线，短期内有上扬空间。一般是价格在底部区域经过较长时间的整理之后，连续拉出 3 根阳线。红三兵组合有如下一些特征。

- ◆ 在期货价格运行过程中连续出现 3 根阳线，每天的收盘价高于前一天的收盘价。
- ◆ 每天的开盘价在前一天阳线的实体之内。
- ◆ 标准的红三兵每天的收盘价在当天的最高点或接近最高点，但在实际 K 线组合中，每根阳线的上影线或下影线的长度不超过 K 线实体，也可视作红三兵。

常见的红三兵组合形态如图 7-9 所示。

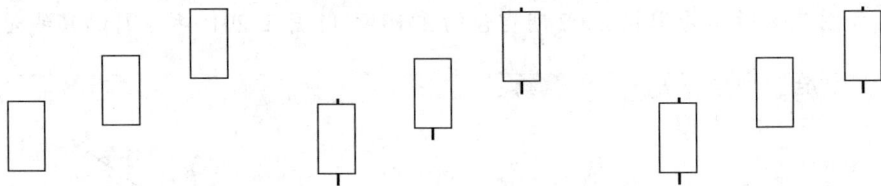

图 7-9 红三兵

实例分析

红三兵组合预示反转上涨

如图 7-10 所示为沪铝 2009 期货合约 2018 年 11 月至 2019 年 4 月的价格 K 线走势。

图 7-10 沪铝 2009 期货合约 2018 年 11 月至 2019 年 4 月的价格 K 线走势

从上图可以看到，该期货合约的价格在 2018 年 11 月至 2019 年 2 月期间表现下跌行情，跌至 13630 元价位线附近时止跌，并在该价位线上下波动调整。

在 2019 年 2 月 20 日、2 月 21 日、2 月 22 日，这 3 个交易日中 K 线连续放出 3 根阳线，且阳线每天的收盘价高于前一天的收盘价，同时每天的开盘价在前一天阳线的实体之内。每天的收盘价在当天的最高点或临近最高点，说明这三天的 K 线形态组成了典型的红三兵 K 线组合，预示后市行情将一改之前的跌势反转向上。

红三兵形态出现之后，该期货合约的价格止跌反转，线上拉升，最高升至 14245 元，涨势强劲。

红三兵组合是看涨 K 线组合中比较特殊的一种，它可以变化成 3 种不同的形态，具体如图 7-11 所示。

三白武士

三个白色武士与红三兵有相似之处，不同的是最后一根阳线的上升力度较大，出现这种形态期货价格将会呈上升趋势。

升势受阻

升势受阻与红三兵不同的地方是三根阳线逐渐缩小，其中最后一根阳线的上影线特别长，出现这种形态期货价格将会呈下跌走势。

升势停顿

升势停顿与红三兵不同的是三根阳线也是逐渐缩小，特别是第三根阳线实体比前两根小得多，出现这种形态期货价格将会呈下跌走势。

图 7-11 红三兵组合的 3 种形态

NO.005 两阳夹一阴组合

顾名思义，两阳夹一阴组合是由两根阳线与一根阴线组成的，它也是明显的看涨信号，有如下的特征。

◆ 由 3 根不同 K 线组成。

◆ 左右两边是阳线，中间是阴线，阳线实体较长，阴线实体较短。

◆ 两阳夹一阴组合在底部买入，适合中长线；如果在上升途中出现，适宜做短线投资。

两阳夹一阴组合的具体形态如图 7-12 所示。

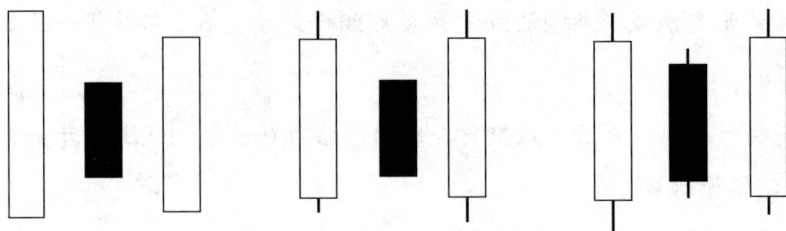

图 7-12 两阳夹一阴

实例分析

两阳夹一阴预示上涨

如图 7-13 所示为豆油 2001 期货合约 2019 年 2 月至 7 月的价格 K 线走势。

图 7-13 豆油 2001 期货合约 2019 年 2 月至 7 月的价格 K 线走势

从上图可以看到，豆油 2001 期货合约的价格在 3 月至 5 月期间一直表现下跌走势，随后 5 月初至 7 月初的两个月时间里，一直在 5500 元价位线上下波动横盘整理。

在整理的过程中发现，6 月 27 日、6 月 28 日、7 月 1 日，K 线分别形成中阳线、中阴线和大阳线，两边的阳线实体较长，中间的阴线实体较短，形成两阳夹一阴的 K 线组合形态，且该形态出现在下跌之后的横盘整理阶段中，预示后市将上涨。

如图 7-14 所示为豆油 2001 期货合约 2019 年 6 月至 11 月的价格 K 线走势。

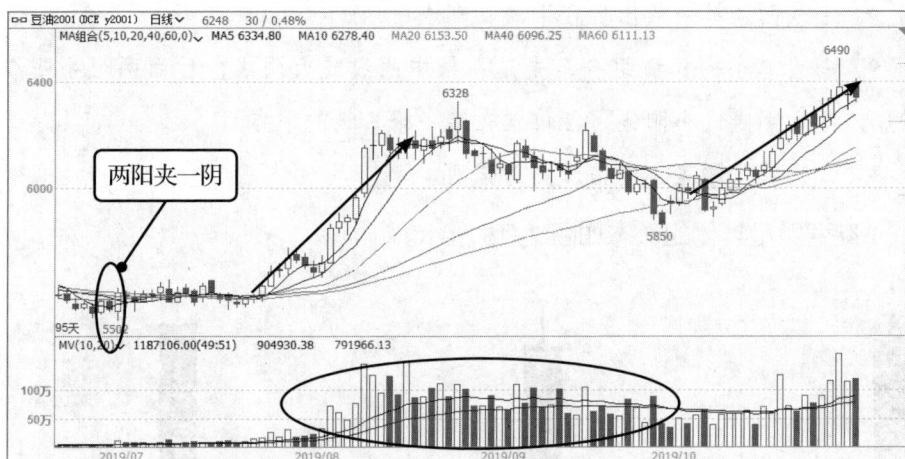

如图 7-14 豆油 2001 期货合约 2019 年 6 月至 11 月的价格 K 线走势

从上图可以看到，两阳夹一阴 K 线组合形态出现之后，K 线继续横盘整理了一段时间之后放出多根大阳线拉升价格，成交量表现放量，说明此时的拉升是伴随着成交量的有效拉升。随后 K 线虽然表现出微幅的下跌，但成交量依然表现放量，说明此时的下跌是主力在清理浮筹，以便后市更好拉升。果然，整理结束后，价格维持之前的涨势向上拉升。

7.2 看跌的 K 线组合分析期货价格走势

期货价格有涨跌，并实行双向交易。在认识了看涨的 K 线组合之后，还需要对看跌的 K 线组合有深刻的认识并学会应用。

NO.006 下跌两颗星

下跌两颗星是和上升三颗星相反的 K 线组合，它是预示后市反转下跌或继续下跌的信号，有如下的特征。

- ◆ 下跌两颗星一般出现在下跌初期或中期。

- ◆ 一大二小的 K 线组合，先是一根中阴线或大阴线，后面两根小阴线或小十字线或小阳线，但位置在第一根 K 线的下方。

- ◆ 如出现 3 颗星，则信号更为强烈。

下跌两颗星具体的形态如图 7-15 所示。

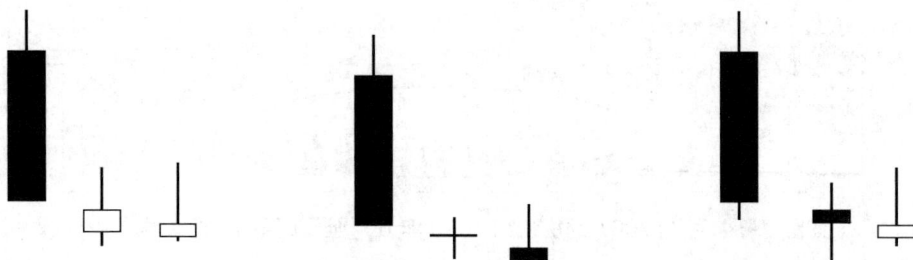

图 7-15 下跌两颗星

实例分析

下跌两颗星预示后市继续下跌

如图 7-16 所示为郑棉 2011 期货合约 2019 年 4 月至 10 月的价格 K 线走势。

图 7-16 郑棉 2011 期货合约 2019 年 4 月至 10 月的价格 K 线走势

从上图可以看到，该期货合约的价格从 2019 年 5 月初开始表现下跌行情，跌至 13400 元价位线附近时，跌势渐缓，并表现出整理走势。随后在 8 月 2 日、8 月 5 日的连续两个交易日内 K 线放出两根大阴线，拉低价格，一改之前的整理走势。并且 8 月 5 日的大阴线后紧跟着两根小阴线，其位置均在大阴线的下方，这三天的 K 线形态就形成了典型的下跌两颗星组合，后市看跌。

NO.007　黄昏之星

黄昏之星像是太阳落山，市场在持续的涨势之后，后续乏力，即将出现下跌。它和早晨之星是完全相反的，具有如下的特征。

◆ 黄昏之星是一种反转信号，一般出现在价格高位顶部。

◆ 第一天，市场在一片狂欢之中会继续之前的涨势，并且拉出一根长阳线。

◆ 第二天，价格继续冲高，但尾盘回落，形成了较长的影线，柱体部分很短，可以是阴线也可以是阳线。

◆ 第三天，价格突然下跌，走势拉出了长阴线，抹去了前两天大部分的上涨走势。

黄昏之星的具体形态如图 7-17 所示。

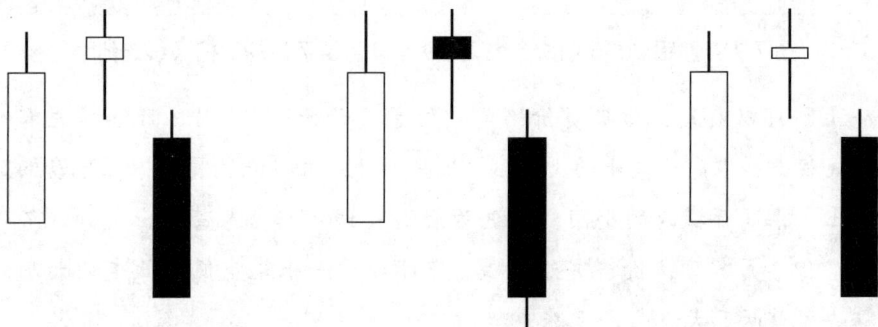

图 7-17　黄昏之星

黄昏之星是利用 K 线分析期货价格中非常重要的一个工具，在使用它时，需注意以下几个要点。

①当第二根 K 线成十字星时，即形成了黄昏十字星，信号会更为准确。

②如果第二根 K 线的上影线较长并且带有较大成交量，应采取减仓观望的保护性措施。

③第三根 K 线超过第一根 K 线的位置越多，说明下跌的信号越准确。

实例分析

黄昏之星预示价格见顶下跌

如图 7-18 所示为沪铅 2006 期货合约 2019 年 2 月至 7 月的价格 K 线走势。

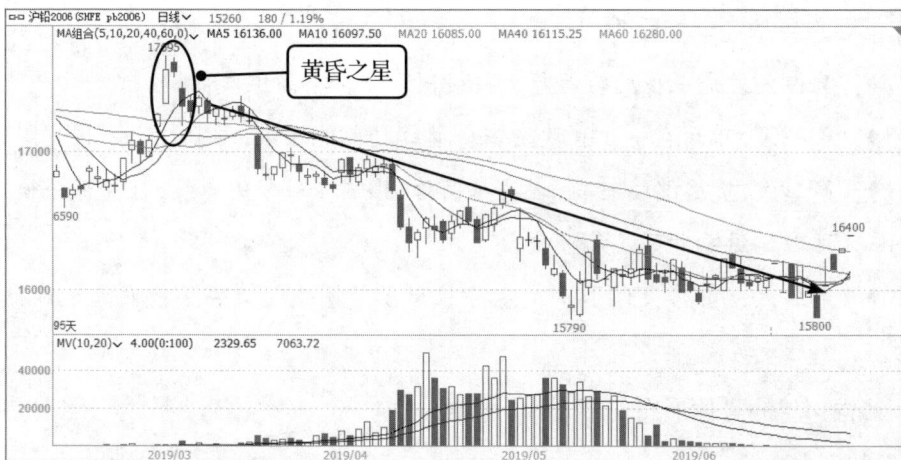

图 7-18　沪铅 2006 期货合约 2019 年 2 月至 7 月的价格 K 线走势

从上图可以看到，该期货价格前期处于上升行情，3 月 1 日继续之前的涨势，K 线放出一根高开高走的大阳线。3 月 4 日，价格继续冲高，但尾盘回落，K 线收出一根高开低走的小阴线，这两天的 K 线形态给人营造出一种涨势强烈的假象。但 3 月 5 日，价格突然下跌，K 线拉出一根跳空低开低走的大阴线，并且抹去了前两天大部分的上涨走势。

这 3 个交易日的 K 线形态形成了典型的黄昏之星 K 线组合形态，预示价格见顶，后市反转下跌。在随后的 4 个月里 K 线一直表现出下跌行情，说明黄昏之星信号准确。

NO.008 双飞乌鸦

在看跌 K 线组合中，有一种非常有趣的组合形式，它的形态像两只并排的乌鸦，因此被称为双飞乌鸦。双飞乌鸦具有如下特征。

◆ 双飞乌鸦是一种反转信号，一般出现在上涨的末端。

◆ 双飞乌鸦由三根 K 线组成，且第一根为阳线。

◆ 第二根 K 线为阴线，实体部分与上一根阳线实体形成一段小缺口，构成起飞的形状，且出现高开低走，但收盘价高于前面阳线收盘价。

◆ 第三根 K 线也是阴线，且把第二根 K 线完全吞并了，实体完全超过第二根 K 线。第三根 K 线实体并不一定高开。

具体形态如图 7-19 所示。

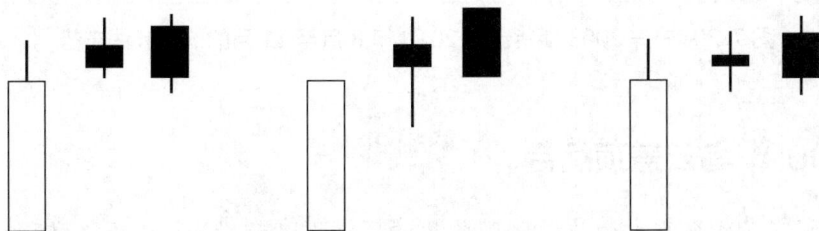

图 7-19 双飞乌鸦

实例分析

双飞乌鸦预示后市价格下跌

如图 7-20 所示为沪锌 2003 期货合约 2019 年 8 月至 11 月的价格 K 线走势。

从图中可以看到，在该阶段中期货价格前期处于上升行情中。但在 9 月 11 日时，K 线收出一根大阳线，紧跟着在随后的第二、三个交易日中 K 线均收出阴线，且第一根阴线的实体部分与阳线的实体部分形成缺口，构成起飞形状，同时高开低走，但收盘价高于阳线收盘。第二根阴线把第一根阴线吞并了，完全超过第一根阴线实体。

这 3 天的 K 线组成了典型的双飞乌鸦形态，说明后市下跌。图中双飞乌鸦形态出现后，K 线价格开始表现下跌行情，且这波跌势维持了较长一段时间，跌幅较深，说明双飞乌鸦信号准确。

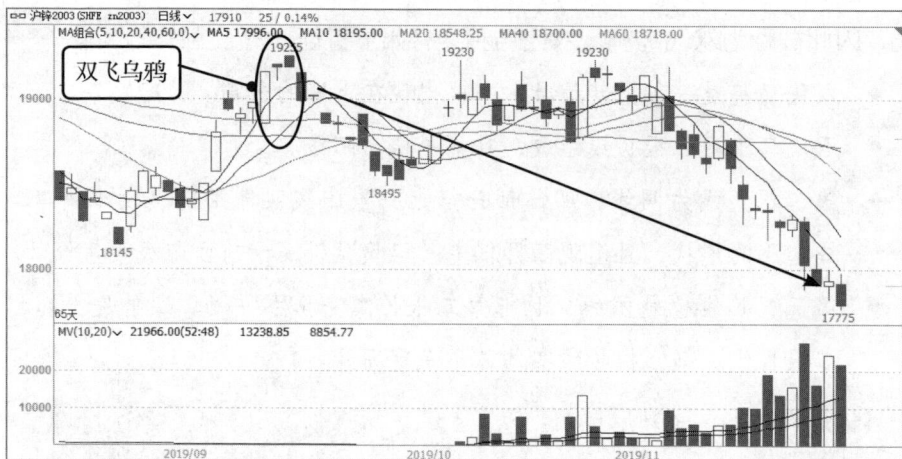

图 7-20　沪锌 2003 期货合约 2019 年 8 月至 11 月的价格 K 线走势

NO.009　乌云盖顶组合

乌云盖顶组合是 K 线图中一种常见的反转下跌信号，可以看作和曙光初现相反的 K 线形态，具有如下特征。

◆　一般出现在上升趋势之后，也可能出现在水平调整区间的顶部。

◆　由一阳一阴两根 K 线组成。

◆　第一天是一根坚挺的阳线实体，第二天为一根长阴线。第二天的开盘价超过第一天的最高价，且其柱体已经超过了第一根阳线实体的 1/2。

具体形态如图 7-21 所示。

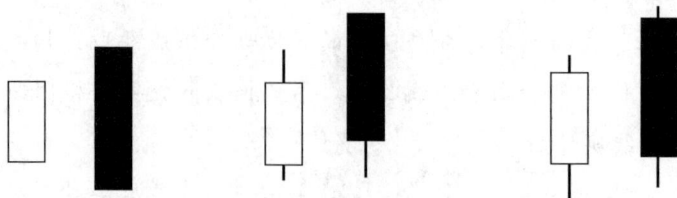

图 7-21　乌云盖顶

实例分析

乌云盖顶预示后市价格下跌

如图 7-22 所示为沪铜 2009 期货合约 2019 年 2 月至 8 月的价格 K 线走势。

图 7-22　沪铜 2009 期货合约 2019 年 2 月至 8 月的价格 K 线走势

从上图可以看到，该期货合约价格在前期处于上升行情中，当价格 K 线运行至 50000 元价位线附近时，涨势变缓。3 月 4 日 K 线收出一根大阴线，该大阴线的开盘价高于前一根阳线的最高价，且该阴线的实体完全包含阳线实体。这两根 K 线形成了典型的乌云盖顶组合形态，说明后市价格将表现下跌。

从图中可以看到，乌云盖顶组合形态出现之后，期货合约的价格跌势明显，跌幅较深，且该轮下跌的周期较长。

NO.010　三只黑乌鸦

三只黑乌鸦是一种信号非常强的看跌 K 线组合，当它还未形成时，就应引起投资者的警惕，其特征如下。

◆ 在上升趋势中连续 3 天出现长阴线，每根阴线的收盘价低于前一天的最低价。

◆ 每天的开盘价在前一天的实体之内，每天的收盘价等于或接近当天的
最低价。

三只黑乌鸦组合的具体形态如图 7-23 所示。

图 7-23 三只黑乌鸦

实例分析

三只黑乌鸦预示后市价格下跌严重

如图 7-24 所示为硅铁 2005 期货合约 2019 年 4 月至 2019 年 11 月的价格 K
线走势。

图 7-24 硅铁 2005 期货合约 2019 年 4 月至 2019 年 11 月的价格 K 线走势

从上图可以看到，该期货合约的价格前期处于上升行情中，当价格运行至
6000 元价位线的高位区域附近时，K 线形成 M 顶形态。同时，在右肩顶的位置
出现 3 根连续下跌的阴线，每根阴线的收盘价低于前一天的最低价；每天的开
盘价在前一天的实体之内，形成了三只黑乌鸦形态。随后，价格 K 线大幅下跌。

第 **8** 章

K线的持续形态与反转形态

除了K线组合外，多根K线还会形成不同的形态，主要分为整理形态与反转形态。这些形态是预示较长期限内价格继续延续趋势或是反转的信号，是K线分析中非常重要的工具。

8.1 K线整理形态

整理形态是指当形态结束后，期货价格继续按照形态原来的方向运动，包括三角形形态、楔形形态、矩形形态、旗形形态等。

NO.001 三角形整理形态

三角形形态是指期货价格趋势在一个三角形中运行，当价格到达三角形的顶点时，表示这种形态的结束。根据三角形的种类，可将三角形形态分为对称三角形、上升三角形和下降三角形。

（1）对称三角形

对称三角形其价格变动幅度逐渐缩小，即每次变动的最高价低于前次的水准，而最低价比前次最低价水准高，呈压缩图形，具体如图8-1所示。

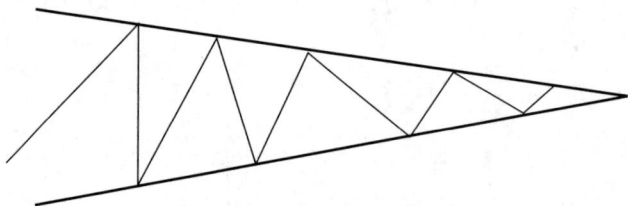

图8-1 对称三角形

理财贴士 *对称三角形的分析要点*

对称三角形在应用时，要注意如下所示的3个要点：①一个对称三角形的形成必须有两个或者两个以上明显的短期高点与短期低点；②对称三角形在形成过程中，成交量一般会逐步减少；③期货价格向上突破需要有大量成交量的配合，向下突破则不需成交量。

实例分析

对称三角形的应用

对称三角形可以作为后市看涨的信号，如图8-2所示为IH下季期货合约

2019 年 1 月至 11 月的价格 K 线走势。

图 8-2 IH 下季期货合约 2019 年 1 月至 11 月的价格 K 线走势

在 IH 下季期货合约 2019 年 1 月至 11 月的价格 K 线图中，价格从 5 月中旬开始表现下跌行情。当 K 线运行至 6 月中旬时开始表现横盘整理形态，其价格的变动幅度逐渐缩小，呈压缩图形，形成对称三角形。到 8 月中旬时，价格突破三角形形态，成交量表现放量，随后继续呈现上涨趋势。

对称三角形也可以预示继续下跌，如图 8-3 所示。

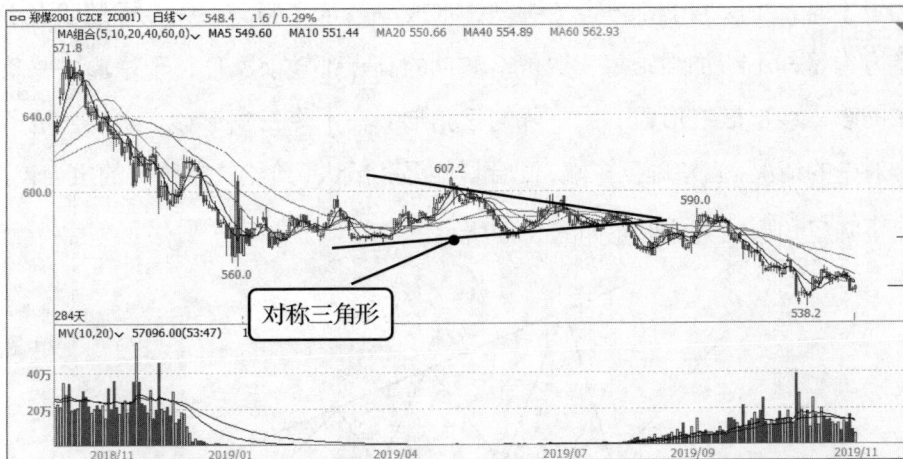

图 8-3 郑煤 2001 期货合约 2018 年 10 月至 2019 年 11 月的价格 K 线走势

从上图可以看到，郑煤 2001 期货合约前期表现下跌走势，跌至 2019 年 1
月时，K 线表现出横盘整理走势，且其变动的幅度越来越小，呈压缩图形，形
成对称三角形。到 8 月底时，K 线跌破对称三角形，继续表现下跌走势。

◆　上升三角形

上升三角形形态的回升高点连线趋近于水平，而回涨连线的低点逐步升高。
如果把每一个短期波动高点连接起来，便可画出一条阻力线；而每一个短期波
动低点则可相连出另一条向上倾斜的上升线，最终形成上升三角形。在整理形
态的末端，伴随着攻击量能的扩增，一般往上突破的机会较大。

上升三角形的具体形态如图 8-4 所示。

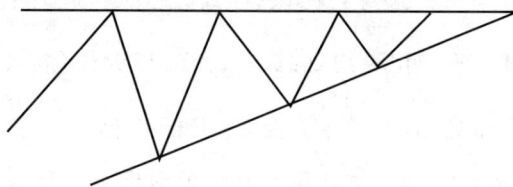

图 8-4　上升三角形

◆　下降三角形

下降三角形的形状与上升三角形恰好相反，当期货价格处于一种稳定的多
方力量下时，每次回落都不会太强烈，形成一条水平的需求线。可是期货市场
的空方力量却不断加强，每一次价格波动的高点都较前次低，于是形成一条下
倾斜的攻击线，最终形成一个下降的三角形。在下降三角形形态之中，是多空
双方对垒的情况，当整理至末端，配合量能温和放大，价格往下跌破的机会较大。

下降三角形的具体形态如图 8-5 所示。

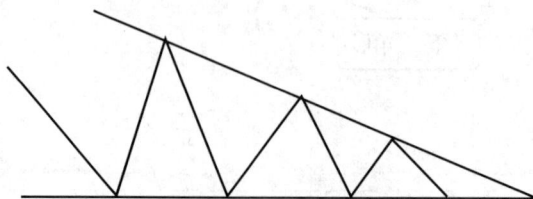

图 8-5　下降三角形

与对称三角形一样，上升三角形和下降三角形在应用时也有如下几个需要注意的地方。

①上升三角形和下降三角形都可以预示上涨或下跌，但上升三角形预示上涨更强，下降三角形预示下跌更强。

②当期货价格分别为上升三角形上限或下降三角形下限的时候，短线操作者有一个买卖点。

③上升三角形和下降三角形虽然为整理形态，但后市也可能发生反转，若期货价格突破上升三角形下限达到 30% 时，后市可能会出现下跌。反之下降三角形也一样。

实例分析

上升三角形与下降三角形的运用

如图 8-6 所示为沪铝 2005 期货合约 2018 年 11 月至 2019 年 5 月的价格 K 线走势。

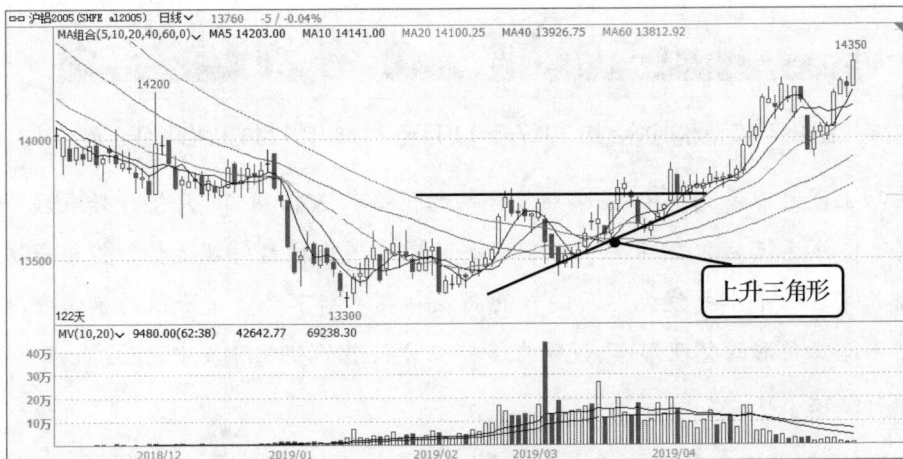

图 8-6 沪铝 2005 期货合约 2018 年 11 月至 2019 年 5 月的价格 K 线走势

从上图可以看到，该期货合约前期经历了一段时间的下跌行情，随后 K 线在 13500 元价位线附近横盘整理。当 K 线运行至 2019 年 3 月时，K 线出现明显的两波回升行情，虽然两次回升的高点趋于水平，但其回落的地点却逐步升高，形成上升三角形形态。且成交量表现放量，说明主力入场，多方占据优势，后市看涨。

随后，沪铝 2005 期货合约的 K 线在 2019 年 3 月底时向上突破上升三角形，表现出大涨行情。

另外，再来看看下降三角形，如图 8-7 所示为 IC 隔季期货合约 2017 年 11 月至 2018 年 9 月的价格 K 线走势。

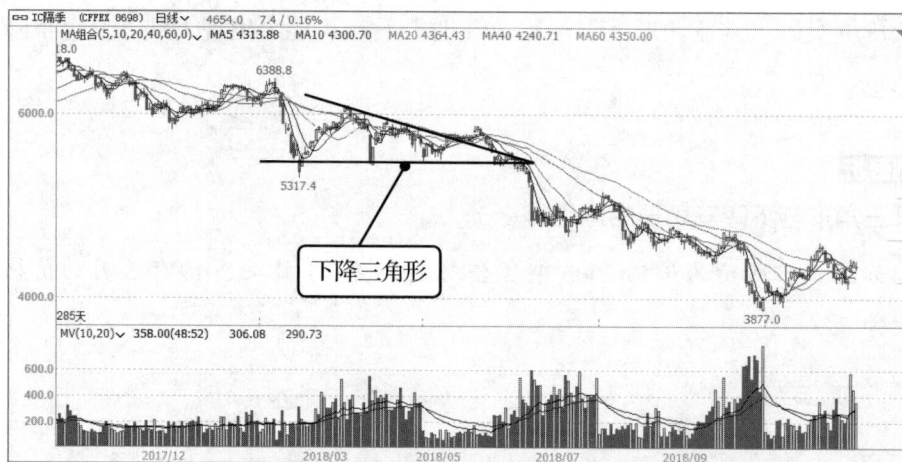

图 8-7 IC 隔季期货合约 2017 年 11 月至 2018 年 9 月的价格 K 线走势

从上图可以看到，IC 隔季期货合约的价格从 2017 年 11 月便开始表现下跌走势，K 线运行至 2018 年 3 月时，开始止跌表现出横盘整理走势，价格每次回落都几乎在一条水平线上，而回升的高点却在不断下降。该阶段的横盘整理形成了下降三角形的整理形态，说明在多空双方胶着的整理阶段中，空方占据优势，后市将继续下跌。

IC 隔季期货合约的价格在 2018 年 6 月初时跌破下降三角形形态，期货价格随后继续大幅下跌。

NO.002 楔形整理形态

当期货价格运行于两条趋势线之间，并逐渐向中间靠拢时，则形成了楔形形态，楔形的本质含义是趋势攻击能力渐次衰竭，趋势通道角度迅速变小，转折随即到来。

理财贴士 *楔形形态与三角形形态的不同*

在某种意义上，楔形的两条线最终会相交形成三角形，那它与三角形形态有什么不同呢？

楔形形态的两条趋势线是朝同一方向运动的，三角形形态的两条趋势线的运动方向是相反的。如果楔形形态的两条趋势线角度过大，就会变成三角形形态。

◆ 上升楔形形态

上升楔形形态一般发生在一段较长时间的下跌趋势中，在形态中虽然价格在不断地上涨，但每一次上涨波动都比较弱，这说明多方的力量逐渐衰退，当市场出现强大空方力量时，就会立即反转下跌。

从技术的角度讲，上升楔形形态处在期货价格下跌的过程中，但并未见底，但当价格跌破楔形边缘时，则应该格外注意了。

在 K 线图中，上升楔形形态一般为如图 8-8 所示。

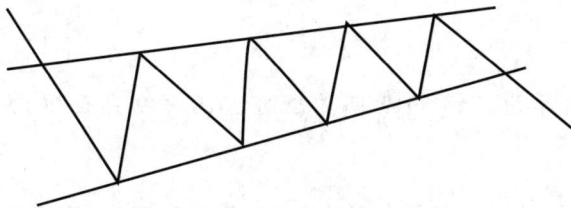

图 8-8 上升楔形

◆ 下降楔形形态

与上升楔形形态正好相反，当期货价格在上涨一段时间后，开始出现涨势，而上涨的能量并不强，价格逐渐向高点和低点的中间靠拢，形成下降楔形。

从技术的角度来说，下降楔形形态说明多方力量并不强，当期货价格靠近边界时，需要投资者做好下跌的准备。

下降楔形形态的具体图形如图 8-9 所示。

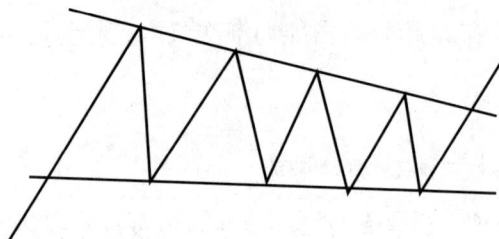

图 8-9 下降楔形

上升楔形与下降楔形有如下的一些分析要点。

①无论是上升楔形还是下跌楔形，一般至少需要两周以上的形成时间，并且两条边界线必须有向中间靠拢的趋势，不能过于宽松。

②楔形的后市同样可能出现反转，如在上升楔形中，如果成交量明显增加，后市则可能不跌破下边线。

③上升楔形和下降楔形最大的不同在于上升楔形跌破下限后会极速下跌，而下降楔形会经历一段调整的过程再上涨。

实例分析

上升楔形的运用

如图 8-10 所示为沪铝 1912 期货合约 2018 年 9 月至 2019 年 5 月的价格 K 线走势。

从图中可以看到，该期货合约在 2018 年 9 月至 12 月的期间经历了一波深幅下跌的下降行情。随后在 2019 年 1 月至 4 月期间进行了长时间的整理，在该阶段中价格表现出不断的上涨波动，但是波动的力量都比较弱，该阶段的整理形态形成了典型的上升楔形整理形态。说明多方上涨的动力衰退，空方占据优势，后市可能会反转下跌。

图 8-10 沪铝 1912 期货合约 2018 年 9 月至 2019 年 5 月的价格 K 线走势

如图 8-11 所示为沪铝 1912 期货合约 2018 年 12 月至 2019 年 6 月的价格 K 线走势。

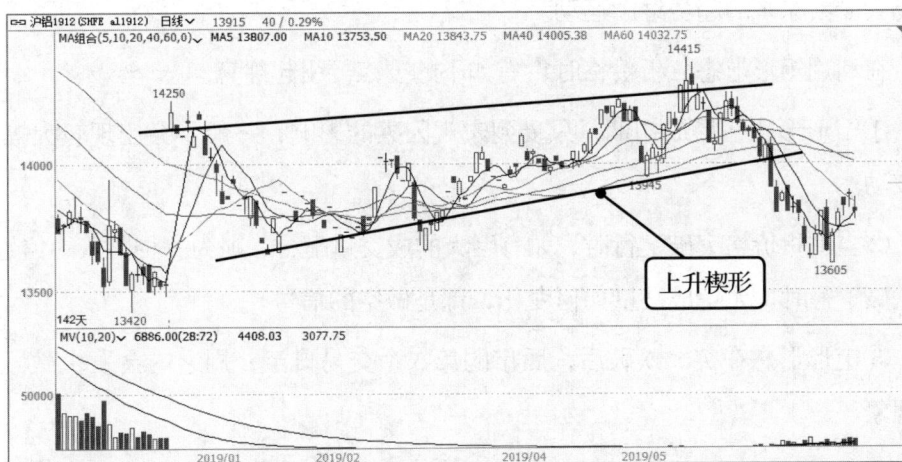

图 8-11 沪铝 1912 期货合约 2018 年 12 月至 2019 年 6 月的价格 K 线走势

从上图可以看到，该合约在经历了上升楔形整理形态之后，K 线连续收出多根阴线，价格不断下跌，造成深幅下跌的走势。

NO.003 矩形整理形态

矩形又叫箱形，是一种典型的整理形态。当期货价格在两条水平直线之间上下波动，做横向延伸运动时，就形成了矩形形态。

矩形形态具体图形如图 8-12 所示。

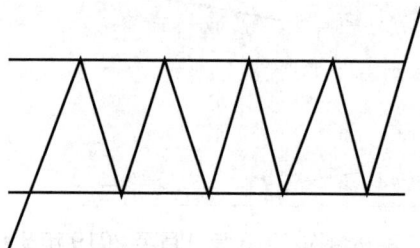

图 8-12 矩形形态

矩形形态在形成之初，多空双方全力投入，各不相让，但随后力量耗尽，市场会沿着原来的趋势继续运动。

在利用矩形形态分析价格时，有如下的要点要引起注意。

①矩形形态在形成初期，只受到宏观因素的影响，一般不会出现较大幅度的波动。

②当期货价格突破上行时，如有巨大的成交量配合，则为一种买入的信号；当跌破下行时，无论成交量如何变化，都是做空的信号。

③矩形形态在突／跌破后，后市的第 3 个交易日至一周之内会发生微幅反弹现象。

实例分析

矩形形态的运用

如图 8-13 所示为沪镍 2007 期货合约 2019 年 1 月至 7 月的价格 K 线走势。

从图中可以看到，沪镍 2007 期货合约前期处于上升行情，K 线运行至 3 月初时滞涨，下跌，随后走出横盘整理走势。在整理过程中，期货的价格逐渐趋于两条直线之间上下波动，做横向延伸地运动，形成了矩形形态。

与此同时，成交量表现出放量，说明多方占据优势，为强烈的买入信号。

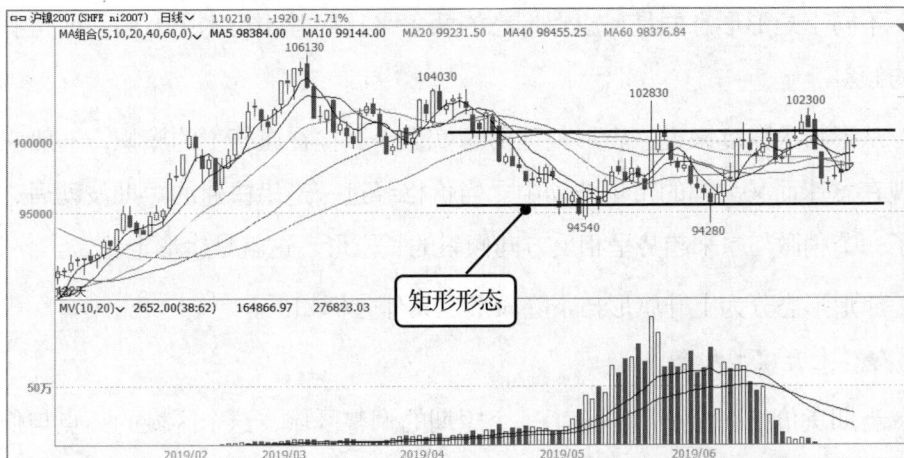

图 8-13　沪镍 2007 期货合约 2019 年 1 月至 7 月的价格 K 线走势

如图 8-14 所示为沪镍 2007 期货合约 2019 年 3 月至 9 月的价格 K 线走势。

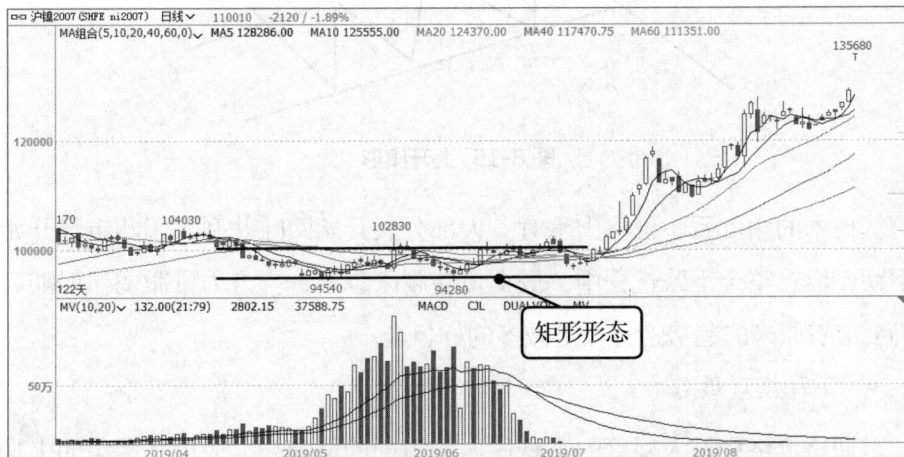

图 8-14　沪镍 2007 期货合约 2019 年 3 月至 9 月的价格 K 线走势

从上图可以看到，期货价格在 7 月初时向上突破矩形整理形态，随后开始大幅向上拉升，涨幅巨大。

NO.004　旗形整理形态

旗形形态是 K 线图中较为常见的一种，它是在区域内两条平行线之间的形态，不同于矩形形态的是，旗形形态的两条平行线并不是水平方向，而是有一定的倾斜。

从形状的角度来说，旗形整理形态就像一面挂在旗杆上的旗帜，一般它会出现在急速而又大幅的市场波动中。当价格经过一连串快速的短期波动后，形成了一个稍微与原来趋势呈相反方向倾斜的长方形，这就是旗形走势。

旗形形态分为上升旗形与下降旗形，具体分析如下。

◆　上升旗形形态

当期货价格在上涨后形成了一个短期的调整区域，这个区域的高点与低点都呈平行状倾斜向下，这就是上升旗形，具体如图 8-15 所示。

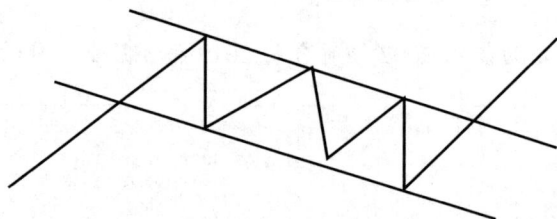

图 8-15　上升旗形

从技术的角度看，价格上涨时，大部分人开始回吐获利，因此市场开始出现下跌，但在整个下跌过程中，成交量会越来越小，空方力量微弱。但随后价格仍会沿着原来的趋势运行，是做多的好机会。

◆　下降旗形形态

当期货价格经过大幅度的下跌后遇到短期的反弹，形成价格密集的上扬反弹区域，如果我们用直线将这些上扬区域的高点、低点分别连接起来，则会形成两条倾斜向上的直线，并呈现平行趋势，这就是下降旗形形态。下降旗形形态的具体图形如图 8-16 所示。

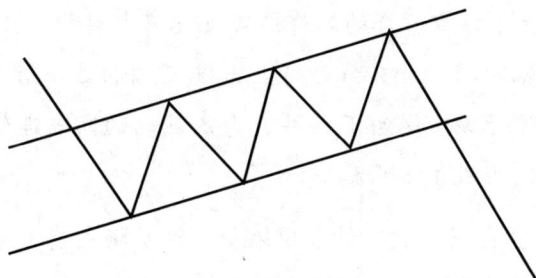

图 8-16 下降旗形

旗形形态在实际运用中要注意以下两点。

①旗形形态整理最好是出现在极速上涨或下跌行情之后,如果走势较为平缓,则旗形形态的效果不佳。在旗形形态期间,成交量应该逐渐减少。

②如果在旗形形态期间成交量未减少或出现不规则变化,那么在旗形结束之后很可能不出现持续整理,而是反转变化。

实例分析

下降旗形的运用

如图 8-17 所示为 PTA2003 期货合约 2018 年 8 月至 2019 年 7 月的价格 K 线走势。

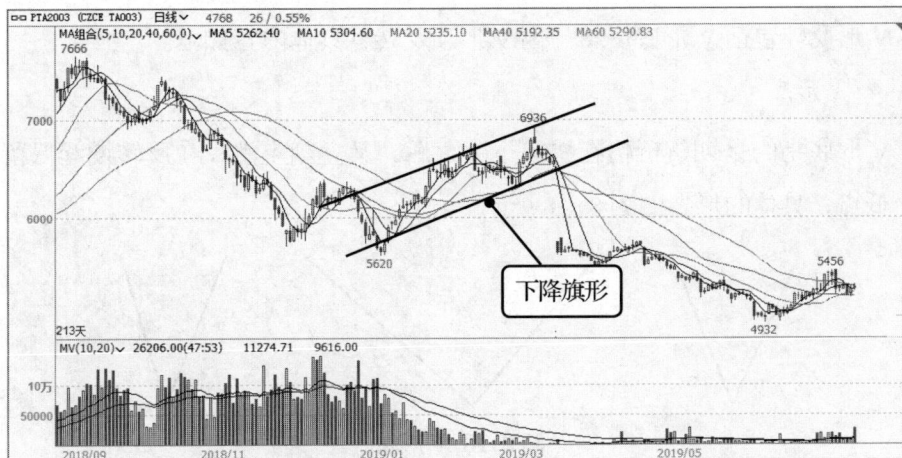

图 8-17 PTA2003 期货合约 2018 年 8 月至 2019 年 7 月的价格 K 线走势

从上图可以看到，该期货合约的价格从 2018 年 9 月初便开始表现下跌行情，跌势较为迅猛，跌幅较深。当 K 线运行至 6000 元价位线附近时开始止跌回升，形成了一个短期调整区域。在该区域中，每次波动的高点连线与低点连线都呈倾斜向上趋于平行，形成了下降旗形。

此时查看成交量发现，成交量表现缩量，说明场内有大量资金趁机出逃，可以判断此时的回调拉升是主力为了出逃而刻意制造的陷阱，后市看跌。

随后，K 线在 2019 年 3 月中旬向下跌破下降旗形，又一次迎来下跌行情。

8.2 K 线反转形态

顾名思义，反转形态是预示着期货价格将改变原有的趋势，向相反的方向运行的图形。在 K 线图中，反转形态比整理形态要多，下面我们来认识一些常用的反转形态。

NO.005 V 形反转

V 形反转包括 V 形底反转与倒 V 形顶反转，具体内容如下。

◆ V 形底

V 形底指的是期货价格在快速下跌之后，又立刻上涨，在反转期间只留下一个低点，具体的形态如图 8-18 所示。

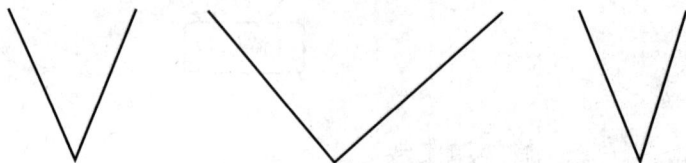

图 8-18 V 形底

实例分析

V 形底反转的应用

如图 8-19 所示为 IC2003 期货合约 2018 年 9 月至 2019 年 2 月的价格 K 线走势。

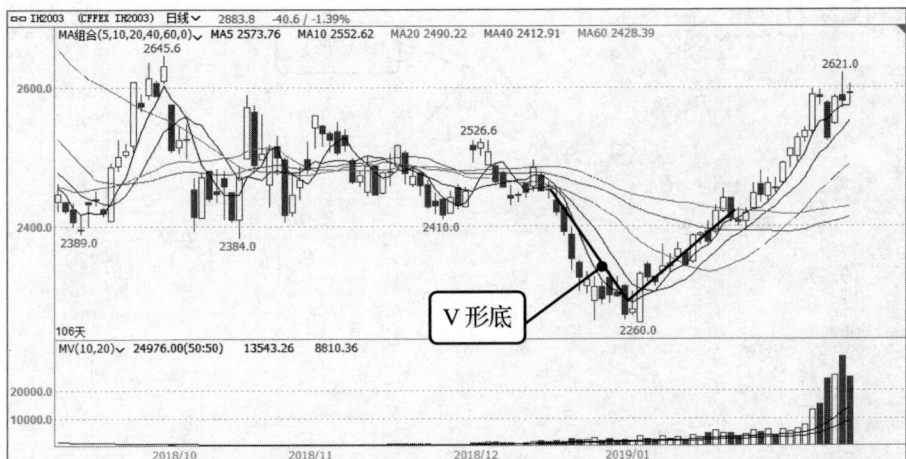

图 8-19 IC2003 期货合约 2018 年 9 月至 2019 年 2 月的价格 K 线走势

从上图可以看到，该期货合约从 2018 年 10 月开始表现下跌行情。当运行至 12 月中旬，K 线突然放出多根大阴线大幅拉低价格，随后 1 月初 K 线收出一根高开高走的大阳线，价格开始止跌向上运行。这深跌之后的急涨形成了 V 形底反转形态。

◆ 倒 V 形顶

倒 V 形顶反转是和 V 形底反转相反的反转形态，出现在价格顶部，一般如图 8-20 所示。

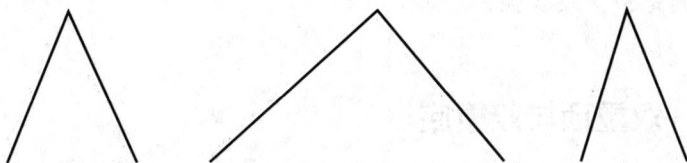

图 8-20 倒 V 形顶

实例分析

倒 V 形顶反转的应用

如图 8-21 所示为沪锌 1912 期货合约 2018 年 12 月至 2019 年 7 月的价格 K 线走势。

图 8-21 沪锌 1912 期货合约 2018 年 12 月至 2019 年 7 月的价格 K 线走势

从上图可以看到，该期货合约的价格前期表现上涨行情，但 K 线运行至 3 月时，上涨变缓，表现出调整的走势。但到 3 月底时，K 线突然收出多根跳空高开高走的阳线，大幅向上拉升，制造出行情上涨的假象。但该波上涨并未长时间维持，仅仅经历了 10 个交易日左右，K 线就收出多根低开低走的大阴线，使得价格骤降，直接摧毁了前一轮上涨的努力。这一急涨急跌形成了倒 V 形顶反转形态，预示后市将下跌。

通过上图我们可以看到，在倒 V 形顶反转形态出现后，价格 K 线开始表现出大幅下跌的走势，跌势强劲。

NO.006 双重顶与双重底

双重顶与双重底是比 V 型形态信号更强的反转形态，具体分析如下。

◆　双重顶

双重顶又称 M 顶，一般在期价上涨的高位出现的频率较多，其走势大致形成 M 形，是一个期价见顶的反转形态。

双重顶的两个高点通常在同一水平位附近，两个最高点的连线叫压力线。双顶形态的第二个高点通常比第一个高点低，但也有少数情况比第一个高点略高，常见的双重顶形态的示意图如图 8-22 所示。

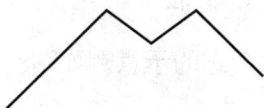

图 8-22　双重顶

实例分析

双重顶反转的应用

如图 8-23 所示为沪铝 2007 期货合约 2018 年 12 月至 2019 年 8 月的价格 K 线走势。

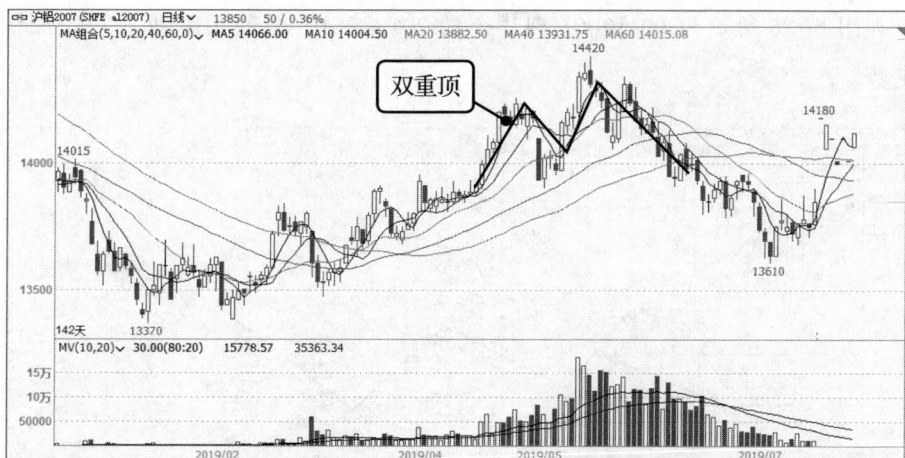

图 8-23　沪铝 2007 期货合约 2018 年 12 月至 2019 年 8 月的价格 K 线走势

从上图可以看到，该期货合约从 2019 年 1 月开始表现出上涨行情，当 K 线运行至 2019 年 4 月中旬时出现回落，并在 14000 元价位线附近止跌，形成了双重顶反转形态的左顶。然后继续上涨，最高涨至 14420 元时，再次向下运行，双重顶形态基本形成，后市将表现下跌行情。

◆ 双重底

双重底又称W底，一般在期价下跌的低位出现的频率较高，其走势大致形成W形，是一个期价见底的反转形态。双底的两个低点通常在同一水平位附近，两个最低点的连线叫支撑线。双底形态的第二个低点通常比第一个低点高，但也有少数时间比第一个低点低，如果第二个低点比第一个低点略高，则后市更加看好，常见的双重底形态的示意图如图8-24所示。

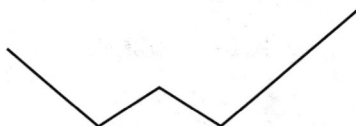

图 8-24 双重底

实例分析

双重底反转的应用

如图 8-25 所示为 PTA2005 期货合约 2018 年 10 月至 2019 年 2 月的价格 K 线走势。

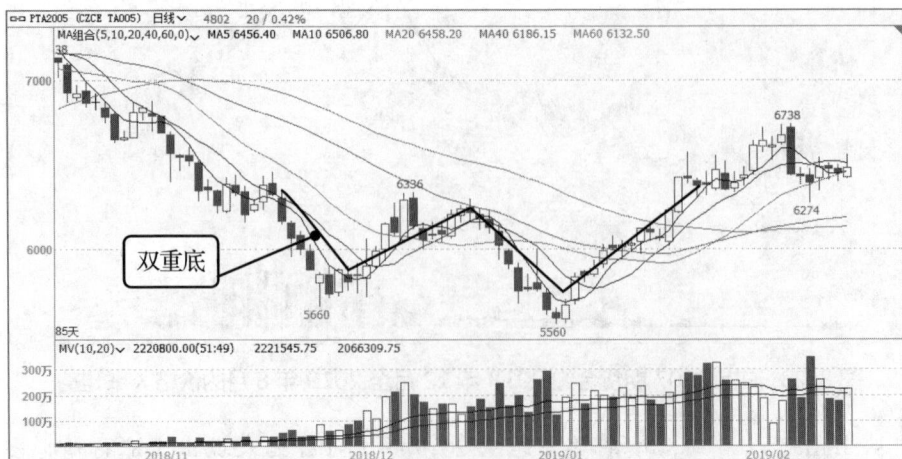

图 8-25 PTA2005 期货合约 2018 年 10 月至 2019 年 2 月的价格 K 线走势

从上图可以看到，该期货合约在运行至 2018 年 11 月中旬时止跌反弹，形成第一个阶段性低点。接着出现反弹，但该轮反弹仅持续了几个交易日，便又开始下跌，跌至上一个低点的水平位置附近时止跌回升，形成双重底形态。随后期价反转向上拉升。

NO.007 圆弧顶与圆弧底

圆弧顶就是期货价格缓慢上涨，在顶部经过短暂地上涨，最后再缓慢地下跌，在顶部形成了一个圆弧。而圆弧底是圆弧顶的反面，是在底部形成相反的圆弧。二者具体的形态如图 8-26 所示。

图 8-26　圆弧顶与圆弧底

实例分析

圆弧底形态的反转运用

如图 8-27 所示为沪铝 2009 期货合约 2019 年 3 月至 9 月的价格 K 线走势。

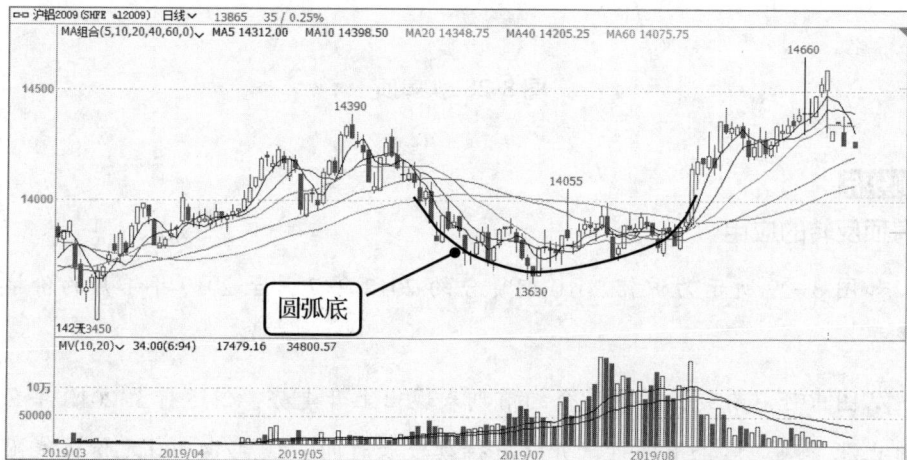

图 8-27　沪铝 2009 期货合约 2019 年 3 月至 9 月的价格 K 线走势

从上图可以看到，该期货合约的期价从 5 月中旬开始表现下跌走势，下跌至 13700 元价位线时止跌，并在该价位线附近走出横盘调整走势。通过观察，发现整理过程中的 K 线经过短暂的上涨再缓慢的下跌，形成圆弧底形态。8 月初时，K 线向上突破圆弧底形态，开始反转表现出上涨行情。

NO.008　头肩顶与头肩底

头肩顶也叫三重顶，它可以说是双重顶形态的复合形态，比双重顶多了一次冲顶过程。

期价在上涨到高位后开始回落，形成左肩，在某个位置获得支撑后回升，随后期价缩量上涨至高位，随后期价第二次下跌探底形成头部，之后期价企稳回升到高位后再次下跌并跌破上一个低点的支撑线（颈线）形成头肩顶形态，其大致形态如图 8-28 所示。

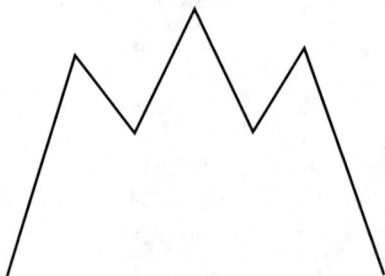

图 8-28　头肩顶

实例分析

头肩顶反转的应用

如图 8-29 所示为沪铝 2010 期货合约 2018 年 7 月至 2019 年 1 月的价格 K 线走势。

从图中可以看到，该期货合约前期表现出上升走势，但运行至 2018 年 8 月中时止涨下跌。该轮下跌行情并没有持续较长时间，跌至 14 400 元价位线附近

时获得支撑开始回升。K 线放出多根高开高走的阳线上冲高位，冲至 15 000 元
价位线时动力不足，期价开始第二次下跌探底，形成三重顶的头部。随后期价
企稳回升，但回升的力量不足，很快便再次下跌，且跌破了上一个低点的支撑位，
形成三重顶形态，后市开始了漫长的下跌行情。

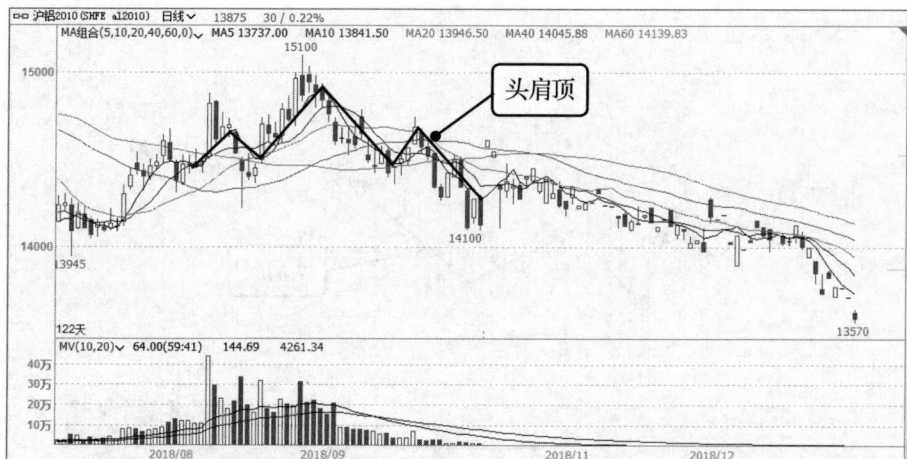

图 8-29 沪铝 2010 期货合约 2018 年 7 月至 2019 年 1 月的价格 K 线走势

头肩底也叫三重底，它可以说是双重底形态的复合形态，该形态一般出现
在期价下跌的低位。期价在下跌到低位后反弹形成左肩，随后期价反弹受阻回
落创新低后再次反弹形成头部，当期价上涨到上次反弹高位附近受阻回落并在
第一次期价下跌低位附近止跌企稳，后市期价上涨突破阻力线（颈线）形成头
肩底形态，其大致形态如图8-30所示。

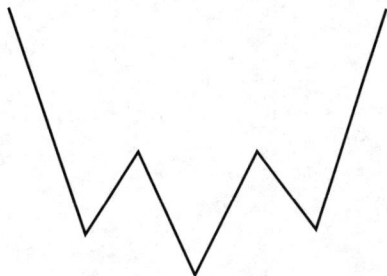

图 8-30 头肩底

实例分析

头肩底形态反转的应用

如图 8-31 所示为沪锌 2005 期货合约 2018 年 10 月至 2019 年 4 月的价格 K 线走势。

图 8-31 沪锌 2005 期货合约 2018 年 10 月至 2019 年 4 月的价格 K 线走势

从上图可以看到，该期货价格在下跌到 20000 元价位线时，止跌反弹。但该轮反弹仅维持了 10 多个交易日就受阻回落，创下新低 19020 元后企稳回升。上升至 21000 元价位线后上涨受阻回落下跌，但此次的下跌幅度不深，并很快企稳回升。这几次的下跌回升形成了头肩底形态，后市期价将反转向上。

期价向上突破头肩底的阻力线之后开始表现出了大幅向上拉升的走势，最高涨至 23280 元。

第 **9** 章

利用技术指标与趋势线分析期价

在看K线图的时候，会发现图中不仅有阴阳线，还包括很多不同颜色的曲线以及各类窗口显示的不同图形。这些内容就是技术指标与趋势线，可以更好地帮助我们研判期货价格走势。

9.1 成交量指标

成交量指标是分析价格最重要也是最基础的技术指标之一，因为成交量不仅是一种分析工具，它也会直接改变期货合约的价格。下面我们来学习如何应用成交量指标。

NO.001 什么是成交量指标

所谓成交量，是指时间单位内期货合约交易的成交数量，在图形中的表示方法以柱体为主。一般来说，如果当天收盘价高于当天均价，成交量柱体呈实体；反之，成交量柱体呈空心体。

成交量指标的具体形态如图 9-1 所示。

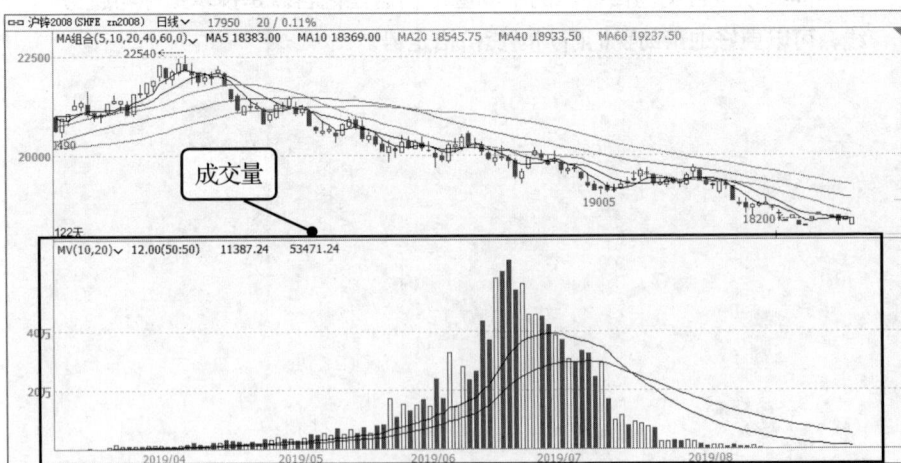

图 9-1 成交量指标

对于成交量的增减，专业的价格分析一般是用如下所示的形态来表示的。

◆ **缩量**：当前市场表现比较清淡，大部分人对市场后期走势的认同度比较高，有缩量上涨与缩量下跌两种。

◆ **天量**：在价格上涨过程中，成交量增加，某个交易日投资者大量平仓获利，成交量再次大增，价格下跌，这种情况称为天量。

◆ **地量：** 地量是缩量的一个极端形式，成交量将创近期内的最低水平。当地量出现后，表示在一段较长期限内，期货价格将反转上涨。

◆ **放量：** 放量指市场开始活跃，投资者的看法各不相同。成交量高于前一日成交量的 10% 以上，往往发生在市场趋势的转折点上。

◆ **堆量：** 堆量是由连续的成交量组成的形态，一般来说，如果主力连续向上拉升价格，成交量会连续出现较高的情况。

NO.002 持仓量与成交量

一般来说，股票、外汇等投资产品的价格分析只需要利用成交量就够了，然而在期货合约价格中，还需要通过分析持仓量来辅助。

在期货市场中，持仓量指的是买入（或卖出）的头寸在未了结平仓前的总和，也就是买卖方向未平仓合约的总和。

持仓量和成交量的区别，我们可以以一个简单的例子来区分。

某期货合约开始之后，9:10 出现了买入 500 手与卖出 500 手的交易，那么当前的成交量就是 1 000 手（国内期货合约），而当日的成交量是将一个交易日内所有的买卖交易相加。

在市场上，假设该合约还有 100 万手的期货合约尚未平仓，现在又出现了 1 000 手的交易，因此此时的持仓量就是 1 001 000 手。

一般来说，除非出现逼仓、爆仓等大宗交易的现象，否则持仓量是长期大于成交量的。

那么当持仓量与成交量在各自发生变化时，一般会呈现什么样的形态呢？具体如图 9-2 所示。

成交量增加，持仓量增加

这样的情况在期货走势中最为常见，多发生在单边行情开始时期。一般来说，多空双方持续交战，形成市场中投资资金的对垒，但此时价格还未形成统一的整理区间，波动幅度快速而频繁，因此此时短线投资者有足够的获利空间。

成交量减少，持仓量增加

此时是大行情来临的前兆，市场在动态中达到了一种平衡。成交量的减少，是由于价格波动区间的逐步平衡，使短线资金无利可图，而持仓量的增加，则意味着多空双方资金对抗逐步升级。

成交量增加，持仓量减少

此情况一般发生在一段行情持续的过程中，由于行情有利于多空的其中一方，从而使相反一方快速套利，持仓逐步减少。但价位的快速运动为短线操作提供了良机，使得成交量并没减少反而可能增加。

成交量减少，持仓量减少

成交量和持仓量的同步减少，说明多空双方或其中一方对后市失去信心，资金正逐步退场。由于成交量和持仓量都比较小，行情容易受外界因素影响，价格的波动随意性很强，投资者会面临更大的风险。

图 9-2 成交量与持仓量的变化关系

NO.003　量价的几种关系

在实际的期货投资中可以发现，成交量与期价之间有着密不可分的关系，期货价格的发展离不开成交量的支持，没有量的上涨是缺少动力的，没有量的下跌也是没有压力的。所以作为投资者，我们要仔细观察它们之间存在的关系，以助力研判期价的后市走向。常见的量价关系有以下几种。

◆　量增价涨

量增价涨指成交量在上涨的同时，价格也在持续上涨，具体的形态如图 9-3 所示。

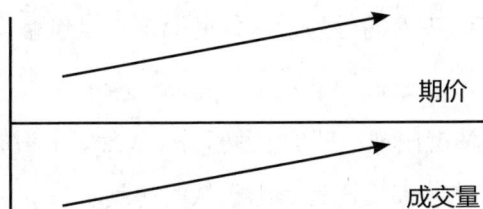

图 9-3 量增价涨

量增价涨是指成交量随着期价的上涨而增加，这是最好的量价配合，该情况出现在不同时期，代表的意义各不相同，如表 9-1 所示。

表 9-1

位置	意义
上涨初期	量价齐升如果出现在期价上涨的初期，说明主力的资金在源源不断地进场，投资者可大胆买入做多，重仓介入
上涨途中	在期价上涨的途中如果出现量价齐升的现象，只要不是过度放量，而且期价在 5 日线上，投资者就可谨慎做多，但要尽量避免一次性重仓介入
连续上涨后期	如果量价齐升出现在连续上涨一段时间之后，若持仓量变化不大，仍可谨慎持有。若成交量突然放大，就算是价升量增也要减仓出局，随时避免主力大规模出货

◆ 量增价平

量增价平是指价格横盘整理，成交量逐步增加，具体形态如图 9-4 所示。

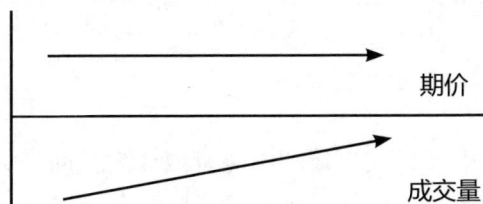

图 9-4 量增价平

这种情况出现在不同的位置，也有不同的意义，如下所示。

①如果期价正处在相对底部区域，量升价平通常是主力在对敲建仓，用放

大的成交量来掩盖自己买入的行为，这种情况下一旦价格向上突破，一定要及时跟进。

②如果量升价平情况出现在期价上涨途中，从盘口上看有很密集的上压板，可能是主力在利用滞涨欺骗投资者卖出，从而达到吃货的目的，这种情况要继续持股。

③当期价在反复拉升后出现量升价平的现象，通常是有大户在出货，一定要高度警惕，一旦期价向下变化，应该果断卖出。

◆ 量增价跌

所谓量增价跌，是指期货合约价格出现下跌，而成交量逐步增加，具体形态如图 9-5 所示。

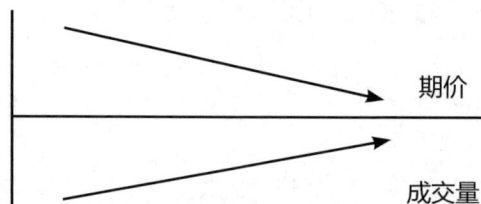

图 9-5 量增价跌

量升价跌指的是期价在下跌时成交量却出现放大的现象。此情况如果出现在期价上涨到一定高度后，应及时退出；如果出现在期价下跌的途中，后市仍有上涨的可能；如果出现在期价下跌到一定低点时，则可以准备好资金，随时准备入场。

◆ 量平价升

量平价升指期价上涨，成交量却不能有效放大，而是保持在一个比较平稳的范围内。此情况若出现在期价上涨初期和途中，后市可能继续上涨；若出现在期价上涨之后，则有明显的滞涨嫌疑，投资者可随时准备离场。具体形态如图 9-6 所示。

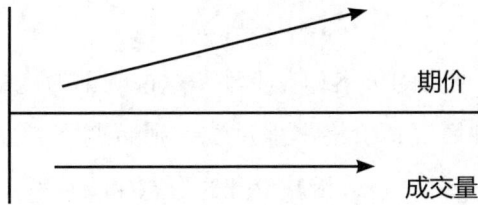

图 9-6 量平价升

◆ 量平价平

量平价平是指期价和成交量都保持在很小的范围内变化，呈现多空实力均衡的现象，这通常是一种牛皮行情的体现，投资者应静观其变，不买也不卖（激进型投资者如果已经介入，可暂时退出以选择其他产品）。具体形态如图 9-7 所示。

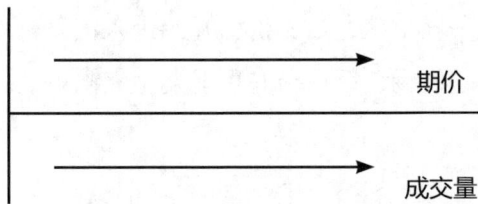

图 9-7 量平价平

◆ 量平价跌

量平价跌指期货合约价格走势图中，价格走势出现下跌趋势，而成交量却并未发生改变。出现这种量价关系表示后市价格可能会持续下跌，投资者最好尽快做空逃离，具体的形态如图 9-8 所示。

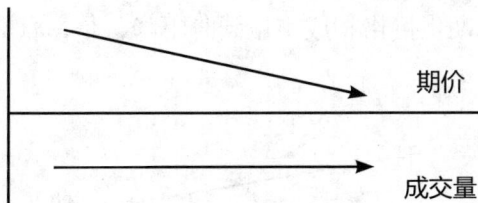

图 9-8 量平价跌

◆ 量减价升

成交量减少，而期货的价格却在上涨，这说明主力控制盘口的程度较高。此时的操作分为两种情况，价格上涨过快，则后期可能出现下跌；价格缓慢上涨，后市还会持续上涨一点，量减价升的形态如图 9-9 所示。

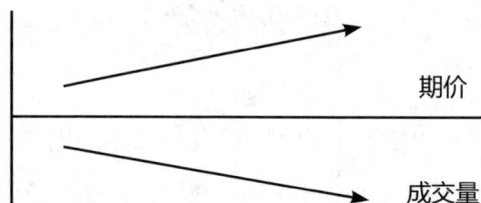

图 9-9 量减价升

◆ 量减价平

期货价格在经过一段上涨之后，价格开始进入横盘整理，而成交量却在不断减少，此时应该引起警惕，后市极有可能发生大幅下跌。量减价平的具体形态如图 9-10 所示。

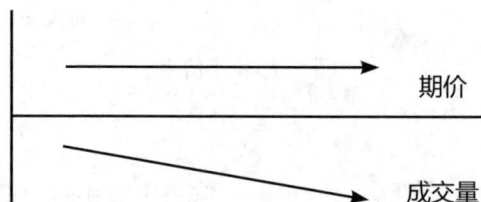

图 9-10 量减价平

◆ 量减价跌

量减价跌指的是期货价格和成交量同时下降，是一种非常强的下跌卖出信号。具体的形态如图 9-11 所示。

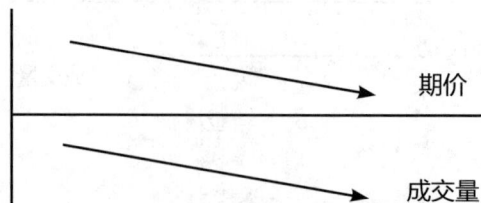

图 9-11 量减价跌

如果量减价跌出现在涨势初期，属正常回档，投资者可以进行补仓；若发生在下跌初期，则跌势仍将持续；若股价处在长期下跌趋势中，行情有可能止跌回稳。

9.2 移动平均线的应用

趋势线是一种非常有效的分析价格的工具，趋势线包含很多种，除了最常见的上涨或下跌趋势外，移动平均线、通道线等都属于趋势线的范畴。

NO.004 认识移动平均线

移动平均线，原本的意思是价格移动平均，由于一般将其制作成线形，所以称之为移动平均线，简称均线。移动平均线对分析期货价格盘面有着非常重要的作用，下面一起来认识它。在一幅期货价格 K 线图中，移动平均线的形态如图 9-12 所示。

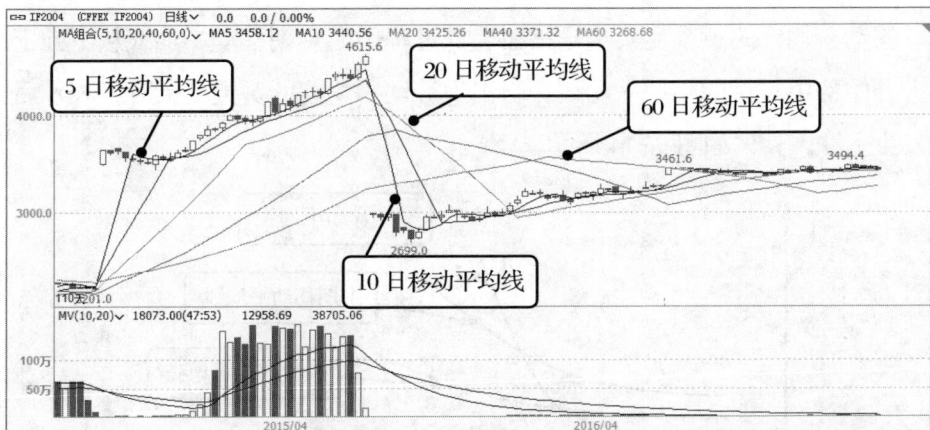

图 9-12 不同的移动平均线

在上图中看到的不同时间的移动平均线，实际就是移动不同的统计周期，具体可分为如图 9-13 所示的几种。

短期移动平均线

一般为 5 日或 10 日移动平均线，短期移动平均线可作为短期买卖期货的依据。但短期移动平均线的信号一般是很难把握的。

中期移动平均线

一般为 20 日、30 日、40 日、60 日移动平均线，相对来说，中期移动平均线使用率最高，特别是以 30 日为最佳。

长期移动平均线

一般为 120 日、150 日、200 日、250 日移动平均线，这是适合超长期期货投资者使用的移动平均线。

图 9-13 不同期限的移动平均线

NO.005　移动平均线的黄金交叉

移动平均线对涨跌的预判并发出买卖信号，主要是通过不同统计周期平均线的交叉和规律排列来体现的。

移动平均线的黄金交叉，是指在上升过程中的短期移动平均线从下向上穿越上升中的中长期的移动平均线。当出现移动平均线的黄金交叉时，表示后市将发生上涨，具体如图 9-14 所示。

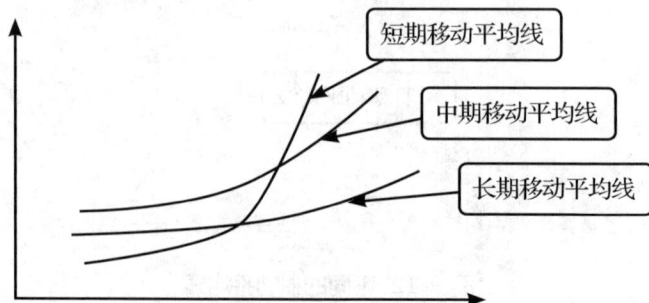

短期移动平均线

中期移动平均线

长期移动平均线

图 9-14 移动平均线的黄金交叉

实例分析

移动平均线黄金交叉的分析

如图 9-15 所示为 IF2006 期货合约 2018 年 4 月至 2019 年 2 月的价格 K 线走势。

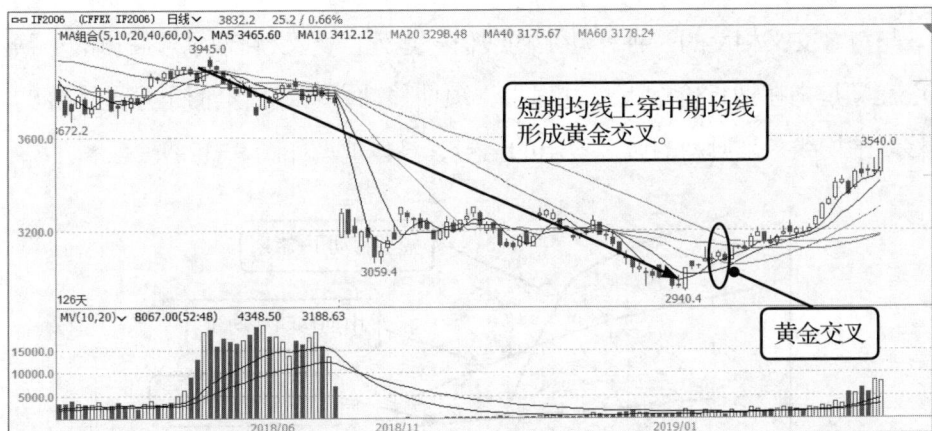

图 9-15 IF2006 期货合约 2018 年 4 月至 2019 年 2 月的价格 K 线走势

从上图可以看到，该期货价格前期处于下跌行情中，在下跌末期的低位区，5 日均线上穿 20 日均线形成黄金交叉，预示后市将发生大涨行情。如图 9-16 所示为 IF2006 期货合约 2018 年 11 月至 2019 年 4 月的价格 K 线走势。

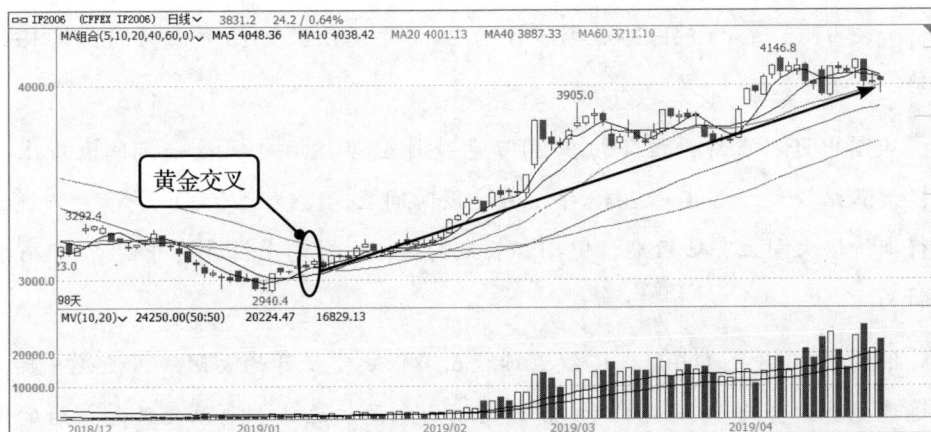

图 9-16 IF2006 期货合约 2018 年 11 月至 2019 年 4 月的价格 K 线走势

从上图可以看到，该期货合约出现黄金交叉之后，成交量表现放量，期价上涨，该波上涨行情涨势强劲，涨幅较大。

NO.006　移动平均线的死亡交叉

与黄金交叉相反的一种移动平均线信号是死亡交叉，它预示着后市的下跌。死亡交叉是指在期货价格下降过程中，短期移动平均线由上而下穿过下降的长期移动平均线，是典型的做空卖出的信号，具体形态如图 9-17 所示。

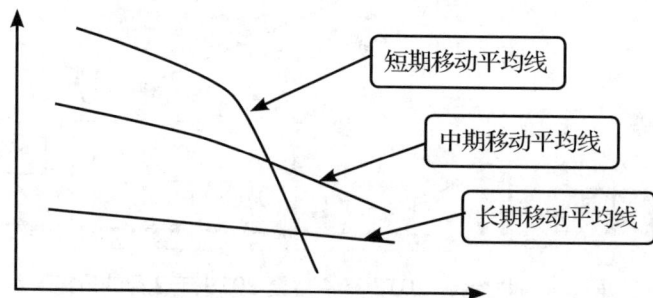

图 9-17　移动平均线的死亡交叉

实例分析

移动平均线死亡交叉的分析

如图 9-18 所示为 IH2003 期货合约 2017 年 9 月至 2018 年 2 月的价格 K 线走势。

从图中可以看到，该合约在 2017 年 9 月至 2018 年 1 月这一期间表现上升行情，涨幅较大，尤其是 2018 年 1 月这段时间里，K 线连续放出多根大阳线，使得期价依次向上突破短期、中期和长期均线，大幅向上拉升，并创下 3 226 元的新高。

但到了 2018 年 1 月底，K 线连续放出多根跳空低开的大阴线，使得 5 日均线迅速调头，并与 10 日均线和 20 日均线形成高位死叉。高位死叉是最好的做空信号，说明后市将出现巨幅深跌行情。

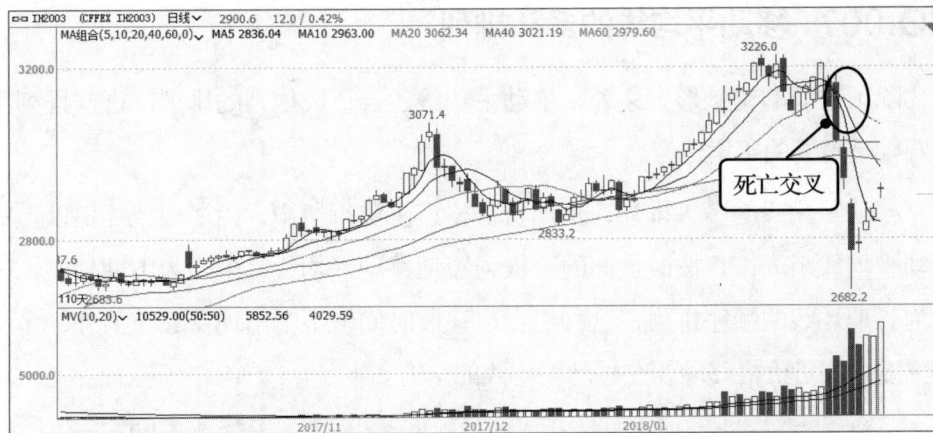

图 9-18　IH2003 期货合约 2017 年 9 月至 2018 年 2 月的价格 K 线走势

如图 9-19 所示为 IH2003 期货合约 2018 年 1 月至 2019 年 1 月的价格 K 线走势。

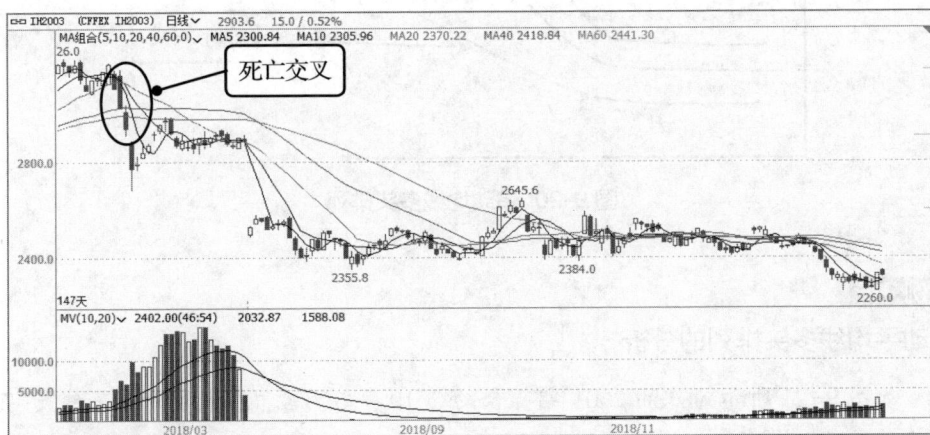

图 9-19　IH2003 期货合约 2018 年 1 月至 2019 年 1 月的价格 K 线走势

从上图可以看到，高位死叉出现后，中期均线和长期均线也逐渐调头向下，期价走出急转直下的下跌行情，迅速回落至 2400 元附近，并长期维持在该价位线附近。

NO.007　移动平均线的多头排列

除了不同的交叉形态之外，移动平均线还会形成规则的排列，这些排列组合同样是重要的买卖信号。

移动平均线的多头排列，指期货价格在上涨行情中，由 3 根或 3 根以上的移动平均线组成，且按最上面的一根为短期移动平均线，中间为中期均线，下面为长期均线的顺序排列，这种组合在一段时间内不会出现交叉。另外，多头排列要求期货价格移动要在移动平均线的上方。

一般来说，多头排列是比较准确的上涨做多信号，具体形态如图 9-20 所示。

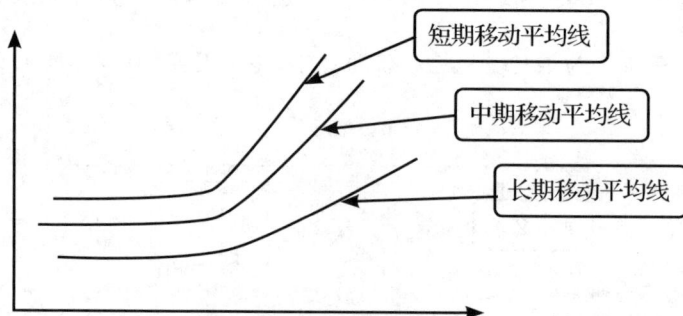

图 9-20　移动均线多头排列

实例分析

移动平均线多头排列的分析

如图 9-21 所示为豆油 2001 期货合约 2019 年 5 月至 12 月的价格 K 线走势。

从图中可以看到，该期货合约前期经过一段时间的横盘整理开始向上拉升，此时移动平均线纷纷抬头向上，短期均线、中期均线和长期均线依次排列，形成移动平均线的多头排列，成交量表现放量，预示后市期价将继续上涨。

在移动平均线的多头排列正式形成，维持了一段上涨行情之后，开始横盘整理，随后再继续大幅向上拉升。

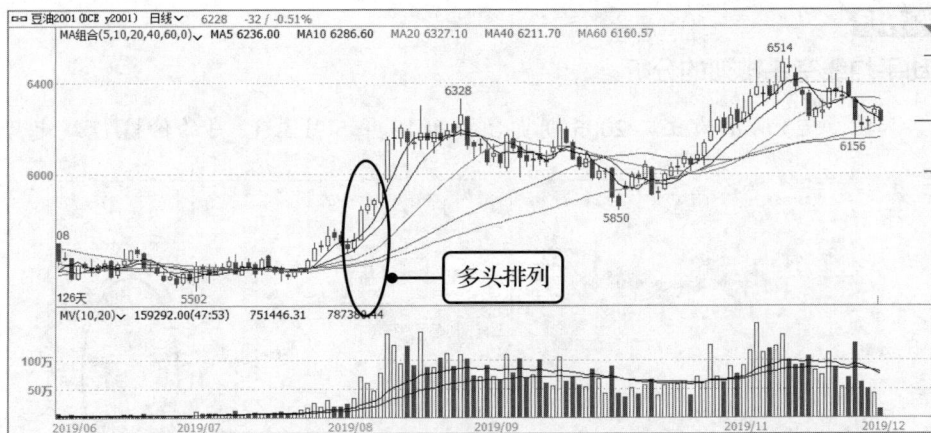

图 9-21 豆油 2001 期货合约 2019 年 5 月至 12 月的价格 K 线走势

NO.008　移动平均线的空头排列

与多头排列相反的移动平均线组合是空头排列，它是指在期货价格下跌的趋势中，由 3 根移动平均线组成，并且从上到下分别为长期、中期、短期移动平均线的组合。另外，期货价格 K 线需要在各条移动平均线的下方。

空头排列是一种看跌信号，在形成的前期，是做空卖出的好时机，到了后期则不适合做任何操作，具体的形态如图 9-22 所示。

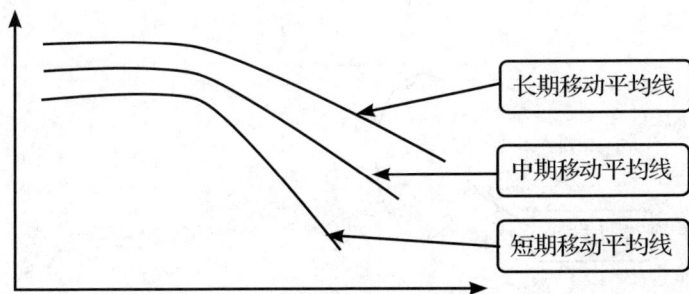

图 9-22 空头排列

实例分析

移动平均线空头排列的分析

如图 9-23 所示为豆二 2005 期货合约 2018 年 5 月至 12 月的价格 K 线走势。

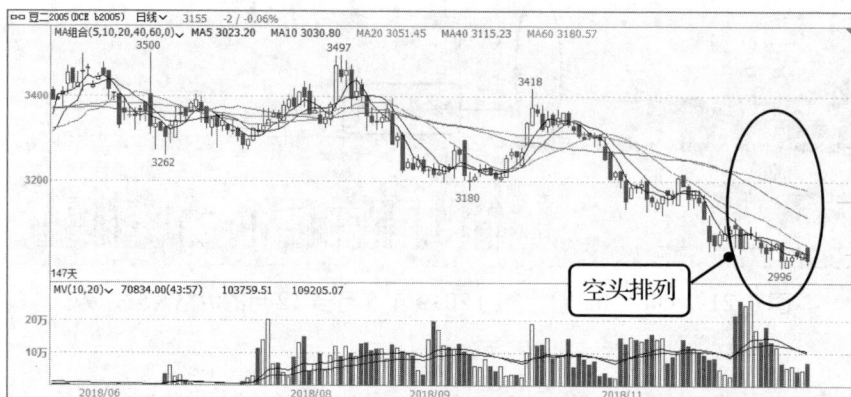

图 9-23 豆二 2005 期货合约 2018 年 5 月至 12 月的价格 K 线走势

因为该合约前期经过一段时间的拉升行情后到达一个相对高位区域，开始慢慢回调。从图中可以看到，8 月中旬开始期价的回调使得移动平均线纷纷调头向下。到 9 月中旬，期价有一段小幅反弹，但反弹的力度不够，使得下跌的速度加快，空头排列更加明显。

如图 9-24 所示为豆二 2005 期货合约 2018 年 10 月至 2019 年 5 月的价格 K 线走势。

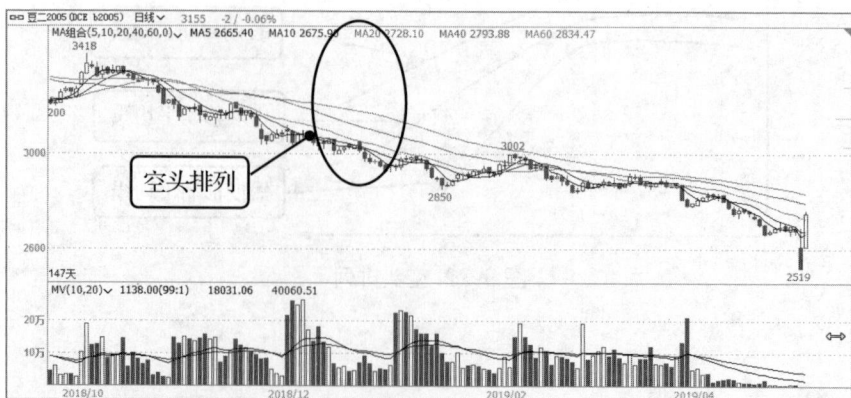

图 9-24 豆二 2005 期货合约 2018 年 10 月至 2019 年 5 月的价格 K 线走势

从图中可以看到，移动平均线形成典型的空头排列之后，期价进入急速向下的长期下跌行情中。

9.3 平滑异同移动平均线——MACD

MACD 平滑异同移动平均线是由移动平均线发展而来的趋势线，它同时具有趋势线和技术指标的特征。弥补了移动平均线的不足，从而帮助投资者更好地预判期货价格的走势。

NO.009　什么是平滑异同移动平均线

一幅完整的平滑异同移动平均线图一般由 5 个部分组成，分别是 DIFF 线、DEA 线、红色能量柱（多头）、绿色能量柱（空头）、0 轴，具体如图 9-25 所示。

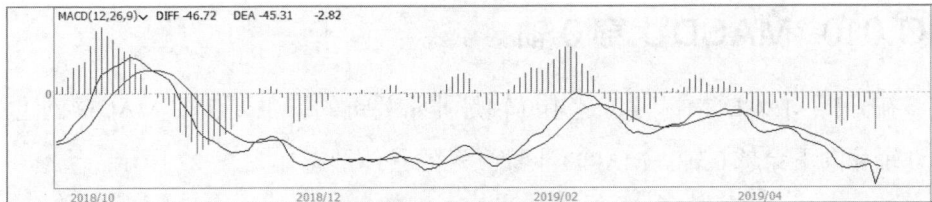

图 9-25　平滑异同移动平均线

在上图中，DIFF 线和 DEA 线虽然都沿着相同的趋势运动，但却有着各自不同的意义，具体如下。

◆ DIFF 线是快速移动平均线（一般为 12 日移动平均线）和慢速移动平均线的差。一般来说，差值为正，说明期货价格上涨；差值为负，说明期货价格下跌。

◆ DEA 线是由 DIFF 线计算而来，它是 DIFF 线的算数平均值。

运用DIFF线和DEA线来分析期货价格，一般有如图9-26所示的几个方法。

情况一 —— 当 DIFF 线和 DEA 线都在 0 轴上方并向上移动时，表示行情处于多头行情中，可以买入开仓或多头持仓。

情况二 —— 当 DIFF 线和 DEA 线都在 0 轴下方并向下移动时，表示行情处于空头行情中，可以卖出开仓或止步。

情况三 —— 当 DIFF 线和 DEA 线都在 0 轴上方但向下运动时，表示行情处于下跌阶段，可以卖出开仓和观望。

情况四 —— 当 DIFF 线和 DEA 线都在 0 轴下方但向上运动时，表示为行情即将上涨，可以买入开仓或多头持仓。

图 9-26 DIFF 线和 DEA 线的应用

NO.010 MACD 上穿 0 轴

在分析 MACD 指标时，运用 0 轴是非常关键的，主要包括 MACD 向上穿越 0 轴和向下穿越 0 轴。MACD 上穿 0 轴的具体形态如图 9-27 所示。

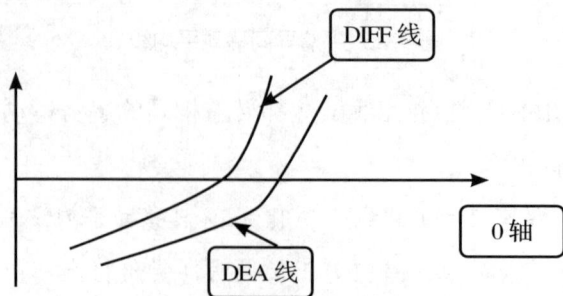

图 9-27 MACD 上穿 0 轴

MACD 上穿 0 轴，说明期货的后市价格将上涨，具体案例如下。

实例分析

MACD 上穿 0 轴分析

如图 9-28 所示为棕榈 2009 期货合约 2019 年 3 月至 8 月的价格 K 线走势。

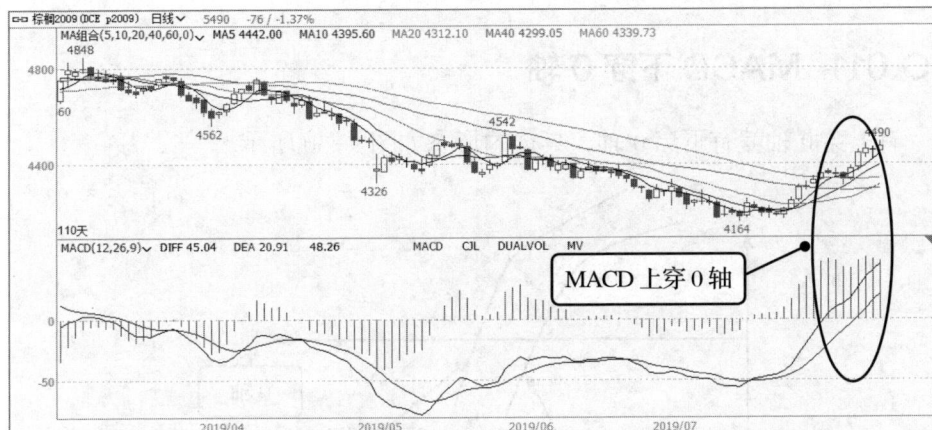

图 9-28 棕榈 2009 期货合约 2019 年 3 月至 8 月的价格 K 线走势

从上图可以看到，该期货合约前期表现下跌走势，此时 MACD 中的 DIFF 线和 DEA 线一直在 0 轴的下方运行。随后运行至 7 月底，DIFF 线和 DEA 线纷纷自下而上穿过 0 轴，而期价止跌表现初涨。此时为较好的买入信号，后市将迎来一波涨势。如图 9-29 所示为棕榈 2009 期货合约 2019 年 8 月至 11 月的价格 K 线走势。

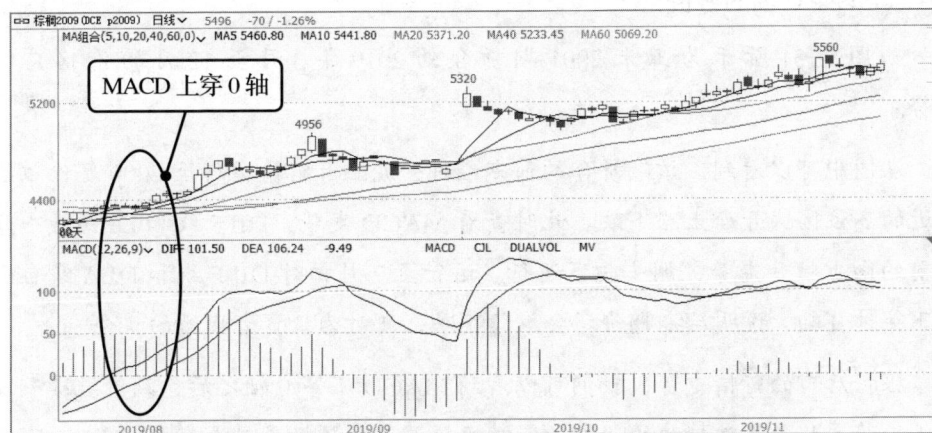

图 9-29 棕榈 2009 期货合约 2019 年 8 月至 11 月的价格 K 线走势

从上图可以看到，DIFF线和DEA线上穿0轴之后，一直在0轴上方运行，而期价则表现出稳定上涨的行情。如果投资者在DIFF线和DEA线上穿0轴时买入看涨，必然会获得不菲的收益。

NO.011 MACD 下穿 0 轴

有上穿0轴就有下穿0轴，具体的形态如图9-30所示。

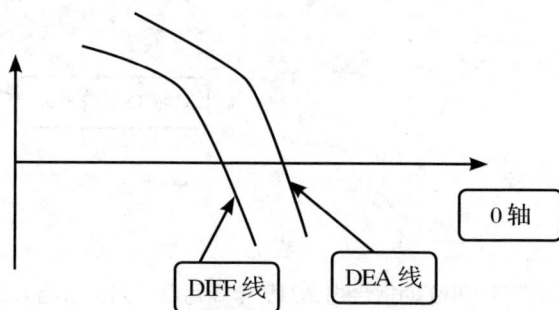

图 9-30 MACD 下穿 0 轴

MACD下穿0轴预示未来的期货价格将下跌，是卖出做空的信号，具体案例如下。

实例分析

MACD 下穿 0 轴的分析

如图9-31所示为玉米2001期货合约2019年3月至12月的价格K线走势。

从图中可以看到，该期货合约前期经过一波上升行情运行至2000元价位线附近的高位区域开始止涨下跌。此时查看MACD发现，DIFF线和DEA线一改之前的向上拉升走势，调头向下运行。运行至7月初时DIFF线和DEA线自上而下穿过0轴，说明后期期价还会继续下跌，此时为投资者出逃的机会。

根据后市的行情走势，我们可以看到MACD下穿0轴之后，期价继续表现下跌走势，此番下跌持续的周期长，跌幅较深，如果投资者没有在MACD下穿

0 轴时出逃，那么将承受巨大的损失。

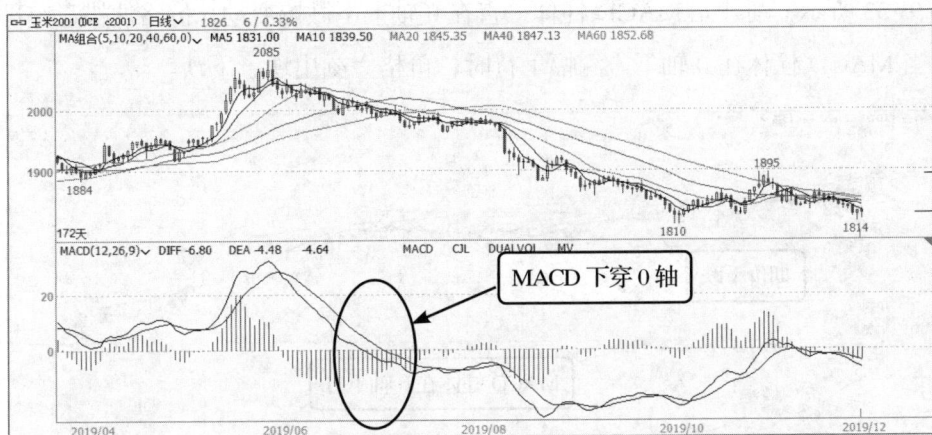

图 9-31 玉米 2001 期货合约 2019 年 3 月至 12 月的价格 K 线走势

NO.012 MACD 柱体的应用

MACD 除了 DIFF 线与 DEA 线之外，不同的柱体也可以帮助判断价格的涨跌。在实际盘面中，在 0 轴上方的柱体表示多头，在此期间该期货合约处于多头，价格一般是处于上涨阶段的，如图 9-32 所示。

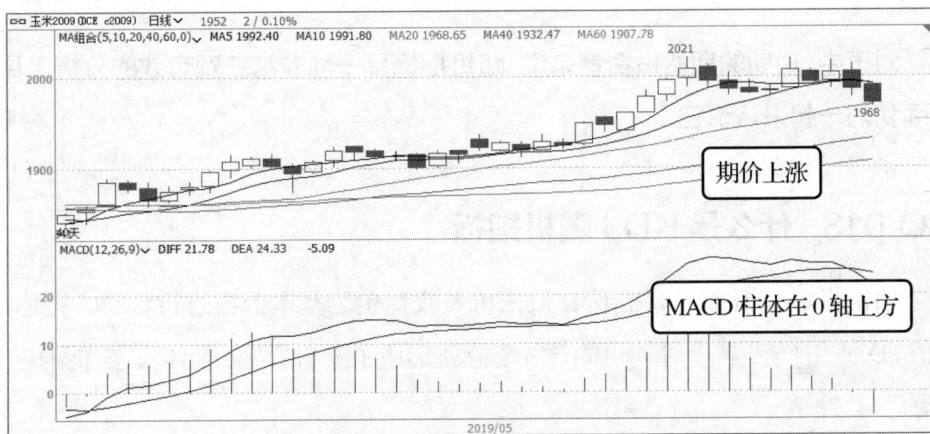

图 9-32 MACD 柱体在 0 轴上方

同样，在 MACD 柱体处于 0 轴下方时，一般预示着价格将要下跌。如图 9-33 所示，刚开始 MACD 柱体一直在 0 轴上下微幅变动，价格便横盘整理，而当 MACD 柱体在 0 轴下方深幅下行时，价格立刻出现了下跌。

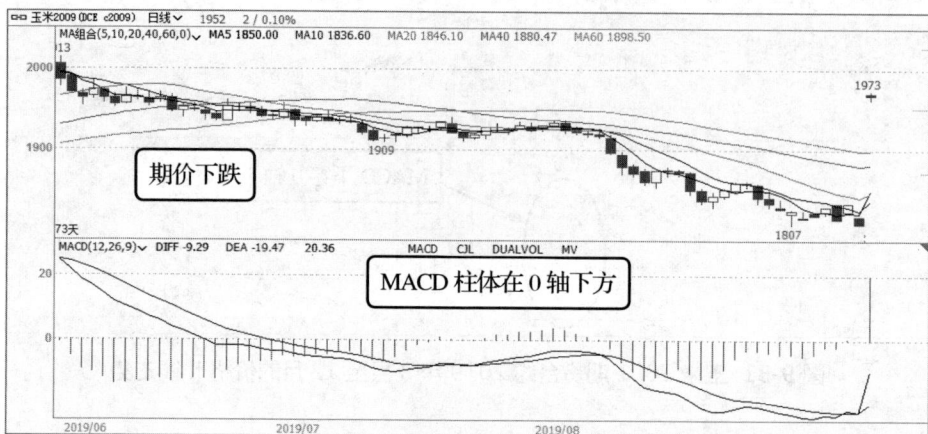

图 9-33　MACD 柱体在 0 轴的下方

9.4 随机指标——KDJ

对于中、短期的期货投资者来说，随机指标是一种非常新颖有效的分析工具，下面我们一起来认识它。

NO.013　什么是 KDJ 随机指标

随机指标 KDJ 是以最高价、最低价及收盘价为基本数据进行计算，得出的 K 值、D 值和 J 值，各个时间点的这 3 个值就形成了随机指标，具体形态如图 9-34 所示。

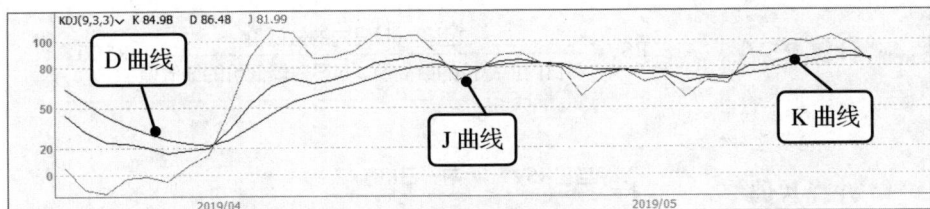

图 9-34　KDJ 随机指标

在 KDJ 指标中，3 个数据有不同的统计周期，如在上图中显示"KDJ（9，3，3）"，这就表示最高价统计周期为 9 日、最低价与收盘价为 3 日。在看盘软件中，这 3 个统计周期是可以修改的，但最好保证相同的比例。

要利用 KDJ 指标来分析期货价格，我们首先要认清 KDJ 指标 3 条线的意义以及相关的取值，具体如下。

◆ K 线为快速确认线，当数值在 90 以上为超买，数值在 10 以下为超卖。

◆ D 线为慢速主干线，当数值在 80 以上为超买，数值在 20 以下为超卖。

◆ J 线为方向敏感线，当 J 值大于 90，特别是连续 5 天以上，期货价格至少会形成短期顶部；反之 J 值小于 10 时，特别是连续数天以上，股价至少会形成短期底部。

理财贴士　*什么是超买超卖*

所谓超买，是指市场超出买方的能力，价格显著上涨后，近期内可能下跌；反之，超卖是指价格已跌到了不合理的水平，通常会发生在价格短期内急跌趋势之后。超卖意味着价格很容易向上调整。

NO.014　KDJ 指标的计算

在计算 KDJ 指标时需要先计算出一个未成熟的随机值 RSV 作为中间变量，再根据这个中间变量分别计算出 K 值、D 值和 J 值，最终绘制出图表。KDJ 指标的计算过程与计算方法如图 9-35 所示。

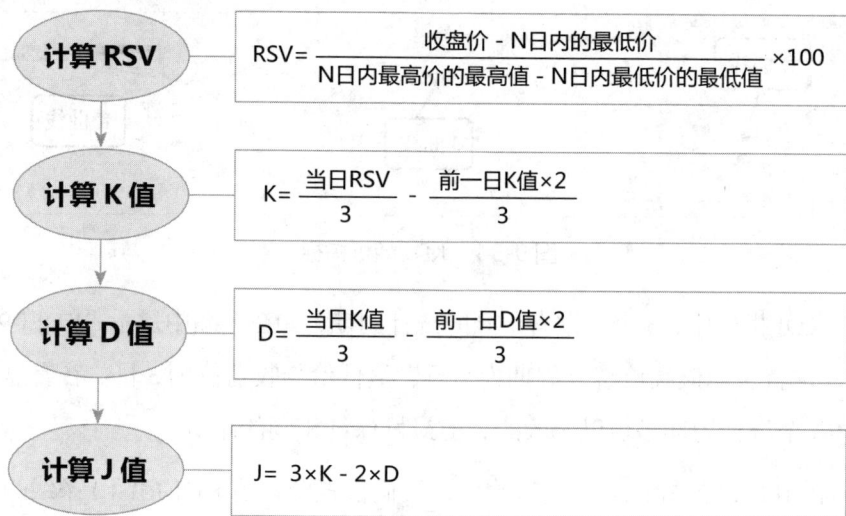

图 9-35 KDJ 指标的计算过程与方法

NO.015　KDJ 指标的买卖点判断

由于 KDJ 指标对市场行情的反应非常快，适合用于短线技术分析。在实战操作中，KDJ 指标根据各条曲线的数值以及与其他曲线的位置关系判断买卖时，可参考如下所示的几个位置来判断买卖点。

◆　当 K 值大于 80 时，一般判断为进入超买区，价格回档概率大，可适量跟进。

◆　当 K 值小于 20 时，一般判断为进入超卖区，价格反弹概率大，宜做空。

◆　K 曲线在 20 左右自下而上突破 D 曲线时，视为买进信号。

◆　K 曲线在 80 左右自上而下穿破 D 曲线时，视为卖出信号。

◆　当 J 值大于 100 时，价格容易反转下跌，及时出逃为佳。

◆　当 J 值小于 0 时，价格反转上涨概率较大，可适量介入。

实例分析

KDJ 指标的卖点信号运用

如图 9-36 所示为淀粉 2001 期货合约 2019 年 4 月至 11 月的 KDJ 指标走势。

图 9-36　淀粉 2001 期货合约 2019 年 4 月至 11 月的 KDJ 指标走势

从上图可以看到，该期货合约前期处于上升行情，但期价运行至 5 月中旬时 K 线突然放出多根高开高走的大阳线拉高期价，与此同时查看 KDJ 指标发现 J 值大于 100，说明期价很有可能反转下跌，所以投资者不要继续追涨，应该及时出逃。随后，发现 J 曲线调头向下运行，且 K 曲线在 80 左右自上而下穿破 D 曲线，说明后市期价将进入大跌行情，此次的穿破为卖出信号。

根据后市的期价走向我们可以看到，随后期价进入了漫长的下跌行情，此轮下跌持续了 5 个月左右。

NO.016　KDJ 指标黄金交叉

移动平均线的黄金交叉会发出买入信号，KDJ 的 3 条指标线也可以形成黄金交叉甚至是黄金山谷。KDJ 形成黄金交叉的条件比较复杂，需要 K、D、J 这 3 条线的值都小于 50，J 线和 K 线同时向上突破 D 线，3 条线几乎交于一点。

KDJ 的黄金交叉预示反转上涨，具体如图 9-37 所示。

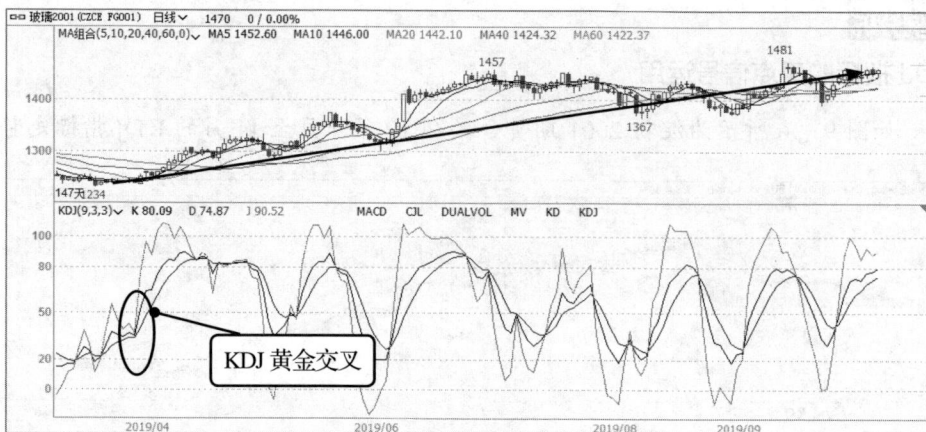

图 9-37 KDJ 指标黄金交叉

NO.017　KDJ 指标死亡交叉

KDJ 指标的死亡交叉，指当 K、D、J 三条线都处于 50 标准线上方的时候，J 线和 K 线此时同时向下穿越 D，并汇聚成一点。死亡交叉的出现，说明期货价格即将要发生反转，结束涨势开始下跌，具体如图 9-38 所示。

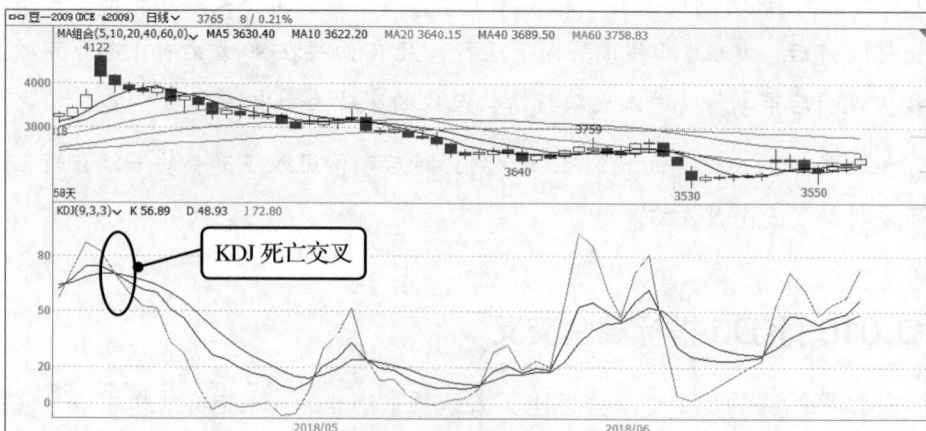

图 9-38 KDJ 指标死亡交叉

第 **10** 章

常见期货合约交易实战

对期货的价格分析有了深刻的认识之后，就可以着手实战，操作买卖期货了。然而期货合约非常多，具体应该如何买卖呢？本章就来实战应用一下前面的理论。

10.1 玉米期货实战

玉米期货是我国最早的期货合约之一，2004 年 9 月 22 日正式在大连商品交易所上市。目前玉米期货是国内现货规模最大的农产品期货品种。接下来我们一起认识玉米期货合约的实战交易。

NO.001 玉米期货标准化合约

要实战交易一种期货合约，首先要来认识它的合约。下面列举的是玉米期货 1501 合约之后的标准化合约，如表 10-1 所示。

表 10-1

玉米期货标准合约文本	
交易品种	黄玉米
交易代码	C
交易单位	10 吨 / 手
报价单位	元（人民币）/ 吨
最小变动单位	1 元 / 吨
每日最大波动限制	不超过上一个交易日结算价 ±4%
交割月份	1、3、5、7、9、11 月
交易时间	每周一至周五上午 9:00 ~ 11:30（法定节假日除外），下午 13:30 ~ 15:00
最后交易日	合约月份第 10 个交易日
最后交割日	最后交易日后第 3 个交易日
交割品级	大连商品交易所玉米交割质量标准（FC/DCE D001-2013）
保证金	合约价值的 5%
交割方式	实物交割
交易所	大连商品交易所

NO.002 玉米期货基本面分析

要分析玉米期货的基本面，首先要了解其影响因素，具体如表 10-2 所示。

表 10-2

影响因素	内容
玉米产量	世界玉米产量中，美国占 40%，中国占 20%，这两地的玉米产量及供给将直接影响玉米期货的价格
玉米需求	在国际市场，欧洲国家对玉米的进口量非常大，而国内则需要从畜牧业上考虑对玉米的需求，这些都对玉米价格影响起决定性作用
进出口	各个国家的玉米产量会使得该国调整玉米进出口政策，从供求、税率等内容上改变玉米期货的价格
库存	玉米的库存也是决定商品价格的因素之一，一般来说，库存和期货的价格是呈负相关的
成本收益	成本收益是指土地价格、种子价格、肥料价格等影响玉米种植的因素，它们的价格高低在一定程度上改变玉米期货的价格
比价关系	玉米期货与其他谷物的比价关系非常重要，举例来说，如果大豆的利润高于玉米，人们就会减少玉米的种植，造成价格的变动
货币因素	货币因素也会直接影响玉米期货价格，总的来说，货币贬值，玉米期货价格会上涨；货币升值，玉米期货价格会下跌
经济周期	玉米期货同样逃不开经济周期对其价格的影响，在复苏、繁荣、衰退、萧条 4 个阶段会呈现不同的价格趋势
运输成本	影响运输成本的原油、海洋运输费用等价格变动也会在一定程度上改变玉米期货的价格

下面我们从中选择一种因素，通过实际案例来看看玉米期货价格是如何改变的。

实例分析

玉米期货基本面分析

如图 10-1 所示为我国玉米 2015 年至 2018 年生产价格统计。

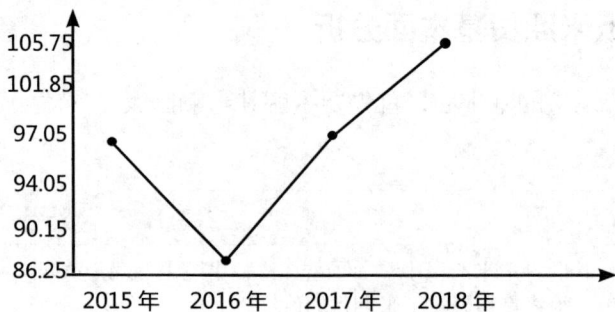

图 10-1 玉米生产价格

从上图可以看到，我国玉米生产价格在 2015 年至 2016 年呈现下跌趋势，2016 年达到最低，2016 年至 2018 年呈现逐年增长的趋势，2018 年达到最高。

此时我们查看玉米期货指数 2015 年至 2018 年的走势变化，如图 10-2 所示。

图 10-2 玉米指数 2015 年至 2018 年期价走势变化

从上图可以看到，玉米指数同玉米生产价格一样，2015 年到 2016 年表现下跌走势，2016 年至 2018 年表现上涨走势。因为生产价格指数是反映某一时期生产领域价格变动情况的重要经济指标，因此在同样的时间段，玉米期货合约也同样处于略微下跌的趋势。

NO.003 玉米期货的价格分析

利用基本面分析完玉米期货之后，下面我们应该从价格走势的角度来看看玉米期货的价格特点。

实例分析

玉米期货价格分析

在玉米期货合约某日的价格分时图中，合约价格只在开盘阶段出现了几次简单的下跌，在其他大部分时间都处于直线运行中，这正好体现了玉米期货作为农产品期货价格稳定的特点，如图 10-3 所示。

图 10-3 玉米期货价格分时图

因为在一天之内价格变化不会太大甚至不会出现变化，所以玉米期货合约价格日 K 线图经常出现一字线，但偶尔也会出现柱体较长、影线较长的 K 线，这是需要投资者格外注意的地方。

NO.004　玉米期货的风险管理制度

我们知道期货合约有很多规避风险的交易制度，那么在玉米期货合约中，这些制度是如何体现的呢？

（1）保证金制度

当玉米期货合约临近交割日期的时候，有如表 10-3 所示的保证金收取标准。

表 10-3

交易时间段	交易保证金
交割月份前一个月第一个交易日	合约价值的 10%
交割月份前一个月的第 6 个交易日	合约价值的 15%
交割月份前一个月的第 11 个交易日	合约价值的 20%
交割月份前一个月的第 16 个交易日	合约价值的 25%
交割月份前第一个交易日	合约价值的 30%

另外，当持仓量变化时，玉米期货合约的保证金收取标准如表 10-4 所示。

表 10-4

合约月份双边持仓总量（N）	交易保证金（元 / 手）
N ≤ 150 万手	合约价值的 5%
150 万手＜ N ≤ 200 万手	合约价值的 8%
200 万手＜ N ≤ 250 万手	合约价值的 9%
250 万手＜ N	合约价值的 10%

（2）限仓制度

为了防止玉米期货交易的操盘，有如下的一些限仓额度。首先，在正常交易月份的时候，限仓额度如表 10-5 所示。

表 10-5

持仓量	期货公司会员	非期货公司会员	投资者
单边持仓＞ 20 万手	总额的 25%	总额的 20%	总额的 10%
单边持仓 ≤ 20 万手	50 000	40 000	20 000

当玉米合约进入交割月份的前一个月和交割月份时，限仓额如表 10-6 所示。

表10-6

交易时间段	期货公司会员	非期货公司会员	投资者
交割月份前一个月 第一个交易日期	50 000 手	40 000 手	20 000 手
交割月份前一个月 第 10 个交易日期	25 000 手	20 000 手	10 000 手
交割月份	12 500 手	10 000 手	5 000 手

NO.005 玉米期货的交割

玉米期货在交割的时候会涉及如下的一些内容。

（1）交割的流程与方式

在玉米期货交割过程中，是需要经过办理仓单——申请交割——双方评估——实物交割的流程的。在交割时，有如下一些注意细节。

◆ 在卖方发货之前，交易者要向交易所剔除交割预报，并缴纳 10 元 / 吨的交割预报金，交割完成后这笔钱将返还。

◆ 玉米期货的交割实行的是期货转现货与滚动交割两种实物交割方式。

◆ 最后交易日闭市之后，交易所按照"最少配对数"的原则通过计算机对交割月份持仓合约进行配对交割。

（2）交割的手续费

玉米期货在交割时，会面临如下的一些交割手续费。

1. 交割手续费：1 元 / 吨。

2. 入库、出库费用实行仓库最高限价。

3. 仓储及损耗费：11 月 1 日～次年 4 月 30 日为 0.5 元 /（吨·天），5 月 1 日～10 月 31 日为 0.6 元 /（吨·天）。

4. 玉米期货的检验费用为 1 元 / 吨。

10.2 豆粕期货实战

豆粕和玉米期货一样，同样是我国较早的一种期货合约，现在在大连期货交易所进行交易。接下来我们一起认识豆粕期货合约的实战交易。

NO.006　豆粕期货标准化合约

首先，我们来看看豆粕期货产品的标准化合约，如表 10-7 所示。

表 10-7

豆粕期货标准合约文本	
交易品种	豆粕
交易代码	M
交易单位	10 吨／手
报价单位	元（人民币）／吨
最小变动单位	1 元／吨
每日最大波动限制	不超过上一个交易日结算价 ±4%
交割月份	1、3、5、7、8、9、11、12 月
交易时间	每周一至周五上午 9:00 ~ 11:30，下午 13:30 ~ 15:00（法定节假日除外）
最后交易日	合约月份第 10 个交易日
最后交割日	最后交易日后第 3 个交易日
交割品级	大连商品交易所豆粕交割质量标准
保证金	合约价值的 5%
交割方式	实物交割

NO.007　豆粕期货基本面分析

豆粕作为一种在全球流通的期货产品，会受到不同因素的影响，从基本面的角度来看，主要有如表 10-8 所示的几点。

表 10-8

影响因素	内容
大豆供应	豆粕作为大豆的加工副产品，大豆的供应量直接决定着豆粕的供应量，也会直接影响豆粕期货的价格
大豆价格	大豆的价格高低往往直接影响豆粕的生产成本。如今，进口大豆的价格对国内豆粕的价格影响更为明显
豆粕产量	豆粕产量的直接决定因素是大豆产量，但豆粕的压榨技术、生产成本等都会改变其生产量，一般来说生产量越大，价格越低
豆粕库存	前期的库存量会直接改变市场供应量，如果前期豆粕供应不足，价格就会上涨，前期供应充足，价格自然偏低
消费情况	豆粕的消费情况等于豆粕的需求量，近年来，我国豆粕需求量保持13% 的年增长率，在此情况下，价格也会出现明显上涨
比价关系	豆粕和大豆、豆油的比价会改变人们的选择。如豆油价格高，豆粕就会跌价；豆油滞销，豆粕价格就会上涨
替代豆粕	除了大豆、豆油，花生粕、菜粕等豆粕替代品也对豆粕价格有一定的影响。如替代品价格低，饲料企业就会放弃豆粕
相关政策	农产品的相关政策会直接改变大豆供应，养殖业会直接改变需求量，从而使得豆粕价格发生变化

以上是分析豆粕期货合约基本面的主要因素，下面我们同样选择其中的一些内容来进行详细分析。

实例分析

豆粕期货基本面分析

2014 年至 2016 年我国的大豆生产价格呈现逐年下降，但 2016 至 2018 年我国的大豆生产价格呈现逐年上升，如图 10-4 所示为我国大豆生产价格 2014 年至 2018 年的变化。

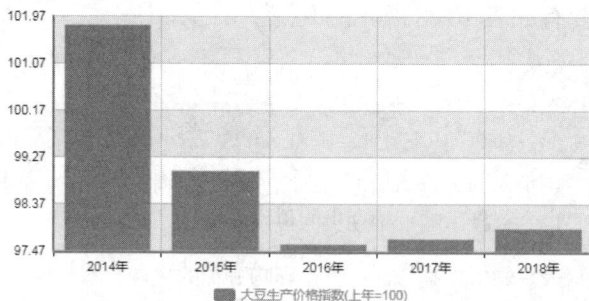

图 10-4 我国大豆生产价格 2014 年至 2018 年的变化

我们查看同一时间段下的期货豆粕指数，如图 10-5 所示。

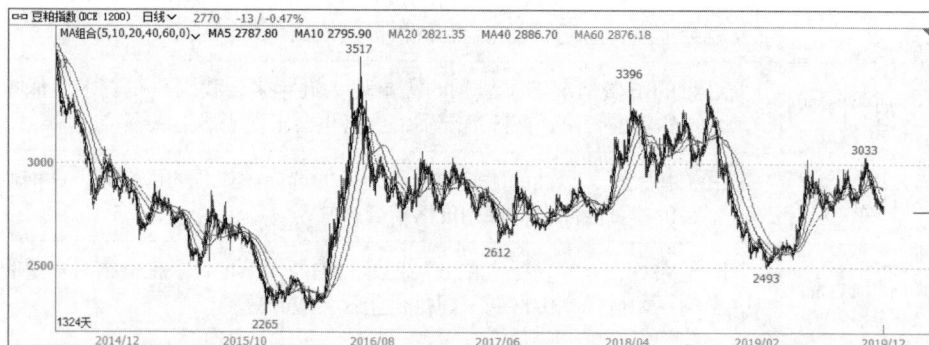

图 10-5 期货豆粕指数

从上图可以看到，豆粕指数在 2014 年至 2015 年表现下跌走势，2015 年至 2016 年表现震荡下跌，而 2016 年至 2017 年表现震荡上升，2017 年至 2018 年表现上涨走势。可以看出，豆粕指数的走势与大豆生产价格的走势表现出大致相同的趋势。因此，大豆生产价格的变化可以作为影响豆粕期货变化的重要因素。

NO.008 豆粕期货价格特点

虽然同样为大连期货交易所的农产品期货合约，但豆粕期货和玉米期货的价格特点却有所不同，下面我们来详细分析豆粕期货合约价格走势。

实例分析

豆粕期货价格分析

在豆粕期货合约某一交易日的价格分时图中，价格虽然出现了水平直线，但持续时间都非常短，在交易时间内，价格出现变动的次数明显要比玉米期货合约多，但价差并不大，具体如图 10-6 所示。

图 10-6　豆粕期货合约价格分时图特点

因为豆粕期货日内价格的特点，在 K 线图中，豆粕期货合约很难出现一字线，一般表现为较短柱体与较短影线的 K 线走势。

NO.009　豆粕期货的风险管理制度

在豆粕期货合约的交易中，交易所是如何通过各种制度来规避风险的呢？

（1）保证金制度

豆粕期货合约的最低保证金为合约价值的 5%，交易保证金实行分级管理制度，随着交割日期的临近和持仓量的变化，保证金会发生变化。豆粕期货合约临近交割日期保证金的收取标准如表 10-9 所示。

表 10-9

交易时间段	交易保证金
交割月份前一个月第一个交易日	合约价值的 10%

续表

交易时间段	交易保证金
交割月份前一个月的第 6 个交易日	合约价值的 15%
交割月份前一个月的第 11 个交易日	合约价值的 20%
交割月份前一个月的第 16 个交易日	合约价值的 25%
交割月份前第一个交易日	合约价值的 30%

当豆粕期货合约的持仓量发生变化时，保证金的收取如表 10-10 所示。

表 10-10

合约月份双边持仓总量（N）	交易保证金（元 / 手）
N ≤ 100 万手	合约价值的 5%
100 万手＜ N ≤ 150 万手	合约价值的 8%
150 万手＜ N ≤ 200 万手	合约价值的 9%
200 万手＜ N	合约价值的 10%

（2）持仓限仓制度

豆粕期货合约在正常月份的持仓限额与玉米期货一样，但进入交割月份前一个月与进入交割月份时，持仓限额的情况如表 10-11 所示。

表 10-11

交易时间段	期货公司会员	非期货公司会员	投资者
交割月份前一个月第一个交易日期	25 000 手	20 000 手	10 000 手
交割月份前一个月第 10 个交易日期	12 500 手	10 000 手	5 000 手
交割月份	6 250 手	5 000 手	2 500 手

NO.010　豆粕期货的交割

豆粕期货合约实行的是期货转现货与滚动交割的交割方式，除了正常的交割程序，还需要注意以下的一些内容。

在实物交割过程中，需要注意如下所示的要点。

◆ 豆粕期货指定的交割仓库分为基准交割仓库和非基准交割仓库，包括仓库与厂库。

◆ 豆粕的包装必须为新的编织袋，每个编织袋上必须印有详细的标签。

◆ 包装物不计算件数，编织袋包装价格包含在合约交易价格中。

除此之外，还需要注意如下所示的一些交割费用。

1. 交割手续费：1 元 / 吨。

2. 入库、出库费用实行仓库最高限价。

3. 仓库即损耗费：0.5 元 / 吨 / 天。

4. 检验费用：3 元 / 吨。

10.3 棉花期货实战

棉花期货即以棉花作为标的物的期货交易品种，是在郑州商品交易所上市交易的农产品期货合约，在国内同样属于交易量较多的期货产品。

NO.011　棉花期货标准化合约

国内的棉花期货与前面介绍的玉米、豆粕期货不在同一个交易所，自然在标准化合约上会有不同，具体如表 10-12 所示。

表 10-12

棉花期货标准合约文本	
交易品种	一号棉花
交易代码	CF
交易单位	5 吨 / 手
报价单位	元（人民币）/ 吨
最小变动单位	5 元 / 吨
每日最大波动限制	不超过上一个交易日结算价 ±4%
交割月份	1、3、5、7、9、11 月
交易时间	每周一至周五（法定节假日除外）上午 9:00 ～ 11:30，下午 13:30 ～ 15:00
最后交易日	合约交割月份的第 10 个交易日
最后交割日	合约交割月份的第 12 个交易日
交割品级	基准交割品：符合 GB 1103.1-2012《棉花 第 1 部分：锯齿加工细绒棉》规定的 3128B 级，且长度整齐度为 U3 档，断裂比强度为 S3 档，轧工质量为 P2 档的国产棉花。
保证金	合约价值的 5%
交割方式	实物交割
交易所	郑州商品交易所

NO.012 棉花期货的基本面分析

棉花作为一种农副产品，我们自然需要从供求关系、自然条件、经济政策、替代品等方面来对其价格进行分析，具体的内容和前面所介绍的内容基本相同，下面我们通过实际例子来看看棉花期货的基本面分析。

实例分析

棉花期货基本面分析

2014 年至 2016 年，我国棉花的产量出现了下降，但在 2016 年至 2018 年，我国的棉花产量开始增加，如图 10-7 所示。

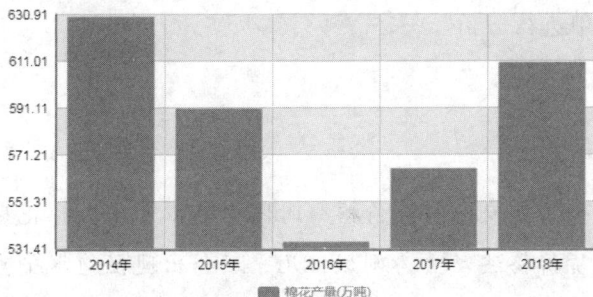

图 10-7 我国棉花的产量

在这样的大环境下，我们来看看棉花期货的价格走势变化，如图 10-8 所示为郑棉指数的 K 线走势。

图 10-8 郑棉期货价格走势

从上图可以看到，郑棉期货价格在 2014 年至 2015 年表现下跌，2015 年至 2016 年整体上来看也表现下跌走势，2016 年至 2017 年表现上涨，2017 年至 2018 年表现上涨。与棉花的生产量的变化走势大致上相同。所以说，棉花的生产量在很大程度上影响着郑棉期货的价格走势。

NO.013 棉花期货的价格分析

棉花作为经济农作物，与前面介绍的玉米等粮食农作物在价格上又有一定的区别，下面简单进行分析。

实例分析

棉花期货价格分析

在棉花期货合约某交易日的价格分时图中可以看出，棉花期货比之前介绍的玉米、豆粕期货价格波动更为剧烈，几乎不会出现任何水平直线运动，同时会在开盘价上下剧烈波动，如图10-9所示。

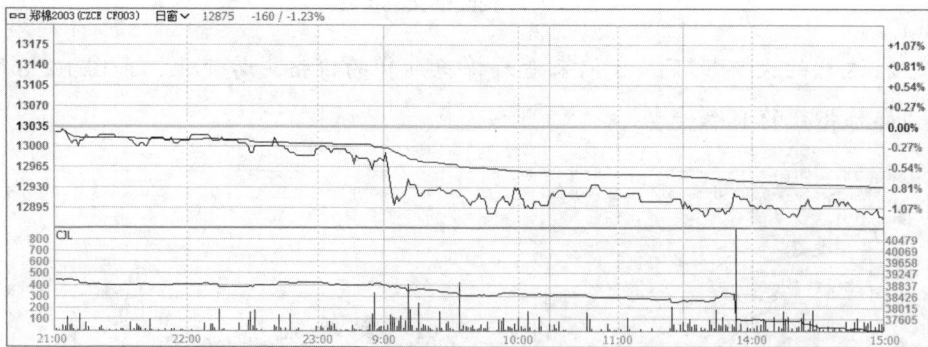

图10-9 棉花期货分时图

从棉花期货的价格K线图中看出，每日的价格波动较大，因此出现较长柱体或影线的K线，短期投资是有很多获利空间的。

NO.014 棉花期货的风险管理制度

郑州期货交易所同样对棉花期货合约有各类风险管理制度，具体内容如下。

（1）保证金制度

棉花期货合约的最低交易保证金标准为期货合约价值的5%，在一般月份、交割月份前一个月、交割月份之间有不同的变化。

首先，在一般月份，有如表 10-13 所示的保证金收取标准。

表 10-13

合约月份双边持仓总量（N）	交易保证金
N ≤ 30 万手	合约价值的 5%
30 万手＜N ≤ 40 万手	合约价值的 7%
40 万手＜N ≤ 50 万手	合约价值的 10%
50 万手＜N	合约价值的 12%

对于临近交割月份的保证金收取情况，郑州期货交易所会有不同要求，具体标准如表 10-14 所示。

表 10-14

交易时间段	交易保证金（元/手）
交割月份前一个月上旬	合约价值的 8%
交割月份前一个月中旬	合约价值的 15%
交割月份前一个月下旬	合约价值的 20%
交割月份	合约价值的 30%

（2）持仓限仓制度

对于棉花期货合约的持仓限仓制度，同样分为一般月份与临近交割月份两种情况。

在一般月份，有如表 10-15 所示的要求。

表 10-15

持仓量	期货公司会员	非期货公司会员	投资者
单边持仓 N ≥ 30 万手	≤ 15%	≤ 10%	≤ 5%
单边持仓 N ＜ 30 万手	45 000 手	30 000 手	15 000 手

而在交割月份的前一个月，有如表 10-16 所示的限仓要求。

表 10-16

交易时间段	期货公司会员	非期货公司会员	投资者
交割月份前一个月上旬	27 000	15 000	6 000
交割月份前一个月中旬	18 000	7 500	3 800
交割月份前一个月下旬	9 000	3 800	2 000
交割月份	1 000	300	100

NO.015 棉花期货的交割

郑州期货交易所对棉花期货合约实行滚动交割制度，采用三日交割法。当合约进入交割月第一个交易日至交割月最后交易日前一交易日，买方、卖方均可提出交割申请，并按交易所规定程序完成交割。

一般来说，第一日为配对日，第二日为通知日，第三日为交割日。在这个过程中，会面临如下的一些费用收取。

1. 交割手续费、仓单转让手续费、期货转现货手续费：1 元 / 吨。

2. 标准仓单仓储费用：0.4 元 / 吨 / 天。

3. 入库费用：汽车 18 元 / 吨（仓单注册方承担）。

4. 车船板交割指定交割仓库中转费用：12 元 / 吨（车船板交割卖方承担）。

第 **11** 章

期货快速获利技巧

通过本书前面章节的学习，相信大家已经对期货的基础理论、交易方式、价格分析、实战应用有了详细了解，而最后一章，我们就从技巧的角度来看看如何在期货市场上快速获利。

11.1 制订完善的期货投资计划

好的开始是成功的一半，期货投资也如此，在投资之前最好通过评估、借鉴等方式制订最适合自己的期货投资计划。

NO.001 在七禾网学习交易策略

七禾网（http://www.7hcn.com/）是国内较大的期货网站，当中介绍了很多期货投资技巧与投资方式，是新手投资快速入门的好帮手。七禾网主页如图 11-1 所示。

图 11-1 七禾网主页

下面来看看七禾网有哪些特别的内容可以帮助投资者进行期货投资。首先是七禾网首页的"期货投教"版块，能看到很多期货投资标题超链接，单击超链接可看到七禾网的期货投资建议，这对新手投资者很有帮助，如图 11-2 所示。

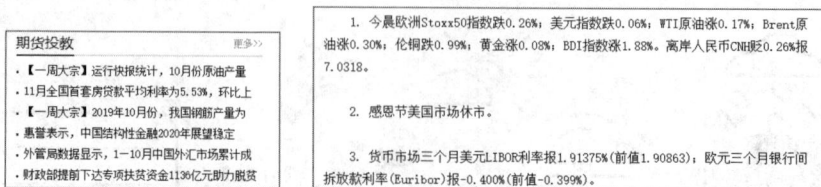

图 11-2 期货投教

七禾网中的实战排行榜为投资者介绍了操盘手的实战操作数据，在这些参与实战的投资者中，会根据盈利情况进行排名，单击任何一个投资者，就可以看到他的投资品种、投资偏好与盈亏情况。新手投资者可以选择靠前的投资者，学习其投资方式，如图11-3所示为实战排行榜。

实战排行榜-期货交易分析系统					更多>>
序号	操盘手	累计净值	客户权益	毛利润	净利润
1	二光	4458.53	1003528.49	12748990.00	7959974.06
2	1xiii	3569.40	0.09	241062.80	138570.05
3	稳步攀升	2770.92	100.00	701175.00	369985.60
4	厚德载物88	2278.35	496782.91	8615144.76	6672018.93
5	20号	2105.27	21181825.73	64752233.39	41937873.80

图 11-3 实战排行榜

七禾网有非常多的投资者参与实战投资，七禾网会将所有的数据进行汇总分析从而得出交易方向，如图11-4所示。

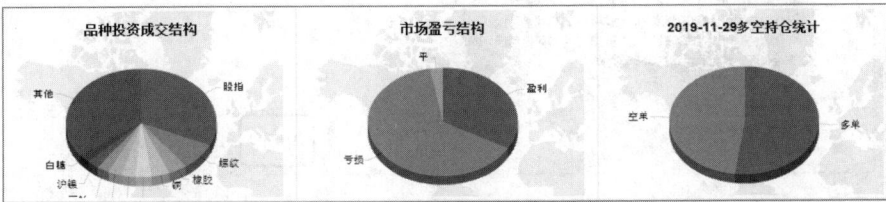

图 11-4 期货品种投资方向

NO.002 评估个人风险承受能力

虽然如今期货的投资门槛比较低，但它相对于基金、债券等，依然是一种较为高端的投资产品。在投资之前，最好对自己的风险承受能力有明确的认识，以免因风险过大而影响个人正常生活。

在互联网，特别是网上银行，有不同类型的个人风险测试问卷，投资者可以借此来测评自己的风险承受能力。

实例分析

在平安银行网上银行完成风险能力测试

进入平安银行风险承受能力测试页面，会看到很多测评题目，在每一道题目下选中最符合个人的答案对应的单选按钮，如图 11-5 所示。

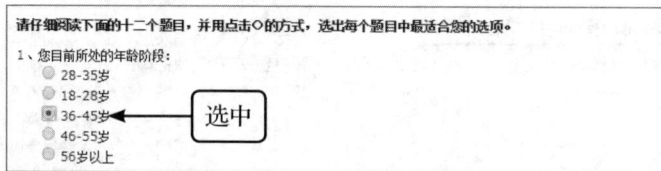

请仔细阅读下面的十二个题目，并用点击○的方式，选出每个题目中最适合您的选项。

1、您目前所处的年龄阶段：
- 28-35岁
- 18-28岁
- ● 36-45岁 ← 选中
- 46-55岁
- 56岁以上

图 11-5 按照实际情况作答

按照上面的方法依次完成每一道题目，然后单击最下方的"提交"按钮，如图 11-6 所示。

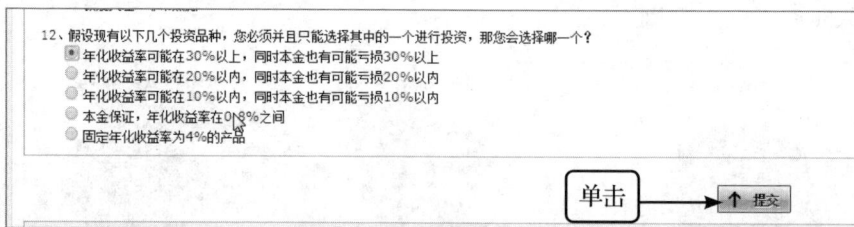

12、假设现有以下几个投资品种，您必须并且只能选择其中的一个进行投资，那么您会选择哪一个？
- ● 年化收益率可能在30%以上，同时本金也有可能亏损30%以上
- 年化收益率可能在20%以内，同时本金也有可能亏损20%以内
- 年化收益率可能在10%以内，同时本金也有可能亏损10%以内
- 本金保证，年化收益率在0~8%之间
- 固定年化收益率为4%的产品

单击 → ↑ 提交

图 11-6 提交测试

系统自动进入测评结果页面，会显示测评得分与风险承受类型，投资者可根据资产配置建议进行投资，一般来说期货属于股票类资产，如图 11-7 所示。

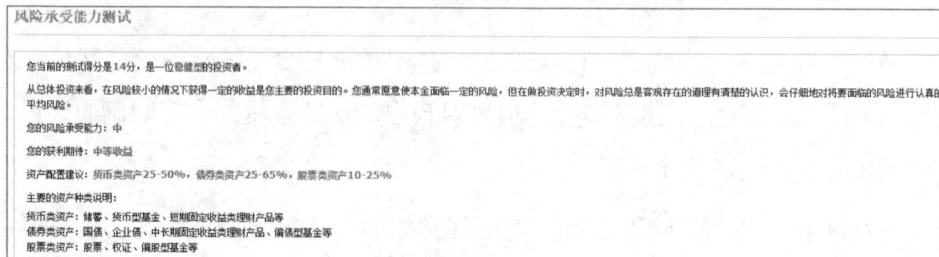

风险承受能力测试

您当前的测试得分是14分，是一位稳健型的投资者。

从总体投资来看，在风险较小的情况下获得一定的收益是您主要的投资目的。您通常愿意使本金面临一定的风险，但在做投资决定时，对风险总是客观存在的道理有清楚的认识，会仔细地对将要面临的风险进行认真的平均风险。

您的风险承受能力：中

您的盈利期待：中等收益

资产配置建议：货币类资产25-50%，债券类资产25-65%，股票类资产10-25%

主要的资产种类说明：
货币类资产：储蓄、货币型基金、短期固定收益类理财产品等
债券类资产：国债、企业债、中长期固定收益类理财产品、偏债型基金等
股票类资产：股票、权证、偏股型基金等

图 11-7 查看测试结果

NO.003　期货投资计划书

完成个人风险能力测试后，如果投资者有能力进入期货市场，便可以着手制作期货投资计划了，一般的期货投资计划需要包含如下内容。

- ◆　投资基本信息，包括风险承受能力、投资金额、期限等。
- ◆　收益信息，包括预期收益、承受损失情况等。
- ◆　投资计划，包括品种、合约、价格等详细的投资损益信息。
- ◆　如果是更加详细的投资计划，还可以包括基本面分析、价格分析等。

下面，来看一款适合新手投资的期货投资计划。

期货投资计划书文本

投资人：张 × ×　　　　　　　风险承受等级：进取型

预期投资资金：100 万元　　　　投资目标：盈利 5% ～ 10%

投资期限：长短线皆可　　　　　允许损失情况：允许 5% 左右的损失

是否追加投资资金：否　　　　　是否改变投资品种：否

投资计划，如表 11-1 所示。

表 11-1

编号	项目	短期投资	长期投资
1	投资品种	玉米 1209	玉米 1209
2	投资方向	短空 / 卖出	长多 / 买进
3	资金量	100 万元	100 万元
4	开仓 / 追加手数	400 手	400 手
5	入市价	2 200 ± 50	2 400 ± 50
6	预期回报率	5% ～ 7%	6% ～ 7%
7	止盈点	盈利 8% 点位	盈利 10% 点位
8	止损点	亏损 5% 点位	亏损 5% 点位

新手投资者可参考该文本进行制作，但在制作过程中要注意如下所示的几个要点。

◆ 制定期货投资计划书，要严格控制等级，不可超过个人风险承受能力。

◆ 明确期货投资的期限与资金使用情况，不同的投资期限所制定的计划是不同的。

◆ 明确自己想要获得的收益与能够承受的损失，设置止盈、止损点并严格执行。

◆ 不要过分估计市场的预期收益与预判走势，适当地下调标准对顺利投资是有帮助的。

◆ 计划书只是一个预期的过程，既要严格执行，又要适时做出调整。

11.2 学会规避期货的投资风险

任何投资都有风险，期货投资也不例外，除了期货交易所制定的各种计划可以有效地规避期货风险外，投资者也要学会规避投资交易风险。

NO.004　期货投资有哪些风险

期货投资所存在的风险，具体如表 11-2 所示。

表 11-2

风险	内容
价格变动风险	价格风险是任何一项投资都无法避免的，这主要是由于各种基本面因素及其带来的价格变动，给多空投资带来的损失。在期货投机交易中，这种风险会被扩大，而套期保值则会使这种风险减小
风险管理不当	交易所为了规避风险制定了很多限制交易的制度，但是某些交易者往往专心于行情的判断，而忽视这些交易规则与相应的风险管理办法，如在限仓时一意孤行进行加码，这样常常会导致意外损失

续表

风险	内容
操作风险	操作风险主要是投资者对期货交易的流程不熟悉导致的，如市价指令每次最大下单数量为 50 手，限价指令每次最大为 100 手，而投资者往往错误地进行下单。另外，网络原因带来的风险也是操作风险之一
假期风险	虽然在假期，期货交易所会休市，价格不会出现任何变动，但在假期中，很容易出现重大事件，同时因为假期是消费的高峰期，商品市场价格容易出现变动导致期货价格变动，所以当假期结束开市之后，容易出现价格跳空或巨大波动
心理风险	心理风险主要指投资者自身对期货市场的风险认识不够、对个人风险承受能力判断错误，或是用赌博的心态参与期货投资。在这样的情况下，往往会出现与市场相反的错误决定，还可能"一错再错"

NO.005 掌握正确的交易技巧

我们无法彻底规避上述的风险，但可以通过一些技巧尽量减少风险事故的发生，具体的技巧内容如下所示。

资金管理。在投资之前建立个人资金管理系统，将个人资产、投资资金、补仓等信息全部列入期货投资计划，并在投资过程中随时保持警惕。

尊重市场。期货虽然是实行双向交易的，但做逆向操作肯定是无法在最终的结果中获利的，如在下跌趋势中做多。

勿加死码。当确定一单已经无法再回转时，就没有再继续加码的意义，在短期内出现转势的概率只有 5% 左右。

时间选择。学会利用 K 线图、趋势线与技术指标，选择最佳的进场，出场时间是成功投资的重要保证。

交易技巧。在日常交易中，要时刻留意期货交易所的最新动态，对合约保证金、持仓限额的变化要明确知晓。同时要随时检查自己的账户资金情况，确保账户安全，保证下单能顺利运行。

NO.006 树立良好的期货投资心态

有人说做投资理财最重要的是拥有良好的心态，如果一味地畏畏缩缩，就会失去获利的机会，而如果不顾一切地下单，则会承受很大的风险。那么在一次期货走势中，一般会出现哪些错误的心态呢，具体如图11-8所示。

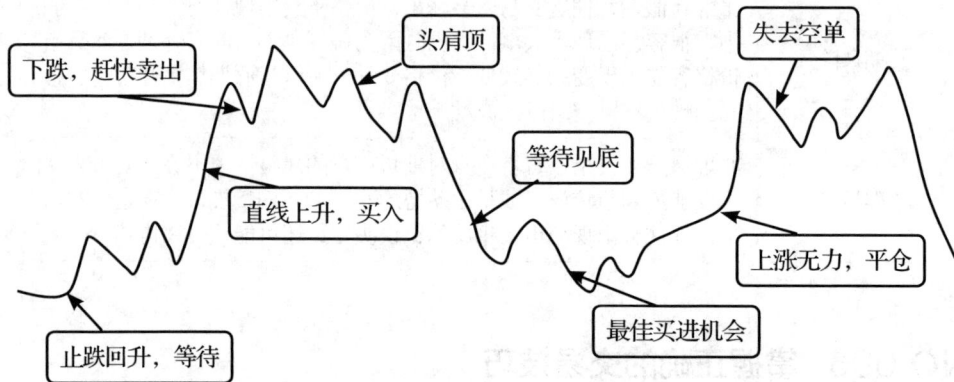

图11-8 期货价格走势的错误心态

在上图中看出，在一次走势中投资者会出现非常多的投资心理，那么什么样的心态才是期货投资中最重要的呢？具体如下所示。

◆ 总结经验：总结经验是投资成功的基础，在期货投资市场中，有非常多的期货合约与投资方式，这都需要投资者勤奋学习，总结经验，并且在实践操作中找到最适合自己的投资渠道。

◆ 投资自律：期货价格瞬息万变，没有任何投资大师或技术手段可以完全预判未来的走势。投资者在期货市场中唯有顺势而为，不去触碰违规交易与交易红线，才能在期货市场站稳脚跟。

◆ 冷静分析：期货的价格波动往往是比较频繁的，只有戒急戒躁，冷静旁观，才能客观地看待市场，做到不激进、不退缩。另外，沉着冷静的心态可以帮助投资者在各种行情中都做出正确的决定。

◆ 果断下单：在期货市场应该保持果断下单的心态与技巧，当出现了交易机会的时候，要立刻做出相关操作，以免机会溜走，并且在这个过程中要严格根据自己的投资计划执行。

◆ 坚持不懈：坚持不懈是在投资理财中必备的心理战术，对期货而言，只有坚持长期使用正确的手段进行分析，才可能等到最佳的获利时机，同时这也能让自己的投资经验不断积累。

◆ 自我反省：投资市场没有绝对的赢家，也没有绝对的输家。当出现盈利的时候，不骄傲自满，积极寻找最佳平仓机会；当出现亏损时，及时出场、整理资金、总结经验，等待下次入场。

◆ 举一反三：虽然期货有不同的合约，但在投资过程中要学会举一反三，掌握一种合约的投资方式之后，要学会对同类合约进行类比分析，这样才能有更多的获利机会。

◆ 切勿贪婪：贪婪是投资的大忌，不管是在计划书制定中，还是在持仓过程中，都不应该寄希望于连续的涨跌停，要随时做好行情反转的准备，以免造成更大的损失。

11.3 期货获利战术

了解了期货投资计划书的制订与风险管理，在本书的最后一部分，我们就来了解一些帮助投资者获利的战术。

NO.007　如何选择一款期货合约

选择期货合约是期货投资中非常重要的一环，那么我们应该如何挑选一款既适合自己又表现良好的期货合约呢？

（1）选择流通性好、交易量大的合约

期货市场的交易量非常大，并且所有的合约都存在于一个联动的机制中，

为了便于交易，新手投资者在选择品种的时候可以选择成交量大的合约，这样无论是进场还是出场都更容易实现，另外获取的基本面信息也更多。

（2）选择自己熟悉的期货品种

期货合约多种多样，选择自己熟悉的合约进行交易，会带来如图11-9所示的好处。

| 若对期货产品熟悉，则在分析盘面的时候更容易把握不同走势下的细节。 |
| 如果投资涉及实物交割，那么投资者所熟悉的品种会拥有更加便利的方式。 |
| 从基本面出发，熟悉期货商品的生产价格、国家政策和供求关系，容易判断价格走势。 |
| 在进行套期保值的时候，较为熟悉的期货合约产品在现货市场会更具有价格优势。 |
| 从心理上来说，熟悉的品种对投资者的心理起着稳定的作用，可避免出现慌乱下单的情况。 |

图 11-9 选择熟悉的期货品种的好处

（3）选择波动性适合的合约

我们知道期货价格在一天内会因为合约品种、交割日期等原因，出现剧烈波动与直线横盘的情况。一般来说，短期内出现剧烈波动的合约适合短线交易，而在一天之内价格几乎不变动的合约则适合长线交易。

如图 11-10 所示为 IF2001 期货合约分时图，从该分时图可以看到，价格波动比较剧烈，适合短线投资。

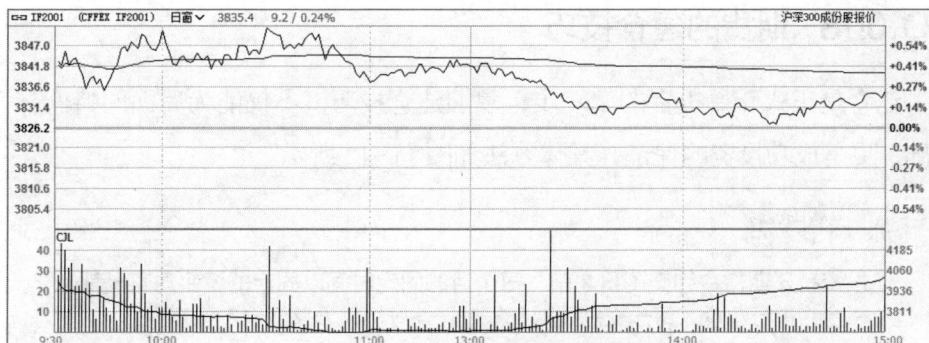

图 11-10 IF2001 期货合约分时图

而如图 11-11 所示为玻璃 1912 期货合约分时图。

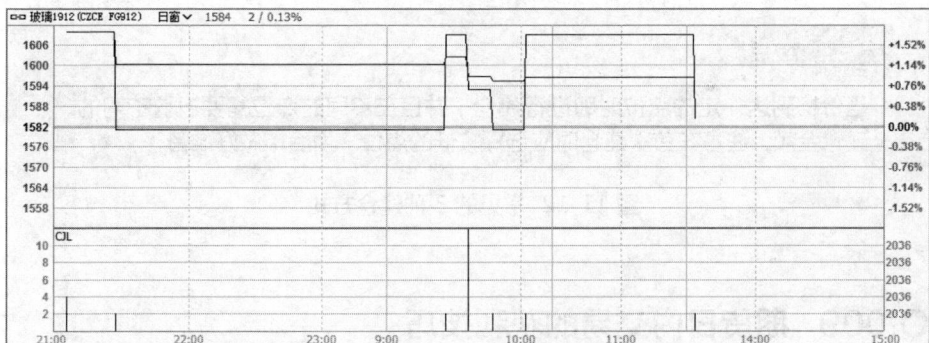

图 11-11 玻璃 1912 期货合约分时图

从分时图可以看到，该期货价格的波动比较稳定，适合长线投资。

理财贴士 *其他选择期货合约的方法*

在选择期货合约时，既可以根据自己的风险承受能力选择合约，也可以根据往期交割的收益情况选择合约，这样可以保证期货与自身投资情况相符合。

从基本面上分析，如果经济大势对某一种期货品种有利，如国家对某行业的扶持，那么选择这种期货合约是不会出现太大错误的。

NO.008 期货的建仓技巧

建仓是正式开始投资的第一步，掌握建仓技巧，不仅能为后面的持仓打好基础，更是成功投资的保证，具体方法如图 11-12 所示。

成本平均

投资者在期货合约交割日之前，每个月的固定时间以固定的资金对某一期货合约进行建仓。每一交割周期都根据行情好坏来调整建仓的额度。

金字塔式

将资金分为数额不等的几份，然后从小到大进行建仓。先投入 1/2 的资金，如果后市表现良好，再投入 1/4、1/8，形状像一个金字塔。

定额定点

当价格到达一定的点位时即进行建仓，并且在不同的点位需要设置不同的建仓金额。注意在首次建仓时应选择较低的点位，为后市做好准备。

图 11-12　常见的 3 种建仓方式

NO.009 期货日内交易的获利技巧

在进行日内交易的时候，有如下所示的一些获利技巧，可帮助投资者获利。

◆ 当价格上涨到某个价位时，如果突然有大笔的卖单出现，要立刻平仓。

◆ 在建仓后，价格一直在成本区域游荡，没有资金抬价，这时要坚决平仓。

◆ 在一天之内，跟进后有接连几笔空单出现，而多单则表现微弱，此时进行平仓是应该立即执行的。

◆ 要进行动态追迹止赢，当离最高点回撤几个点以后，要坚决平仓，不要期待还会继续上涨，这类似于 K 线中的头肩顶形态。